utb 4633

AF130677

Eine Arbeitsgemeinschaft der Verlage

Brill | Schöningh – Fink · Paderborn
Brill | Vandenhoeck & Ruprecht · Göttingen – Böhlau · Wien · Köln
Verlag Barbara Budrich · Opladen · Toronto
facultas · Wien
Haupt Verlag · Bern
Verlag Julius Klinkhardt · Bad Heilbrunn
Mohr Siebeck · Tübingen
Narr Francke Attempto Verlag – expert verlag · Tübingen
Psychiatrie Verlag · Köln
Ernst Reinhardt Verlag · München
transcript Verlag · Bielefeld
Verlag Eugen Ulmer · Stuttgart
UVK Verlag · München
Waxmann · Münster · New York
wbv Publikation · Bielefeld
Wochenschau Verlag · Frankfurt am Main

Thomas Strauch · Carsten Engelke

Filme machen

Denken und produzieren
in filmischen Einstellungen

herausgegeben
von der Universität Paderborn

2., durchgesehene Auflage

BRILL | FINK

Die Autoren:

Dr. Thomas Strauch

Von 1981 – 1994 Autor, Regisseur und Produzent von Fernsehfeatures für den WDR; ab 1990 Wissenschaftsfilmer im Medienzentrum und Dozent in den germanistischen Filmstudien der Universität Essen; 2002 – 2004 kommissarischer Leiter des Medienzentrums der Universität Essen; ab 2004 Leiter der Medienabteilung des Zentrums für Informations- und Medientechnologien der Universität Paderborn und Dozent für die medienpraktische Ausbildung der Studiengänge der Medienwissenschaften und des Studiengangs Populäre Musik und Medien

Carsten Engelke

Von 1999 bis 2004 Konzeption und Postproduktion von Image- und Produktfilmen, Editor von Dokumentarfilmen; seit 2004 Mitarbeiter im Zentrum für Informations- und Medientechnologien der Universität Paderborn: Durchführung und Beratung von Medienproduktionen, Einweisung in AV-Produktionsequipment, Coaching von studentischen Projektgruppen, u.a. im Rahmen der Lehr-Lernredaktion ‚Blickfang‘ (gefördert von der Landesanstalt für Medien NRW)

Umschlagabbildung und Illustration (Grafik, Foto, Video):
Roland Mikosch

Bücher, Online-Angebote oder elektronische Ausgaben sind erhältlich unter **www.utb.de**

Bibliografische Information der Deutschen Nationalbibliothek
Die Deutsche Nationalbibliothek verzeichnet diese Publikation in der Deutschen Nationalbibliografie; detaillierte bibliografische Daten sind im Internet über https://www.dnb.de abrufbar.

2., durchgesehene Auflage 2019
© 2016 Brill Fink, Wollmarktstraße 115, D-33098 Paderborn, ein Imprint der Brill-Gruppe (Koninklijke Brill BV, Leiden, Niederlande; Brill USA Inc., Boston MA, USA; Brill Asia Pte Ltd, Singapore; Brill Deutschland GmbH, Paderborn, Deutschland; Brill Osterreich GmbH, Wien, Osterreich) Koninklijke Brill BV umfasst die Imprints Brill, Brill Nijhoff, Brill Schöningh, Brill Fink, Brill mentis, Brill Wageningen Academic, Vandenhoeck & Ruprecht, Böhlau und V&R unipress.

www.brill.com

Herstellung: Brill Deutschland GmbH, Paderborn
Einbandgestaltung: siegel konzeption | gestaltung
UTB-Band-Nr: 4633
ISBN 978-3-8252-5213-7
eISBN 978-3-8385-5213-2

Inhalt

Vorbemerkung

Das vorliegende Buch führt im Übungsteil in grundlegende technisch-ästhetische Gestaltungsprobleme der Filmpraxis ein und gibt im Projektteil Hinweise, wie komplexe Filmclips und Kurzfilme umgesetzt werden können. Das Buch sollte auf keinem Fall als ‚Kochbuch' missverstanden werden. Es geht nicht um einfache Rezepte der Filmherstellung: Jedes anspruchsvolle Filmprojekt ist eine einzigartige filmische Gestaltung, die vom jeweiligen Inhalt abhängt. Verbindliche formale Regeln sind daher schädlich.

Es gibt selbstverständlich erprobte Begriffe und Verfahrensweisen, denn ohne theoretisches Wissen und Planungskompetenz ist praktische Arbeit undenkbar. Um des Machens willen verzichten wir aber auf filmwissenschaftliche Begriffskritik und theoretische Vertiefung. Für wissenschaftlich Interessierte mag das verkürzt erscheinen. Die Praktiker werden andererseits das Fehlen einiger technischer Ausführungen vermissen. Zum Beispiel verzichten wir auf technische Betriebsanleitungen. Die Geräte- und Softwareentwicklung macht neues Wissen zu schnell zu altem. Die Manuals der Hersteller und einschlägige Video-Tutorials im Internet sind für dieses Kurzzeitwissen besser aufgestellt.

Dieses Buch geht deshalb Fragen mit längerer Halbwertzeit nach und versucht den Spagat, auf spielerisch erkundende Weise Filmbegriffliches und Praxiserfahrungen in der Anleitung zur Filmclipproduktion zu verbinden.

Das Einführungskapitel spannt vor diesem Hintergrund zunächst einen gedanklichen Rahmen auf, aus dem heraus die Übungen und Projekthinweise methodisch-didaktisch zu verstehen sind. Die Ausführungen machen die Haltung der Autoren transparent. Wer sofort praktisch loslegen will, kann ohne Umschweife mit dem zweiten Kapitel in die Praxis einsteigen.

In den sechs Kapiteln des Übungsteils erproben Sie die Grundlagen der Filmarbeit mittels kleiner, überschaubarer Übungen. Diese Übungsstücke bauen aufeinander auf, müssen aber nicht in jedem Fall praktisch ausgeführt werden, um im Buch fortschreiten zu können.

Die letzten drei Kapitel orientieren sich an der klassischen Einteilung in drei Gattungen (Experimental-, Dokumentar-,

Spielfilm). Hier gibt es neben den inhaltlichen und ästhetischen auch verfahrenstechnische Hinweise. Zudem stellen wir Projektformate vor, die sich für eine vertiefende Durchdringung von Problemen der Filmproduktion aus unserer Sicht eignen. Diese Projekte sind allerdings nur sinnvoll umzusetzen, wenn Sie die Grundlagen aus dem Übungsteil beherrschen. Der souveräne Mitteleinsatz angesichts der komplexen Herausforderung einer größeren Filmproduktion macht Grundkenntnisse und -fertigkeiten unverzichtbar. Natürlich kommen Sie auch mit Enthusiasmus sehr weit. Erprobte Routinen schonen in der Praxis allerdings die Nerven.

Wir haben in den laufenden Text historische Exkurse eingebaut, in denen Sie Besonderheiten der Filmgeschichte und entsprechende Zusatzübungen beschrieben finden. Im Anhang sind diese Beispiele noch einmal in chronologischer Reihenfolge angeordnet. Wenn Sie wollen, können Sie damit ästhetische Entwicklungen der Filmgeschichte praktisch nachvollziehen.

Das Register ist mit einem Glossar kombiniert, in dem wir im Fließtext nicht erklärte Begriffe erläutern. Begriffe, die im Glossar erklärt werden, sind im Randtext *kursiv*. In dieses Glossar sind auch solche Wörter aufgenommen, für die es gängige fremdsprachliche Alternativen gibt, da wir uns bemüht haben, im Fließtext deutsche Begriffe zu verwenden. In der Fachliteratur werden Sie aber je nach theoretischem Kontext häufig englische oder französische Begriffe finden.

Filmbeispiele können Sie per Smartphone oder Tablet mithilfe der QR-Codes abrufen oder am PC unter:
https://www.utb.de/utb4633/

Filmemachen ist ein Job, der ohne Teamarbeit unmöglich ist. Filmemachen bedeutet, sich mit anderen Menschen auseinanderzusetzen und gemeinsam an einem Projekt zu arbeiten. Daher ist es Ihre vornehmste Aufgabe, eine angenehme produktive Atmosphäre zu schaffen und andere Menschen für Ihren (gemeinsamen) Film zu begeistern. In diesem Sinn hoffen wir, dass Ihnen diese Handreichungen von Nutzen sein werden.

Wir danken insbesondere der Universität Paderborn, die es uns ermöglicht hat, die Erfahrungen in der praktischen Medienarbeit im Rahmen der Lehre des Instituts für Medienwissenschaften und des Studienganges Populäre Musik und Medien in diesem Buch zusammenfassen zu können.

Weiterer Dank gilt den Studierenden, die für dieses Buch Filmbeispiele zur Verfügung gestellt haben. Sie sind der Beleg

dafür, dass auch außerhalb von Filmakademien anregende Kurzfilme entstehen können.

Namentlich erwähnen möchten wir Elena Kohne, Lisa Maa-
ßen und Oleksii Okhotiuk, die als Darsteller an der Herstellung
der Grafiken und Fotografien mitgewirkt haben.

1. Film als Faktum – zur Einführung

1.1 Filmwirklichkeiten

Im 20. Jahrhundert übermittelten Kinowochenschauen und Fernsehsendungen für viele Zuschauer verlässliche Bilder und Töne von der Realität. Das Kino und das Fernsehen galten als ‚Fenster zur Welt'. Diese naive Ansicht wird heute in Frage gestellt, denn die vermeintlich eindeutig widergespiegelte Realität wird als medial hergestellte Wirklichkeit (Medienartefakt) wahrgenommen. Die dinghafte Realität löst sich in Medienwirkungen und deren Folgen auf. Im 21. Jahrhundert unterscheiden die Menschen wie selbstverständlich zwischen den Wirklichkeiten des Fernsehens, des Kinos und des Internets. Sie nutzen mediale Produkte sowohl zur Informationsbeschaffung als auch zum Zeitvertreib. Sie leben mit und in Medien.

medial hergestellte Wirklichkeit

Durch eine rasante technische Entwicklung, letztendlich durch die Digitalisierung, wurden viele Konsumenten selbst zu Medienproduzenten, denn die Produktionstechnik und die Vertriebswege sind immer ergonomischer und preiswerter geworden. Heute konkurrieren überwiegend private und semiprofessionelle Videoclips in einschlägigen Internetportalen mit professionellen Angeboten.

Abb. 1: Das Internetportal ‚Onscreen Medien' macht Medienprodukte von Studierenden der Universität Paderborn zugänglich (www.onscreenmedien.de).

Medienpräsenz im Netz ist also nicht nur für Firmen etwa als Mittel der Verkaufsförderung interessant. Mediale Präsentation im Internet dient einzelnen Menschen oder Gruppen zur privaten und öffentlichen Kommunikation und nicht zuletzt zur medialen Identitätsstiftung. Insbesondere die Jugendkultur findet dort populäre Ausdrucksformen.

Die Formate sind in der Regel einfach. Die Zuschauer beobachten, wie Computerspiele gespielt werden oder Meinungen als News verbreitet werden. Es gibt Beauty-Tipps und Comedy-Shows. Der Spaßfaktor ist von großer Bedeutung. Im Grunde wirken diese Formate nur innovativ, weil es in ihnen statt um die Personality eines TV-Moderators um die ‚normalen' Nutzer geht, die sich im Guten (herausragendes Können in bestimmten Computerspielen oder witzige, schlagfertige Kommentare) wie im Schlechten (Schadenfreude über eine misslungene Selbstdarstellung) scheinbar authentisch präsentieren.

Formate

Das Internet bietet zudem Rückmeldemöglichkeiten und eine individuelle Programmzusammenstellung aus einem inzwischen unübersehbaren globalen Angebot. Wer will, kann schnell an allen Trends teilhaben und sich dazu äußern. Ein effektives Verbundsystem, das Teilen in sozialen Netzwerken, stellt dafür virtuelle Austauschkanäle bereit.

Dieses Mitwirken von Laien im Mediengeschäft schuf neue Formen und Formate und veränderte die traditionellen Medienprodukte. Die Palette der filmischen Kurzgenres reicht vom Selfi-Clip, der Fake-Dokumentation oder dem Trashvideo bis zu ambitionierten Kurzspielfilmen und dokumentarischen Genres.

Internet-Clip

Abb. 2: Collage typischer YouTube-Formate anhand von ‚Freddy fragt'-Episoden: YouTube-Kanal ‚Freddy und der Lange'

In diesem Wust von Videoformaten ist es erstaunlich leicht ein Kriterium für den Erfolg anzugeben: die Klickzahlen. Aber was sagt eine Quantitätsangabe über die Qualität aus?

Interessanterweise haben das Kino und das Fernsehen nach wie vor ihre Berechtigung. Sie setzen sich sogar mit der neuen medialen Konkurrenz intensiv auseinander. Es ist wahrscheinlich, dass in naher Zukunft neue Allianzen zwischen den ‚alten‘ und den ‚neuen‘ Medien gebildet werden. Und: Die professionelle Welt der Filme im Kino und im Fernsehen ist in vielerlei Hinsicht noch immer Vorbild für die meisten Neuakteure im Netz. Dies ist nicht verwunderlich, denn die alten Medien wurzeln in einer langen Tradition, in der ambitionierte Gestaltungen mit Aufwand, Geld, aber auch Herzblut und Liebe immer wieder originell erdacht und ausgeführt werden. Es ist deshalb kein nutzloses Unterfangen sich für bestimmte Grundsätze, die den Erfolg dieser audiovisuellen Medien sichern, zu sensibilisieren.

alte und neue Medien in dialogischer Konkurrenz

Dem traditionellen Bereich des Kinos und des frühen Fernsehens entnehmen wir die Begriffe ‚Filmwirklichkeit‘, ‚Film‘ und ‚filmisch‘. Sie werden im Rahmen dieser Abhandlung aber nicht als eine Bezeichnung für eine historisch gewordene mediale Technik des Kinos gebraucht, sondern allgemeiner verwendet. Film und seine Wortzusammensetzungen bezeichnen im Folgenden filmgestalterische Themen und Probleme unabhängig vom Trägermedium (Film, Video, Datei). Der Begriff ‚Film‘ wurde gewählt, weil er der in geschichtlicher Perspektive älteste noch heute allgemein gebräuchliche ist, wiewohl er natürlich nicht der erste war. In der Frühzeit des Mediums wetteiferten vielfältige und originelle Namen um die Bezeichnungshoheit über das damals neuste Medium: lebendes Bild, Cinématograph, Vitagraph, Kinetoskop, Bioscop, Schnellseher, Lichtspiel usw.[1]

audiovisuelle Medien

Film, filmisch, Filmwirklichkeit

Filme sind komplexe audiovisuelle Texte. Darum stellen Sie sich bitte, wenn Sie die Lektionen dieses Buches Schritt für Schritt durchlaufen, immer drei grundsätzliche Fragen:

- Erstens: Wie entstehen durch Filme im Bewusstsein bestimmte Vorstellungen (subjektive Wirklichkeit)?
- Zweitens: Was erfahren Sie durch das Filmemachen über Ihre Welt (objektive Wirklichkeit)?
- Drittens: In welcher Weise setzen sich Ihre filmischen Vorstellungen in einem Filmprojekt tatsächlich, faktisch um (technische Wirklichkeit)?

Zu erstens: Ein Paar liegt am sonnigen Spülsaum eines Sandstrandes und küsst sich. Was so einfach in einem Filmclip anzu-

subjektive Wirklichkeit

schauen ist, setzt beim Zuschauer ein komplexes kulturelles Wissen voraus. Denn die Filmbilder spielen mit den privaten Erinnerungen, Wahrnehmungen und Bedürfnissen der Betrachter und setzen sie zu öffentlich diskutierten Themen in Beziehung. Als diese Szene ins Kino kam (Deborah Kerr und Burt Lancaster in ‚Verdammt in alle Ewigkeit‘, USA 1953)[2] löste sie einen Skandal aus, weil der Kuss und die Umarmung in einer für damalige Verhältnisse überwältigenden Intensität gezeigt wurde. Heute ist für uns nicht mehr nachzuempfinden, dass die Szene einst als derart schamlos galt. Andere Zeiten andere Sitten. Was lernen wir aus diesem einfachen Beispiel? Im filmischen Prozess werden niemals Bilder (Töne) simpel objektiv übertragen. Die Bilder (Töne) regen vielmehr jeweils individuell

Lebens- und Medienerfahrung als Hintergrund

gefärbte Vorstellungen an. Filme gründen also in den konkreten Lebens- und Medienerfahrungen der Beteiligten. Ein Konsument von Pornofilmen zum Beispiel erlebt die Kussszene sicherlich anders als ein ZDF-Herz-Kino-Zuschauer.

objektive Wirklichkeit

Zu zweitens: Eine alte Erfahrung von Fernsehleuten sagt: Wer eine Kamera oder ein Mikrofon in der Hand hat, der traut sich was. Insbesondere wenn Anfänger durch den Sucher oder auf das Display schauen, klettern sogar ängstliche Naturen auf

Abenteuer Empirie

Schornsteine oder tauchen in die Tiefsee. Welcher höfliche Mensch ginge schon ohne Aufnahmetechnik auf wildfremde Menschen zu, um sie zu befragen? Kamera und Mikrofon öffnen Tore im konkret physischen wie im übertragen sozialen Sinn. Der Gebrauch der Videotechnik bietet die Chance zur Auseinandersetzung und Begegnung. Sie führt aus unseren virtuellen Welten hinaus in das Abenteuer der Empirie.

technische Wirklichkeit

Zu drittens: Eine der wichtigsten Erfahrungen, die man als Gestalter machen kann, führt zu der Erkenntnis, dass zwischen dem, was im eigenen Kopf vorgeht, dem, was wir planen und fühlen (intuitiv bewerten), und dem, was andere denken und fühlen und was in der ‚dreckigen‘ Realität da draußen tatsächlich

‚dreckige‘ Realität

geschieht, gewaltige Unterschiede bestehen können. Wir sollten sogar davon ausgehen, dass dies die Regel ist und nicht eine ärgerliche Ausnahme. Filmisches Gestalten ist darum keine mechanische Filmrhetorik, die ein mehr oder weniger standardisiertes Verfahren des Aufhübschens von erdachten Inhalten ist. Filmisches Gestalten ist praktische Ästhetik, das heißt: Das filmische Gestalten bietet einen Anlass, in produktiv-technischer Auseinandersetzung mit der Welt neue Erkenntnisse zu machen. Dass diese Auseinandersetzung manchmal schwierig, anstrengend, nervig ist, sollte den Spaß daran erhöhen. Wer kann, der macht[3] und: wer gemacht hat, der kann danach wieder etwas mehr.

> Wirklichkeit ist, was wirkt.
> Filmische Wirklichkeit ist, was filmisch wirkt.

Die filmische Wirklichkeit ist also eine gemachte, hergestellte. Sie ist im wahrsten Sinne des Wortes eine Tatsache, auch Faktum genannt. Im Folgenden fächern wir diesen grundlegenden Gedanken auf, indem wir erstens den Filmclip als Einstiegsmedium thematisieren, zweitens die praktische (Film-)Ästhetik als eine kulturelle und soziale Praxis vorstellen und drittens die technische Vorstellungskraft als wichtigste Fähigkeit von Filmemachern herausstellen.

Wirklichkeit herstellen

1.2 Filmclips als Erzähl- und Assoziationsspiele

Im Neuhochdeutschen bürgerte sich ‚Videoclip' als Bezeichnung für einen Kurzfilm im Internet ein. Dieser Typ ‚Clip' ist Ausdruck eines medialen Bedürfnisses, das abwechslungsreiche Kost verlangt.

Es scheint, als sei der Videoclip zunächst als Musikclip populär geworden. Es waren Popstars als Clipakteure, die den Verkauf ihrer Musik mit Hilfe dieser Clips förderten. Heute produzieren auch lokale Bands Musikclips, weil es einfach dazugehört.

Clip

Lange und sperrige Filme dagegen, von Kino- und TV-Highlights abgesehen, haben es im Mix des Internets schwer. Statt Kontemplation und Auseinandersetzung ist weitgehend Zerstreuung gefragt.

> Ein Filmclip ist kurz und kurzweilig.

Der Begriff ‚Clip' steht im Deutschen für Halter, Klammer, Klemmer oder Spange. Diese allgemeine Bedeutung verweist auf eine spezielle dramaturgische Funktion von Filmclips: Sie verbinden das Bild- und Tonmaterial unter einem gemeinsamen Thema oder einem formalen Prinzip und halten es dadurch zu-

Funktion des Clips

sammen. Mit diesem Zusammenklammern geben Sie dem Film, selbst dann, wenn einzelne Teile spektakulär herausragen, eine wahrnehmbare Einheit. Schauen wir uns daraufhin eine Auswahl von Clipformen an:

Selfi-Clip

Der Selfi-Clip kommt als eine Art Miniaturportrait daher oder funktioniert wie ein Videotagebucheintrag. Die Selbstinszenierung oder Selbstdarstellung wird dort immer zum Ausgangspunkt für Kommunikation im Netz. Ein Selfi-Produzent versucht ein Bild von sich und der eigenen Lebensumwelt zu vermitteln, regt Vorstellungen über sich bei anderen an. Das klammernde Thema ist: Ich und meine Erlebnisse. Das Gestaltungsprinzip: das Autoportrait aus dem ausgestreckten Arm heraus.

Clip-Anekdote

Während der Selfi-Clip aus einer einzigen Aufnahme besteht, kombiniert die Clip-Anekdote mehrere Aufnahmen zu einer Geschichte von Selbsterlebtem. Mehr oder weniger interessante Sensationen aus dem Alltag, dem Urlaub, von Rummelplätzen usw. werden hintereinander montiert.

der gespielte Witz

Passieren den Protagonisten Missgeschicke, spielt das Anekdotische mit der Schadenfreude des Betrachters. Viele dieser Schadenfreude-Anekdoten scheinen eigens fürs Netz produziert zu sein. Auch die berühmt berüchtigten Outtakes in der Spielfilmproduktion (nicht verwendete, angeblich misslungene Aufnahmen nach dem Abspann gezeigt) sind ‚Schadenfreudefilme‘. Das Genre grenzt an den gespielten Witz, der eine lustige Geschichte präsentiert. Diese Clip-Anekdoten stellen schon höhere Ansprüche an das inszenatorische Können der Filmemacher.

Stilkopie ↓ S. 169

Auch die Stilkopie, eine weitere Clipvariante, ist ein Einstiegsgenre, weil sich das filmische Inszenieren durch das Kopieren von Vorbildern erlernen lässt. Im Mittelalter lernte der Schüler durch das Nachmachen des Meisters, heutzutage greifen Sie einfach auf ihre Seherfahrungen als Konsument zurück. Wer das Genre bestens kennt, zitiert typische Szenen bekannter Filme und gestaltet im besten Fall einen eigenständigen Clip daraus. Spielerisch den Lieblingsfilm nachempfindend filmen Sie kleine Roadmovies, Horrorfilme oder Mini-Melodramen. Auch Fernsehformate wie ‚Werbeclips‘ lassen sich recht einfach kopieren und persiflieren.

Abb. 3: Der Film ‚Backteufel' persifliert Werbefilme der 1950er Jahre.

Wenn Sie überhaupt keinen Zugang zu einem Filmgenre haben, beginnen Sie mit einem Trashvideo. Wo kein formaler oder inhaltlicher Anspruch ist, kann auch keiner enttäuscht werden. Ob man in allen Fällen an eine Veröffentlichung denken sollte oder das Werk nur im Kreis der Beteiligten aufführt, muss im Einzelfall jeder für sich entscheiden. Auf jeden Fall motiviert dieser entspannte Umgang mit Themen und Techniken, ohne Scheu anzufangen, sich überraschen zu lassen und einfach nur Spaß zu haben.

Trash ↓ S. 213

Abb. 4: Das Trashvideo ‚Männerliebe EP9' inszeniert einen Film mit Killertomaten, aber ohne Handlung.

journalistische
Formate
↓ S. 183ff.

Wenn Sie dagegen an ihrer Um- und Mitwelt ein reges soziales oder politisches Interesse haben, stellen Sie kleine journalistische Formate her und bestücken einen eigenen Blog damit. Journalistische oder andere informative Filmclips sind mediale Berichterstattungsinstanzen. Vermeiden Sie auf jeden Fall bloße Meinungsäußerungen. Globale Probleme werden an einem regionalen oder lokalen Beispiel veranschaulicht und von den real betroffenen Menschen überzeugend vertreten. Sie können aber auch Wissenswertes spielerisch in ‚witzigen‘ Filmspots darstellen.

Abb. 5: Das Wissensformat ‚Wusstet Ihr schon...‘ erklärt die Herkunft von Wörtern augenzwinkernd.

Fake-Doku
↓ S. 176

Eine karikierende Filmclipvariante sind Fake-Dokumentationen. Die Sicht- und Erzählweisen des Dokumentarfilms werden in diesem Fall genutzt, um Inhalte oder Darstellungsweisen dokumentarischer Formate zu parodieren. Fake-Dokus sind stilsicher stillos und daher unter ästhetischen Gesichtspunkten risikoreich. Gelingt es aber, den Zuschauer zu verunsichern, ob das, was zu sehen und zu hören ist, ernst gemeint oder Veralberung ist, können daraus wunderbare Lehrstücke über die Darstellungsweisen unserer Medien werden. ‚Fake-Doku‘ hört sich einfach und harmlos an, ist es aber nicht.

Abb. 6: Die Fake-Doku ‚Freedomsman' begleitet einen sonderbaren jungen Mann auf seinen Abenteuern in der Stadt.

Eine weitere Möglichkeit bietet die Produktion eines Fake-Kino-trailers: In wenigen Minuten wird das Wesentliche eines Spiel-films gezeigt, ohne dass man zeit- und kostenaufwendig abend-füllend produzieren müsste. Kopieren Sie das Erfolgreiche, Lustige und Sensationelle eines Langfilms und setzen Sie diese Elemente mit den eigenen beschränkten Mitteln möglichst ge-nau in einem kurzen Höhepunkte-Clip um.

Fake-Kinotrailer
‚Parasomnie'
↓ S. 212

Abb. 7: Der Fake-Trailer ‚Parasomnie' zeigt Höhepunkte eines fiktiven Horrorfilms.

In all diesen Fällen klammert der Clip inhaltlich oder formal die bewegten Bilder zu einer erkennbaren Filmgestalt zusammen, erfindet, erjagt Bilder und Töne, um Vorstellungen beim Betrachter zu erwecken. Die Filmemacher spielen mit eigenen Erinnerungen und Wünschen, um mittels der medialen Wirklichkeit die Zuschauer in deren Erinnerungen und Wünschen anzuregen und, wenn alles gelingt, sie durch den Film in den Bann zu ziehen. Ob etwas Ernsthaftes oder nur ein filmischer Ulk dabei herauskommt, ist zunächst zweitrangig.

1.3 Praktische Ästhetik als kulturelle und soziale Praktik

Ausprobieren, spielerisch experimentieren, auch mal grandios scheitern. Man muss etwas tun. Was es bedeutet, kommt später. Das behauptete der französische Regisseur Jean Renoir (1894 – 1979), der als einer der ästhetisch einflussreichsten Regisseure der Filmgeschichte gilt. Neben der natürlichen Freude am eigenen und eigenständigen Machen und Ausprobieren darf natürlich ein Interesse für Anderes und Andere, für das Fremde und Fremdartige unserer Welt nicht fehlen. Sie brauchen als Filmmacher auch, sagen wir es ein klein wenig pathetisch: Forscher- und Entdeckergeist.

Forscher- und Entdeckergeist

Die praktische Ästhetik versucht, in produktiver Weise Erkenntnisse über die Welt zu erwerben. Das Produzieren von Medien zwingt die Macher, eine durchdachte Haltung zu den Problemen der Welt und der in ihr lebenden Menschen zu entwickeln. Das produktive Ergebnis dieser Erkenntnisse heißt allerdings nicht begriffliche Theorie, sondern praktische Filmgestalt. In der wahrnehmbaren Filmgestalt kondensiert das Wissen, das die Gestalter auf ihrem Produktionsweg machen. Die präzise Filmgestalt ist der Abschluss der Produktion und der Beginn einer Kommunikation mit dem Zuschauer. Eine gelungene Filmgestalt ist ein Sinnangebot und eine Lesespur, die dem Betrachter zur freien Verfügung steht.

Erkenntnis durch Gestaltung

Filmemacher sind neugierig. ▌

Ein Film findet letztlich bei Machern und Zuschauern im Kopf statt. Die Fähigkeiten der menschlichen Phantasie müssen aber mit den richtigen Filmproduktionsmitteln abgeglichen werden. Denn der Umsetzungsprozess ist ein komplexes technisch soziales Geschehen, das eine präzise Zielvorstellung erfordert. Und dann sind da die Einschränkungen der ‚dreckigen‘ Realität. Nichts ist im Weltgeschehen genau so, wie Sie es vorgeplant haben. Jede Filmarbeit hat daher zahlreiche provisorische Aspekte. Das bedeutet, dass sowohl eine genaue Planung als auch eine angemessene spontane Planabweichung zum erfolgreichen Herstellungsalltag gehören. Der amerikanische Filmregisseur, Schauspieler und Fotograf Dennis Hopper (1936 – 2010) sagt es zugespitzt:

Plan und Planabweichung

> „Man kann keine vorgefasste Idee haben, um etwas zu erfinden. Da gibt es keinen Weg, keine Möglichkeit. Wenn man eine fixe Vorstellung hat, ist man ein erstklassiger Mörder. Aber man ist kein kreativer Mensch.“[4]

Einen Film zu machen bedeutet in diesem Sinne, sich Erfahrungen auszusetzen, etwas zu lernen, sich als Person weiterzuentwickeln und zu bilden. Diese Position ist auf keinen Fall mit einer filmrhetorischen Auffassung zu verwechseln, die für vorher festgelegte Inhalte bloß ein Verkündigungs-Medium mit vorgefertigten Schablonen sucht. In der ökonomisierten und funktionalisierten Gesellschaft wird diese Forderung gerne erhoben. Die Vertreter dieser Position bedenken nicht, dass trotz aller technischen Hilfsmittel Kommunikation ein Anregungs- und Austauschprozess ist, in dem nicht einfach Informationen übertragen werden, sondern sich Menschen durch neue Erfahrungen und Erkenntnisse ändern (oder nicht).

Vorsicht vor der Filmrhetorik

Der Begriff ‚praktische Ästhetik‘ geht auf den Begründer der modernen Ästhetik, den Philosophen Alexander Baumgarten (1714 – 1762), zurück. Mit praktischer Ästhetik suchte er die traditionellen Überlegungen zur Kunst neu zu fassen. Kunst (Können) oder lateinisch ‚ars‘ war ja ursprünglich ein römischer Handwerkerbegriff. Bei Aristoteles (384 v.u.Z. – 322 v.u.Z.) hieß diese Kunst noch ‚techne‘: etwas vernünftig machen können. Poesie zum Beispiel war das Vermögen, ein Werk in der richtigen Weise hervorzubringen. Auch Wissenschaft war eine Kunst: Theorie, die richtige Weise zu denken. Alle möglichen menschlichen Tätigkeiten in der richtigen Weise, das heißt in vernünftiger Form auszuführen, war für Aristoteles eine Kunst (techne). An dem griechischen Begriff können wir noch erkennen, wie eng in der Antike das Technische und das Künstlerische zusam-

praktische Ästhetik

Wortgeschichte von ‚Technik‘

mengedacht waren. Auch heute ist Technik nichts dem Künstle-
rischen Fremdes, im Gegenteil.

> Die richtige Technik ist die Grundlage allen originellen
> Schaffens.

In der praktischen Ästhetik geht es nicht um Begriffskritik im
wissenschaftlichen Sinne. Praktische Ästhetik ist das Vermögen,
in der technisch richtigen Weise sinnlich präzise Vorstellungen
hervorzurufen. Was in der Sprache der klare Begriff leistet, übernimmt in der Wahrnehmung die gute Gestalt. In der prägnanten
(guten) Gestalt werden mit technischen Mitteln aktuelle Wahrnehmungen (Interpretation objektiver Daten) mit Erinnerungen
und Erwartungen (subjektive Bedingungen) verschmolzen. Ein
funktionierender Film ist ein gestaltetes Erlebnis.[5] Der Film
zeigt ein Geschehen in einer Weise, die uns bewegt und mitnimmt. Ein Film lässt uns Anteilnehmen, zwingt uns, uns emotional auf die filmischen Ereignisse einzulassen. Ein Film zeigt
Objektives in einer subjektiven Fassung. Nur darum begeistert
er und bietet ein Schauspiel statt einer Statistik.

Weil der Film ein gestaltetes Erlebnis ist, hängt die Überzeugungskraft eines Filmwerkes oder Clips von der jeweiligen Haltung der Autoren zum Thema ab. Diese Haltung ist nichts, was
außerhalb des Films, etwa als Manifest, existieren könnte. Die
Haltung kommt immer in der prägnanten Machart des Films, in
der authentischen Art und Weise seiner Gestaltung zum Ausdruck. Diese herausragende Qualität können wir in Anlehnung
an den deutschen Philosophen Friedrich Nietzsche (1844 – 1900)
‚artistische Redlichkeit‘ nennen.[6] Die Autoren sind also Bürgen
für die Aufrichtigkeit (Authentizität) ihrer Werke. Autoren stehen verantwortlich mit ihrem Namen für die Güte ihrer Produkte ein. Im Titel eines Films als Autor zu erscheinen, gibt der Ei-
telkeit sicherlich Zucker; aber vergessen wir nicht: Der Name
benennt diejenigen, die für diesen Film geradestehen. Das sollte
Ansporn genug sein, redlich um Qualität zu ringen. Aber was ist
filmische Qualität und wie kann man sie erreichen?

(Marginalien)
Leistung der ‚guten‘ Gestalt

artistische Redlichkeit

1.4 Technische Vorstellungskraft

Der in Dublin geborene englische Maler Francis Bacon (1909 – 1992) hat in einem Interview das Technische und den Vorstellungsbegriff auf herausfordernde Weise zusammengedacht:

> „Wahre Vorstellungskraft entsteht aus technischer Vorstellungskraft. Der Rest ist vorgestellte Vorstellungskraft, die zu nichts führt."[7]

wahre Vorstellungskraft

Wir haben oben gesehen, dass Vorstellungen komplexe sinnliche Bewusstseinsinhalte sind, die medial hervorgerufen werden können. Ein tieferes, soll heißen, produktives Verständnis der medialen Gestaltungen wird, so Bacons These, nur durch genaue Kenntnisse des Herstellungsprozesses und der Anwendungsmöglichkeiten der Mittel bestimmt.

Ohne technische Vorstellungskraft keine erfolgreiche Praxis.

Der oben zitierte Regisseur Jean Renoir war der Sohn des nicht minder berühmten impressionistischen Malers Auguste Renoir (1841 – 1919). Der hatte dem Sohn gegenüber schon Jahre vor Bacon behauptet:

> „Künstlerische Entdeckungen sind praktisch das direkte Resultat technischer Entwicklungen."[8]

der Wert der Technik

Als Beispiel führt der Maler Renoir die Erfindung der Tubenfarben an, die es den Malern im ausgehenden 19. Jahrhundert ermöglichten, in der freien Natur zu malen. Der Impressionismus sei ohne industrielle Farbherstellung nicht möglich gewesen. Heute ist es nicht eine Revolution in der Farbenherstellung, sondern es ist die Digitalisierung, die alle Lebens- und Arbeitsbereiche durchdringt und unsere Welt technisch verändert.

Technik ist von höchstem Wert.
Aber Technik ist Mittel, kein Selbstzweck.

Der Technikbegriff wird leider zu oft auf den Geräteaspekt oder die Erfindung von Geräten (Software zählt auch dazu) und deren richtige Handhabung beschränkt. Technik (techne) wird in diesem Buch im ursprünglichen Sinn verstanden: Technik als das Vermögen, etwas in der richtigen Art und Weise zu tun. Nochmals Aristoteles:

„Die Kunst (techne, A.d.V.) ist (...) ein Habitus, etwas mit wahrer Vernunft hervorzubringen."[9]

Geheimnis der technischen Vorstellungskraft

Das Geheimnis der technischen Vorstellungskraft ist jene geistige Fähigkeit (Vernunft), Mittelwirkung und Abläufe ‚voraussehen‘ zu können. Dabei werden die Inhalte (Gehalt, Stoff, Fabel usw.) mit den Möglichkeiten der Werkzeuge in Einklang gedacht. Auch die Rahmenbedingungen der Herstellung (Ort, Zeit, Ressourcen) werden in den Konzepten und Ablaufplänen angemessen berücksichtigt. Die Quintessenz dieser technischen Vorstellungskraft ist das Vermögen zu wissen, was zuerst gemacht werden muss und was dann folgt. Gestalter sollten immer genaue Kenntnisse der konkreten Arbeitsumgebung (Team, Werkzeug, Finanzierung und Kosten) und der notwendigen Reihenfolge der Arbeitspakete (Einsatzpläne) erwerben. In der praktischen Tätigkeit spielt es eine entscheidende Rolle, ob und wie man die geschätzte Zeitdauer von einzelnen Tätigkeiten in Einklang mit fixen Terminen bringt. Wer eine Filmproduktion plant und organisiert, muss immer den Aufwand und die Kosten (auch Low-Budget hat ein Budget) möglichst genau beurteilen können. Ohne einen realistischen Ablaufplan wird man die Mitakteure nicht koordinieren und motivieren können.

Abläufe organisieren

Um einem Missverständnis vorzubeugen: Ohne inhaltliche Neugierde (Stoff, Gehalt und Haltung) und einem fundierten Recherchehintergrund (Realitätsbezug) nützen dem Filmpraktiker die handwerklichen Fähigkeiten und organisatorischen Kenntnisse nichts. Aber: Eine Filmgestalt entsteht immer nur aus der gelungenen Wechselwirkung von Inhalt und Formungsvermögen. Die technische Vorstellungskraft bewirkt dann den dynamischen Vorwärtsschub, der aus einer vagen Idee eine erkennbare filmische Gestalt macht.

Auf dem Weg ästhetischer Praxis gewinnen die Macher selbst neue Erkenntnisse inhaltlicher und handwerklicher Art. Daher wird das fertige Produkt niemals eine geistlose Ausführung einer Blaupause sein. Wie gesagt: Es geht nicht um mechanisches, rhetorisches Ausführen von Vorgaben, sondern um die Ausweitung unserer Erfahrungen in einer realen Welt durch und im praktischen Hervorbringen eines Werkes, hier eines Films. Es sei erlaubt noch einmal Jean Renoir zu Wort kommen zu lassen:

Interesse an der realen Welt

> „Man muss leben, bevor man anfängt zu denken: man muß sich die Hände mit der Materie dreckig gemacht haben, ehe man in den Bereich des Geistes vordringt. Das technische Wissen bietet nur ein Plus: es stimuliert zum Weiterforschen. Nur Forschen macht schöpferisch."[10]

Und das Filmemachen ist dafür ein vorzügliches Mittel.

2. In Einstellungen denken – zur Materialproduktion

2.1 Die Einstellung ist die Einstellung

Einen Film zu machen, ist wie ein Haus zu bauen: Architekten (die Drehbuchautoren und die Produzenten) entwerfen Pläne und ein Team von Baufachleuten (der Drehstab und andere Mitwirkende) setzen diese Pläne in ein Produkt um.

Das Produkt ‚Haus‘ hat Mauern aus Bausteinen, aber wie fügt man einen Film oder einen Videoclip zusammen? Was im Hausbau die Mauer, ist in der Filmherstellung die Einstellung.

der filmische Baustein: Einstellung

Da bekanntlich alle Vergleiche hinken, kommen wir an dieser Stelle bereits ans Ende des Vergleichs vom Hausbau und der Filmherstellung, denn beim Hausbau werden die Bausteine für die Mauern von Fremdproduzenten geliefert. Im Gegensatz dazu wird in der Filmherstellung auf die Herstellung der kleinsten Elemente viel Aufmerksamkeit verwendet. In funktionierenden Filmen ist jede Einstellung speziell entwickelt und angepasst, denn jeder Fehler im Detail schwächt den inhaltlichen, dramaturgischen und ästhetischen Zusammenhalt eines Films als Ganzes.

Wenn Filmemacher produktiv werden, müssen sie sich zwangsläufig über die richtig geformten Einstellungen klar werden. Die Einstellungen sollten während der Dreharbeiten präzise inszeniert und aufgenommen werden, damit sie im Filmschnitt dramaturgisch richtig und rhythmisch harmonisch zu einem Film zusammengefügt werden können.

Die Einstellung ist der zentrale Ort filmischen Gestaltens. ▌

Definition:
Einstellung

Die Filmwissenschaftlerin Gertrud Koch hat eine interessante Definition der Einstellung vorgelegt:

„Einstellung (englisch: *shot*) bezeichnet ein kontinuierlich belichtetes und ungeschnittenes Stück Film, das aus seiner Länge entsprechenden Abfolge von Einzelbildern besteht. Das Maß einer Einstellung ist die Laufzeit der Kamera. Bevor diese abgefahren wird, wird sie eingerichtet, eingestellt, das heißt ihre Optik, von der die Größe des Bildausschnitts abhängt (Detail-, Groß-, Nah-, Total-, Panoramaeinstellung etc.), wird als entsprechende Linse präpariert, ihr Standpunkt bestimmt (Augenhöhe, Aufsicht, Untersicht etc.) und ihre Bewegung (Schwenk, Fahrt etc.) ermöglicht (Schulter, Schiene, Kran, Dolly etc.). Zur Einrichtung einer Einstellung gehört auch das Setzen von Licht, möglicherweise die Einrichtung für Tonaufnahmen etc., die Plazierung von Akteuren etc. Die Einstellung umfaßt also bereits jede Menge intentionaler Handlungen, die darauf ausgerichtet sind, aus der Technizität der Aufnahmeapparatur und der Physikalität der Objektwelt ein drittes, das filmische Bild zu konstruieren. Dabei mögen die Tücke des Objektivs und die des Objekts gegen die Intentionalität zurückschlagen, oft genug hat auch die fertige Einstellung ihre Tücken. Eine Einstellung setzt eine Bezugnahme auf Objektwelten voraus, eine Welt aus Willen und Vorstellung. Noch der zufällig und willkürlich festgelegte Ausschnitt aus einer Objektwelt, wie ihn der ‚Schnappschuß' repräsentiert, wird im nachhinein als semantisch gehaltvoll präsentiert, so als sei das Zufällige der Garant des Authentischen.
Die technische Einstellung ist eine intentionale Einstellung, Ergebnis einer Kette von Detailentscheidungen: Die Einstellung ist die Einstellung. Die Einstellung von etwas und die Einstellung zu etwas."[1]

Diese, für eine filmhistorische Untersuchung erarbeitete Definition, wird im Folgenden für Zwecke der Produktion geringfügig modifiziert.

2.2 Die Aussagehaltung

Die Einstellung ist die Einstellung – Kochs scheinbar paradoxe Aussage hebt den Witz des Einstellungsbegriffs hervor: Filmemacher agieren mit und vor der Kamera und schaffen ihren Vorstellungen entsprechendes Material (Einstellungen). In diesen filmischen Einstellungen setzen sie ihre inhaltlichen Einstellungen zum Thema (Aussagehaltung) als technische Einstellungen der Kamera um. In der filmischen Einstellung verschmelzen Inhalt, Formung und Technik zu einer einzigartigen, wahrnehmbaren Gestalt. Wenn in der traditionellen Kunst- und Literaturtheorie gesagt wird, Inhalt und Form seien ein und dasselbe, dann veranschaulicht der Einstellungsbegriff genau diese seltsame Einheit: Die inhaltliche Einstellung (Aussagehaltung) gründet in der korrekten Formung der Einstellung (dem Gefilmten). Diese Grundlagenarbeit an der Einstellung nennen wir ‚filmisch Inszenieren'. *(Einheit von Form und Inhalt)*

Inszenierungen setzen Gegenstände und Lebewesen in Beziehung, sie geben den Dingen einen Stellenwert. In der Art und Weise der optischen und akustischen Gewichtung wird über die Gegenstände eine Aussage gemacht. Dieser filmische Zusammenhang funktioniert übrigens genau so in der Sprache. Ob ein Fuchs (Subjekt) eine Maus (Objekt) fängt oder umgekehrt, ändert die Aussage erheblich. Für das sprachliche Phänomen ist der Fakt banal, im Film scheint es komplizierter, aber nur oberflächlich: Menschen im Film können passiv oder aktiv in einer Situation auftreten, sie können sich im Vordergrund oder im Hintergrund aufhalten, sie treiben entweder die Handlung an oder werden von ihr getrieben. Die Art und Weise, wie etwas für die Kamera arrangiert wird, konstruiert für den Betrachter die intendierte Aussage des Films (Aussagehaltung). Der Unterschied: Die Konstruktion der filmischen Einstellung ist nicht wie in der Sprache auf einen Satz bezogen, sondern die Einstellungselemente orientieren sich räumlich und zeitlich an den Bildgrenzen der Einstellung. *(Inszenierung)* *(Sprache-Film-Analogie)*

────────────── Übung ──

Die Einstellung
Filmen Sie zwei Einstellungen mit dem gleichen Objekt, einmal mit einem relevanten Hintergrund, ein andermal mit neutralem Hintergrund. Wie macht sich der Unterschied bemerkbar?

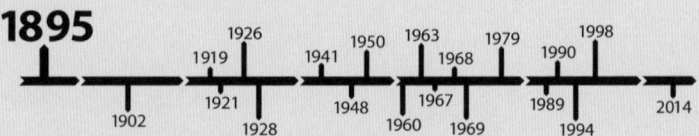

Cinématographie

Im Jahr 1895 präsentierten die Brüder Auguste (1862 – 1954) und Louis Lumière (1864 – 1948) in einem 25-minütigen Filmprogramm kurze dokumentarische Filmstücke mit ihrem sogenannten Cinématographen. Cinématographie heißt übersetzt: Bewegungsmitschrift. Die Lumières schickten ihre Kameramänner in alle Teile der Welt, um Bewegtbild-Sensationen mit ihrem Cinématographen zu ,schießen'. Diese Berufskameramänner entwickelten eine neuartige filmfotografische Sicht: Durch die Begrenzung des Rahmens schlossen

Abb. 8: ‚Ein-Einstellungsfilm' der Gebrüder Lumière, Frankreich o.Z.

sie Unwichtiges und Störendes aus und konzentrierten den Blick auf den wesentlichen Ablauf eines Ereignisses. Durch die geschickte Wahl des Standortes nutzten sie Form- und Lichteffekte, um einen ansprechenden, überraschenden Blick in unbekannte Welten zu bieten. Diese frühen Kurzfilme sind grandiose Beispiele für die dokumentarische Inszenierung von Wirklichkeit.

Wenn die dreidimensionale Welt in eine zweidimensionale Kamerarealität überführt wird, entstehen verblüffende optische Effekte: Zum Beispiel ist etwas, das in der realen Welt hinten ist, im Bild oben, etwas, was vorne ist, erscheint im Bild unten. Die Diagonale zwischen diesen beiden Ereignissen bildet einen visuellen Vektor, der beides zu einem gemeinsamen Ereignis verbindet.

Übung

Diagonale
Inszenieren Sie eine ca. 25 Sekunden dauernde Handlung in einer einzigen Einstellung. Verbinden Sie ein Ereignis im Hintergrund mit einem Ereignis im Vordergrund, in dem Sie eine Person vom Hintergrund (klein, oben im Bild) in den Vordergrund (bildfüllend) wechseln lassen.

In einem Filmbild darf nur erscheinen, was für das Thema wichtig und aussagekräftig ist, denn alles, was zu sehen ist, bekommt durch sein bloßes filmisches Dasein prägnante Bedeutung. Bleibt Nebensächliches oder Abwegiges im Bild erhalten, verursachen sie falsche Interpretationen.[2]

Prägnanz

Abb. 9: In einer Liebesszene stört ein Müllcontainer, in einer Szene über Ehebruch ist er Kommentar zum Zustand einer Beziehung.

Neben der Rahmengestaltung muss die Einstellung deshalb auch in der Tiefe des Bildes kontrolliert werden. Die fundamentalste Beziehung besteht zwischen der Figur, Mensch oder Ding, im Vordergrund, und dem Kontext, den Dingen und Ereignissen im Hintergrund. Figur im Filmbild bedeutet, dass etwas vorne, scharf oder groß gezeigt wird. Alles, was hinten, unscharf oder klein ist, bildet den Hintergrund. Anders gesagt: Was die Kamera in den Vordergrund setzt oder scharf vor Unschärfe abbildet, macht sie zur Hauptfigur.

Rahmen

Figur und Grund

> Inszenieren heißt, sich entscheiden, was in einer Einstellung Figur ist und in welcher Weise der Hintergrund diese Figur kommentiert.

optischer
und akustischer
Schmutz

Schlecht gemachte Filme zeichnen sich geradezu dadurch aus, dass jede Menge falsche optische oder akustische Beziehungen die Aussage verwässern. Alles, was zu sehen ist, auch der mediale Schmutz, Zufälligkeiten, Schluderigkeiten werden dann auf die Figur im Vordergrund bezogen. In diesen Fällen gibt die filmtechnische Einstellung die filmästhetische Einstellung der Macher nicht präzise wieder.

die post-
moderne Schutz-
behauptung

Klare Gestaltungsentscheidungen sind aber unverzichtbare Voraussetzungen, wenn Filmemacher sich mit den Zuschauern in Verbindung setzen wollen. Eine unprägnante filmische Form bleibt bloßes Material und lässt die Zuschauer im Vagen. Dies wird manchmal als Ironie, Polyvalenz und Offenheit verkauft, ist aber nicht selten Ausweis dürftigen Könnens und bloße postmoderne Schutzbehauptung. Bedenken wir: Meerromantik oder Schuttberge, Farben oder Formen, immer sprechen diese Dinge von Menschen, über Menschen zu Menschen, nämlich den Zuschauern. Wenn sich niemand dafür interessieren würde, wären sie nicht der Erwähnung wert. Man kann solche Werke schaffen, aber warum soll man andere Menschen damit belästigen? Ein Film hat also immer einen Mitteilungscharakter. Er will Menschen ins Gespräch bringen.

Mitteilungs-
charakter

In einer Einstellung gibt es nur Mitteilungswertes. ▌

2.3 Die Produktionseinstellung und die montierte Einstellung

Produktions-
einstellung
und montierte
Einstellung

An dieser Stelle erweitern wir die Koch'sche Definition aus praktischen Erwägungen und unterscheiden zwei Einstellungsarten. Für die Dreharbeiten können wir die bisherige Definition beibehalten. In der Postproduktion allerdings, wenn Drehmaterial zu einem Film montiert wird, hilft uns das An- und Abschalten der Kamera als Abgrenzungskriterium für die Einstellung nicht weiter. Wir unterscheiden deshalb im Folgenden von der in einen Film hinein montierten Einstellung den Typ ,Produktionseinstellung'.

Alles was zwischen dem Einschalten und dem Ausschalten der Kamera aufgenommen ist, heißt ‚Produktionseinstellung‘. Alles, was im fertigen Film durch einen Schnitt oder eine Blende abgetrennt wird, nennen wir ‚montierte Einstellung‘.

Ein fertiger Film ist also ein Gewebe (Text, Textur) von montierten Einstellungen, die in vielfältiger Weise aufeinander Bezug nehmen.

Die einfachste Beziehung zwischen Einstellungen ist das Vorher/Nachher. Eine Einstellung nimmt auf die vorangehende [←] und die nachfolgende [→] Einstellung unmittelbaren Bezug. Die Beziehungen zwischen den Einstellungen nennen wir ‚Anschlüsse‘. Es muss diese ästhetischen Kupplungen in den Bildern geben, um die Einstellungen folgerichtig zu verbinden [←⊗→]. *Anschluss*

Eine Einstellung gründet aber auch im Thema [↓]. Wie oben gesagt, darf in einer Einstellung nur zu sehen und zu hören sein, was das Thema darstellt oder vorantreibt. Jede Einstellung ist mit dem Thema einzigartig verankert. *thematische Verknüpfung*

Ob eine Produktionseinstellung zu einem Filmtext von montierten Einstellungen verwebbar ist, zeigt sich also in der thematischen Verknüpfung (Anker ↓) und seiner Anschlussfähigkeit (Kupplungen ←⊗→). Im Autorenkino bürgt die Regie für diese Qualität. Im Hollywoodsystem findet man meistens ein funktionales System von Verantwortlichkeiten, das vom Produzenten dominiert wird.

Neben dem Beginn und dem Ende einer Einstellung ist ihre Dauer von Bedeutung, denn ein verfilmbares Ereignis kann mal länger, mal kürzer gezeigt werden. Eine Handlung, auch eine Sprechhandlung, können Sie inszenatorisch im Tempo bewusst variieren, um die tatsächliche Dauer der Einstellung an die inhaltlichen oder rhythmischen Vorgaben anzupassen. *Einstellungsdauer*

Wer Einstellungslängen in Filmen analysiert, findet allerdings Zeitgrenzen, an denen nach bestimmten Mustern unabhängig vom Inhalt geschnitten wird. Eine plausible Erklärung dafür liefern Psychologen. Sie untersuchten, was wir Gegenwart nennen.[3] Sie stellten in Versuchen fest, dass wir Gegenwart als eine drei bis vier Sekunden lange Dauer erfahren. Ein einfaches Experiment verdeutlicht das Phänomen.

Wenn Sie den Würfel (Abb. 10) betrachten, können Sie zwei verschiedene Ansichten sehen. Sowohl die vordere als auch die hintere Fläche kann einmal Vorderseite und ein andermal die Hin-

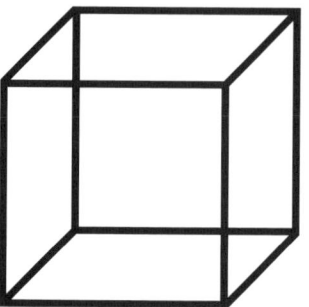

Abb. 10: Der Neckersche Würfel

das Bewusst-
seinsfenster

terseite des Würfels darstellen. Wenn Sie dies nicht auf den ersten Blick erkennen, müssen Sie die aktuelle Sichtweise bewusst festzuhalten versuchen. Wahrscheinlich wird nach ca. drei bis vier Sekunden die andere Ansicht automatisch erscheinen. Genau dieser Mechanismus des spontanen Umschaltens ist ein Indiz für die Art und Weise, wie das Gehirn Gegenwart feststellt und als eine Zeitdauer von drei bis vier Sekunden portioniert.

Diese Eigenart unserer Psyche scheint sinnesübergreifend zu funktionieren. Sprechen Sie schnell hintereinander und verschleifend: Kuba, Kuba … Nach wenigen Sekunden hören Sie sich plötzlich ‚Baku, Baku' sagen.

Psychologen ziehen das Phänomen heran, um die Länge literarischer Verse zu erklären, denn das sprachliche Material eines Gedichtverses oder einer Popsongzeile füllt in der Regel präzise den Gegenwartsmoment aus.

Dauert nun eine filmische Einstellung länger als das Gegenwartsfenster offen ist und geschieht gleichzeitig nichts Neues, eine Bewegung vor oder mit der Kamera, sucht sich das Gehirn andere Reize außerhalb des Films: Man schaut weg oder beginnt, über etwas nachzudenken. Aus diesen grundsätzlichen Überlegungen leiten wir folgende Montagefaustregel ab, die schon bei der Produktion der Einstellung beachtet werden muss:

Bewegt sich innerhalb einer Einstellungsdauer von drei bis vier Sekunden nichts Wesentliches vor der Kamera und bewegt sich die Kamera selbst auch nicht, wird geschnitten oder geblendet.

Natürlich gibt es auch eine untere Wahrnehmungsschwelle. Die Psychologen fanden heraus, dass unser Gehirn maximal um die 30 Mal in der Sekunde eine Entscheidung treffen kann.[4] Im Kino zeigt man 24 Einzelbilder und im Fernsehen 25 pro Sekunde und setzt damit das Gehirn unter Entscheidungsdruck. Denn da das Gehirn nicht mehr alle Bilder einzeln freistellen kann, interpoliert es das Entscheidende: die Veränderungen als Bewegung. Je weniger Bilder pro Sekunde wir abweichend vom optimalen Bereich wahrnehmen, desto fotografischer wird der Film. Das Gehirn hat Zeit, einzelne Bilder genauer zu analysieren und freizustellen. Sie können sich dieses Phänomen experimentell durch ein Daumenkino klarmachen.

Wahrnehmungs-schwellen

Einzelbilder

Film ist offensichtlich in einem hohen Maß eine Zeitkunst. Der souveräne Umgang mit Zeitphänomenen gehört zu den Grundfertigkeiten der Filmgestalter, denn die Zeitmanipulation bewirkt jenen magischen Moment, der Bilder zu lebenden Bildern macht.

Zeitkunst
↓ S. 113ff.

2.4 Blicklinien – der Kamerastandpunkt

Die Kunst der prägnanten Inszenierung besteht, wie wir gesehen haben, darin, alles, was nicht zum Thema des Films beiträgt und zum Fortgang des Geschehens taugt, wegzulassen. Einen Drehort und die zu filmenden Ereignisse derart aufeinander abzustimmen und zu kontrollieren, dass kein optischer oder akustischer Müll im fertigen Filmprodukt landet, ist allerdings eine Herkulesarbeit.

Verschiedene Methoden des produktiven Weglassens sind zu unterscheiden. Da ist zunächst einmal an die Standortwahl zu erinnern: Eine Kamera blickt in eine bestimmte Richtung, und daraus folgt zwangsläufig, dass alles, was links oder rechts, neben und hinter der Kamera geschieht, für den Film unsichtbar bleibt. Das ist sogar nützlich, wenn auf der ‚blinden' Seite der Kamera ein Weg ist, auf dem das Team anfahren und Geräte lagern kann.

Standortwahl

Mit der Blickrichtung der Kamera hängen noch andere Gestaltungsaufgaben zusammen. Die Kamera kann zum Beispiel unterschiedlich hoch eingerichtet sein. Diese scheinbare Banalität hat folgenreiche ästhetische Auswirkungen.

Perspektive

Aus der sogenannten Vogelperspektive (Abb. 11), die Kameraposition ist sehr weit oben, schaut die Kamera und mit ihr der Betrachter auf ein Objekt herab. Was zunächst als optische Spie-

Abb. 11:
Die Vogel-
perspektive

Abb. 12:
Die Frosch-
perspektive

Abb. 13:
Die Kamera
in Augenhöhe

*Schuss-
Gegenschuss*

lerei wirkt, schafft eine spezifische emotionale, wertende Beziehung zwischen Zuschauer und Objekt.

In der Froschperspektive, der extremen Gegenposition zur Vogelperspektive, wird das Verhältnis umgekehrt. Jetzt geht die Blickrichtung der Kamera nach oben und der Betrachter schaut zu einer Person oder einem Objekt auf.

Der Spielfilmregisseur Howard Hawks (1896 – 1977) bevorzugte eine alltägliche Kameraposition:

> „Es gibt keine Kameratricks. Gewöhnlich steht die Kamera auf Augenhöhe. Die Zuschauer sehen das, was ich auch sehe."[5]

Wir können hinzufügen, dass dies die demokratische Sichtweise genannt wurde, weil es keine perspektivischen Rangunterschiede zwischen den Filmfiguren und dem Zuschauer gibt. Natürlich mag die Persönlichkeit und die Kleidung der Darsteller völlig anderes ausdrücken. Aber gerade durch den Kontrast von dem, was gefilmt wird zu dem, wie es gefilmt wird, entstehen bedenkenswerte filmische Aussagen.

Hawks setzte übrigens minimale Kranfahrten ein, wenn ein Darsteller sich vom Tisch erhob. Durch dieses technische Mittel bleibt die Kamera auf Augenhöhe, um das ‚demokratische' Verhältnis von Darsteller und Zuschauer beizubehalten.

Zuschauer und Darsteller filmisch auf Augenhöhe zu bringen, ist im Dokumentarfilm eine ethische Forderung, die allerdings mit großen technischen Herausforderungen verbunden ist. Denn in dokumentarischen Bezügen lässt sich die Welt nicht im gleichen Ausmaß inszenieren wie im Spielfilm.

Übung

Schuss-Gegenschuss-Situation
Die Schuss-Gegenschuss-Situation ist ein klassisches Verfahren um einen Dialog von zwei Personen filmisch in Einstellungen aufzulösen. In amerikanischen Krimiserien wurden die Detektive mit einer leichten Untersicht, der Gegenschuss auf die Verdächtigen jedoch leicht von oben aufgenommen. Nehmen Sie einen Dialog zweier Personen im Schuss-Gegenschuss Verfahren auf und finden Sie heraus, bei welchem Neigungswinkel die Effekte der Erhöhung oder Erniedrigung einer Figur optimal sind.

2.5 Nähe und Distanz – die Einstellungsgrößen

Technisch gesehen bestimmt die Brennweite des Objektivs in Kombination mit dem Abstand der Kamera zum aufzunehmenden Gegenstand wie weit oder wie eng der Blick auf die gefilmte Welt ausfällt. Am einfachsten kann man diesen Zusammenhang mit einem Zoom-Objektiv ausprobieren. Holen Sie mittels der Teleeinstellung einen Gegenstand heran. Sie grenzen zugleich den umgebenden Raum ein. Anders herum: Je weitwinkliger die Objektiveinstellung desto mehr Raum kann der filmische Blick erfassen. Eine Panorama-Aufnahme von einem Bergmassiv veranschaulicht die extreme Weitwinkelwirkung.

Brennweite

Tele- oder Weitwinkelaufnahmen sind, vom menschlichen Standpunkt aus gesehen, unnatürliche Sichtweisen. Denn die sogenannten ‚Objektive‘ haben eigene technisch bedingte ‚Subjektivitäten‘, mit denen sie Welt darstellen.

Filmemacher nutzen die ‚Subjektivität‘ eines Objektivs ästhetisch konstruktiv.

Mittels des Zoom-Objektivs können Sie sich ein weiteres grundsätzliches Problem veranschaulichen: Wenn Sie zum Beispiel aus dem Telebereich zurückzoomen, verändern Sie den Ausschnitt, die sogenannte Einstellungsgröße, kontinuierlich, so dass Sie ohne Schnitt von einer Großaufnahme in eine Totale wechseln. Für Filmtheoretiker ergibt sich daraus das Problem der Einstellungsgrößendefinition: Ab wann gilt etwas als nah, ab wann als groß usw.? Für Praktiker ist das Problem einfach zu lösen: Man wählt eine der gängigen Klassifikationen und macht sie zur Grundlage eines gemeinsamen Sprachgebrauchs im Team. Eine verbindliche Begriffsdisziplin ist dann allerdings sehr wünschenswert, damit sich die beteiligten Filmgestalter schnell und verlässlich am Drehort über Einstellungsgrößen austauschen können.

Einstellungs-größe

Filmtheoretische Begriffe sind für den Praktiker ein wichtiges Hilfsmittel. Ihre Nutzung sollte nie dogmatisch, sondern pragmatisch sein.

Maßstab Mensch

Als Maßstab für die Einstellungsgrößendefinition wird in den meisten Klassifikationen der Mensch genommen. In Anlehnung an Gertrud Koch unterscheiden wir Detail-, Groß-, Nah-, Total- und Panoramaeinstellung. Mit Hilfe dieser unterschiedlichen Einstellungsgrößen können Sie die Aufmerksamkeit der Zuschauer steuern. Dies nennt man ‚filmisch auflösen‘.

‚Grammatik‘ des
Auflösens

Abb. 14:
Schema von Standard-
Einstellungsgrößen

In vielen Kategorisierungstabellen werden weitere Unterteilungen vorgenommen. Was an theoretischer Genauigkeit gewonnen wird, macht es leider für den Praktiker babylonisch. Für die praktische Arbeit ist wichtiger, sich die ästhetischen Konsequenzen der Einstellungsgrößenwahl klarzumachen.

Detailaufnahme

Die Detaileinstellung fokussiert auf einen sehr kleinen Ausschnitt. Augen, in dem Moment gezeigt, in dem sich Schmerz oder Freude als Augenglanz zeigen, fordern geradezu eine Detailaufnahme. Augen gelten als Spiegel der Seele. Die Detailaufnah-

Abb. 15:
Die Detailaufnahme

me blendet alles Ablenkende aus und fokussiert auf intimste
Emotionalität. Wir kommen hier filmisch an die Schwelle des
fast nicht mehr Beobachtbaren heran. Doch Vorsicht: Aufgrund
des extremen Kontextausschlusses fordern Detailaufnahmen
das Risiko heraus, wie medizinische, freipräparierende Aufnahmen zu wirken. Das kann irritierende, sogar verstörende Folgen
haben.

Detail- und Großaufnahmen sind auf jeden Fall schwierig mit
Totalen oder Panoramaeinstellungen zu verschneiden, da der
Betrachter zu lange braucht, um das isolierte Detail in einer
nachfolgenden detailreichen Umgebung zu erkennen. Es bietet
sich an, über Zwischenstufen heran- oder zurückzuspringen. Sie
finden in der Filmliteratur dann Begriffe wie ‚halbnah‘ oder
‚halbtotal‘.[6]

Die nächste Einstellungsgröße ist in unserer Klassifikation
die Großaufnahme. Sie orientiert sich am Kopf einer Person.
Die Aufmerksamkeit des Betrachters fokussiert damit auf die
Mimik.

Emotionalisie-
rung

Großaufnahme

Abb. 16:
Die Großaufnahme

Gesichter sind dynamische Emotionslandschaften, mal ruhig
und unbewegt wie ein stiller See, mal wild gefaltet durch Zorn
oder Schmerz.

Entfernen wir uns so weit von einer Person, dass wir den
Oberkörper eines Menschen sehen können, sprechen wir von
einer Nahaufnahme (Abb. 17). Die Einstellungsgröße ‚Nahaufnahme‘ lenkt unseren Blick auf die Gestik eines Menschen.
Auch kleinere Handlungen werden in einer Nahaufnahme gezeigt und verbinden den Darstellenden mit einem Objekt. Ein

Mimik

Nahaufnahme

Gestik

Gerangel zwischen zwei Darstellern in der Einstellungsgröße ‚nah' versetzt uns mitten in den Konflikt hinein.

Abb. 17:
Die Nahaufnahme

Totale   Die Totale stellt den Menschen in den Kontext einer Handlung. Die Totale zeigt ein komplexes Geschehen und welche Rolle die Menschen in diesem Ereignis spielen.

Abb. 18:
Die Totale

Ereignis   Die Totale betrachtet alles aus der Distanz. Ein Kampf als Totale aufgenommen, wirkt daher viel weniger dramatisch, als nah oder groß aufgelöst.

Die Panoramaaufnahme schließlich interessiert sich weder für ein Ereignis noch für die Menschen, die damit zu tun haben. Die Panoramaaufnahme hat den dramaturgischen Sinn, einen Spielort in einen umgebenden Raum (Meer, Wüste, Berge, Stadtlandschaft) einzubetten.

Panorama-aufnahme

Abb. 19:
Die Panoramaaufnahme

Panoramaaufnahmen entwickeln symbolische Wirkungen. Sie vermitteln etwa als Berg- oder Meerespanoramen Erhabenes. Der Begriff ‚Erhabenes' zeigt an, dass die Panoramaeinstellung eine sehr große Distanz zum Geschehen aufbaut. Das, was wir sehen, ist eigentlich schon nicht mehr von dieser Welt.

Symbolbild

Die Entscheidung für eine Einstellungsgröße in einem Szenenzusammenhang hängt also sehr stark davon ab:
- was Sie als unwesentlich ausgrenzen wollen,
- welche emotionalisierende oder distanzierende Wirkung Sie erzeugen wollen,
- in welchen Kontext vorlaufender und nachlaufender Einstellungen Sie eine Einstellung einbetten.

Kriterien der Wahl einer Einstellungs-größe

2.6 Spannende Bewegungen – die Einstellungsänderung

Zu Beginn der Historie des Films stand die Kamera fest an einem Ort. Aus dieser Position heraus wurde eine einzige Einstellung gedreht, die der Laufzeit einer Filmrolle entsprach. Bewegung vor der Kamera war deshalb die einzige Möglichkeit, ein Geschehen filmisch in Szene zu setzen.

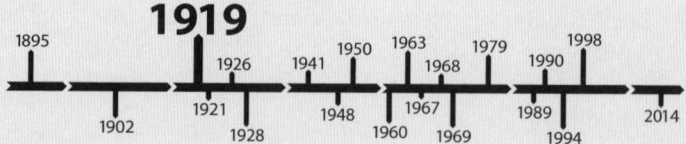

Erzählkino

David Wark Griffith (1875 – 1948) ist
einer der bedeutendsten Filmpioniere. Sein Name steht für den Beginn
des erzählenden Kinos. Er löste seine Filmstoffe in Einstellungen auf
und montierte sie dramaturgisch
und rhythmisch als Langfilme. Mit
dem Film ,Birth of a Nation' (USA
1915), in dem er den amerikanischen Bürgerkrieg darstellt, bewies
Griffith, dass sogar großes episches
Kino möglich ist. Griffith perfektio-

Abb. 20: ,Broken Blossoms', USA 1919

nierte seine Montagetechnik für die Verfolgungsjagd. Er verkürzte die Einstellungslängen
im Verlauf der Verfolgung, um den Eindruck des sich Näherns des Verfolgers zu erreichen. Natürlich erfand Griffith auch die ,Rettung in letzter Minute'.
Mit ,Broken Blossoms' legte er einen Spielfilm vor, der die psychische Bewegtheit der
Figuren (Emotionen) in äußere Bewegung (action) übersetzt. Griffith nutzte die Möglichkeiten der Montage konsequent aus, in dem er die Einstellungsgrößen variierte. Er
begann häufig die Szenen seiner Filme mit einer Totalen, an die sich Schuss-Gegen-
schusseinstellungen anschließen. Seit Griffith können komplizierte Geschichten filmisch
standardisiert erzählt werden. Griffith legte damit die Grundlagen eines ,Continuity-
Systems', das noch heute für jeden Mainstream-Film verbindlich ist.

Übung

Emotionalisierung durch Einstellungsgrößenwahl
Inszenieren Sie eine einfache Handlung in fünf Einstellungen: Eine Person
bewegt sich auf die Kamera zu. In der nächsten Einstellung springen Sie näher
an die Person heran. Der Gefühlzustand der Person offenbart sich erst in der
dritten Einstellung, einer Großaufnahme. Entfernen Sie sich anschließend in
zwei weiteren Einstellungen.

Die praktischen Erfahrungen mit der Kamera und deren tech- *einfache Kamera-*
nische Weiterentwicklung weiteten die Handlungsmöglichkei- *bewegungen*
ten der Kameraleute schnell aus. Sie entdeckten zwei Weisen,
die Kamera zu bewegen. Entweder drehten sie die Kamera auf
einem Stativkopf um eine ihrer drei Achsen, oder sie bewegten
die Kamera von einem Ort zum anderen. Die erste Weise simuliert einen Menschen, der fix an einem Ort verweilt und sich um-
schaut, die zweite den sich bewegenden Menschen.

Der Schwenk ist die erste der drei Arten der Kamerabewe- schwenken
gung mit fixem Standort. Ein Schwenk dreht die Kamera hori-
zontal auf dem Stativ oder aus der Hand.

Abb. 21: Der horizontale Schwenk

Die Kamera simuliert in diesem Fall einen Kopf, der nach rechts
oder links schaut. Schwenks verfolgen Bewegungen oder erkunden Raumbeziehungen, die nicht innerhalb einer starren Einstellungsgröße sinnvoll erfasst werden können.

Mit ‚Neigen' bezeichnet man das Hoch- und Runterschwen- neigen
ken der Kamera (Abb. 22). Auch im Fall des Neigens bietet sich
die Analogie zu der Kopfbewegung eines in Ruhe beobachten-
den Menschen an. Das Neigen verändert die Blickrichtung der
Kamera in Richtung Vogel- oder Froschperspektive.

Das horizontale Schwenken und vertikale Neigen bzw. deren
Kombination können als die einfachsten Kamerabewegungen
angesehen werden. Mit Schwenken und Neigen lassen sich ab-
geschlossene Bewegungen durchführen, ohne den Aufenthalts-
ort der Kamera zu verändern.

Abb. 22: Das vertikale Neigen

Die Unterarten dieser Kamerabewegungen sind nach ihrer Funktion benannt, zum Beispiel Panoramaschwenk, Reißschwenk, tastende Kamera. Sie verbinden Personen und Objekte miteinander, verfolgen den Lauf einer Handlung, eines Geschehens oder stellen logische Bezüge in einer Einstellung her. Damit dienen sie in erster Linie der Dramaturgie eines Films.

Funktions-schwenks

Das Drehen um die dritte Achse, der Blickachse der Kamera, wird ‚Rollen' genannt. Auch diese Bewegung hat ihr Vorbild in einer Kopfbewegung, wenn der Kopf sich nach links oder rechts auf die Schulter legt. Beim Rollen ändert sich nicht der Gegenstand sondern das räumliche Lot. Daher kann es zu Ortsirritationen kommen. Eine rollende Kamera sollte auf wenige, genau kalkulierte Effekte beschränkt bleiben.

rollen

Der Begriff ‚Fahren' bezeichnet, im Gegensatz zum Schwenken, Neigen und Rollen, eine Kamera, die sich im Raum entweder auf Schienen, im Einkaufswagen, in Autos usw. oder auf einem Kran vertikal und dia-

Abb. 23: Das Rollen der Kamera

gonal bewegt. Die Kamera kann natürlich auch von Hand durch den Raum getragen werden. Das Fahren oder Bewegen der Kamera ist ein vorzügliches Mittel, den dreidimensionalen realen Raum vor der Kamera in der Fläche der Projektion nachvollziehbar zu machen. Am Beispiel des ‚Fahrens' können Sie das kinematografische Wesen des Films im wahrsten Sinne des Wortes erfahren.

fahren ↓ S. 8off.

Raumerfahrung

Für alle diese Bewegungen gilt eine hilfreiche Ausführungsregel, um Probleme im Schnitt zu vermeiden: Sie sollten das Ende eines Schwenks oder einer Fahrt ohne zögerliches Auszuckeln oder gar Zurückschwenken abschließen. Eine unabgeschlossene Kamerabewegung zu schneiden, ist in den meisten Fällen auf Grund von Tempounterschieden risikoreich. Wir empfinden Kombinationen von Bewegungen, die nicht dynamisch ähnlich sind, als Zusammenbruch der filmischen Illusion. Dies gilt insbesondere, wenn von einem unabgeschlossenen Schwenk in einen Stand geschnitten wird.

Bewegungen schneiden ↓ S. 189

Zum Abschluss dieses Kapitels noch ein warnendes Wort zum Einsatz des Zooms: Zoomfahrten ersetzen echte Fahrten nicht, weil die zoomende Kamera sich nicht im Raum bewegt sondern nur die Einstellungsgröße variiert. Zoomfahrten, insbesondere

Problem Zoomfahrten ↓ S. 88f.

Übung

Schwenk
Schwenken Sie mit dem Verfahren ‚Stand — Bewegung — Stand' einmal ein statisches Objekt ab und folgen Sie ein anderes Mal einem bewegten Objekt.

---

von Anfängern, dauern zudem unverhältnismäßig lang und langweilen. Größere Entfernungen lassen sich besser durch harte Schnitte, durch Ran- oder Wegsprünge verkürzen. Das Zoomobjektiv ist in diesem Fall äußerst praktisch, um die Einstellungsgrößen schnell zu verändern. Mit einer Schnittfolge von Einstellungsverdichtungen oder -wegführungen lässt sich ein Annähern oder Entfernen von einem Thema präzise realisieren.

2.7 Mit Licht schreiben – kameratechnische Grundlagen

Einer der direkten Vorläufer des Films ist die Fotografie. Fotografie heißt übersetzt: mit Licht schreiben. Auch der Film arbeitet mit Licht und Schatten, um eine Welt auf den Schirm zu bringen. Daher ist es für eine erfolgreiche Filmarbeit grundlegend, sich über die Lichtverhältnisse an Drehorten und über die technischen Möglichkeiten der Kamera, dieses Licht zu verarbeiten, zu informieren.

Foto-Film-Verwandtschaft

> Einstellungsarbeit bedeutet, Licht und Schatten modellieren zu können.

kameratechnische Stellschrauben

Es gibt vier Hauptstellschrauben an einer Kamera, um sie auf die Lichtverhältnisse am Drehort einzuregeln (Blende, Filter und Verstärkungen, Weißabgleich und die Verschlusszeit). Diese Einstellungsmöglichkeiten werden nicht unabhängig voneinander verändert, jede technische Änderung hat ästhetische Auswirkungen auf die Einstellungen der anderen Stellschrauben. Das macht die Handhabung zusammen mit den unabwägbaren Lichtverhältnissen am Drehort komplex. Die filmfotografischen Ergebnisse sollten Sie daher auf dem Bildschirm der Kamera oder einem Zusatzmonitor vor, während und nach der Aufnahme kontrollieren. In ungünstigen Ansichtssituationen (starker Sonnenschein) ist es ratsam, den Kameramonitor vor zu starker Einstrahlung zu schützen, weil ansonsten die Beurteilung der tatsächlichen Aufnahme durch das Streulicht auf der Monitoroberfläche verfälscht werden kann.

Ergebnis-kontrolle

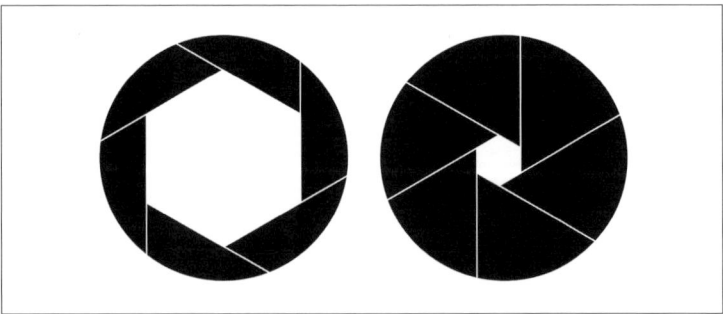

Abb. 24: Die ‚geöffnete' und die ‚geschlossene' Blende

In der Hauptsache modellieren Sie das Licht in der Kamera mit Hilfe der Blende. Mit der Blendensteuerung wird jene Lichtmenge, die gleichzeitig das Objektiv passiert, geregelt. Die Blendenöffnung kann zu diesem Zweck mehr oder weniger geöffnet oder geschlossen werden (Abb. 24). *Blende*

Verwirrend für den Anfänger ist, dass eine kleine Blendenöffnung durch eine höhere Blendenzahl ausgedrückt wird. *Blendenzahl*

Je höher die Blendenzahl, desto weniger Licht kann den Durchlass der Blende passieren. Die maximale Blendenschließung (höchst mögliche Blendenzahl eines Objektivs) nennt man ‚geschlossene Blende‘.
Je kleiner die Blendenzahl, desto größer der Blendendurchlass für Licht. Die maximale Blendenöffnung (kleinste mögliche Blendenzahl eines Objektivs) nennt man ‚offene Blende‘.

Eine geschlossene Blendenöffnung produziert ein schärferes Abbild auf der Rückwand der Kamera als eine offene. Wollen Sie ein Abbild mit totaler Schärfe, so dass Vordergrund und Hintergrund gleich scharf sind, dann müssen Sie am Drehort für Lichtverhältnisse sorgen, die eine Blende mit kleinem Durchlass, sprich hoher Blendenzahl ermöglicht. *totale Schärfe*

Abb. 25: Zwei Personen in totaler Schärfe

Schwierig wird es, wenn Sie eine selektive Schärfe auf die Figur legen und den Hintergrund unscharf erscheinen lassen wollen (Abb. 26). Nicht alle gängigen Kameratypen sind dafür geeignet. Probieren Sie daher folgendes aus: Die Figur leuchten Sie heller *selektive Schärfe*

Abb. 26: Die selektive Schärfe:
Vordergrund scharf (Foto 1),
Hintergrund scharf (Foto 2)

aus als den Hintergrund. Drehen Sie die Einstellung mit einem leichten Teleobjektiv.

Schärfentiefe

Das Phänomen unterschiedlicher Schärfenverhältnisse nennen Filmemacher ‚Schärfentiefe‘. Sie kann groß oder klein sein, das heißt von totaler Schärfe bis zu einer extremen selektiven Schärfe reichen. Das Instrument der Schärfentiefe ist ein wichtiges Hilfsmittel, die Aufmerksamkeit der Zuschauer entweder auf das Gesamtgeschehen oder auf ein Detail zu fokussieren.

elektronische
Aufhellung

Eine zweite Einstellmöglichkeit an der Kamera ist der sogenannte Gainschalter. Mittels dieses Features an der Kamera können Aufnahmen künstlich heller gemacht werden, allerdings mit dem Nachteil, dass je nach Grad der elektronischen Aufhellung das Bild pixeliger, verrauschter, ‚nebeliger‘ wird (Abb. 27). Mehr ‚Gain‘ bietet sich nur an, wenn ein Inhalt trotz Lichtmangels unbedingt dokumentiert werden muss, das heißt: Der Inhalt ist wichtiger als eine qualitativ hochwertige filmische Repräsentation. ‚Gain‘ ist der Videobegriff für das, was die Foto-

Abb. 27: Betonkeller:
ohne Aufhellung (Foto 1)
und mit elektronischer
Aufhellung (Foto 2)

grafen ‚ISO-Wahl' nennen. Technisch gesehen verändert man
mit dieser Stellschraube die Empfindlichkeit des Chips für die
einfallende Lichtmenge.

Ein weiteres Lichtsteuerungsmittel ist der sogenannte ND-
Filter. Dieser Filter wird eingesetzt, wenn zu viel Licht vorhanden ist. Dies dürfte zumeist im Sommer im prallen oder leicht
diesigen Licht der Fall sein. Der Filter reduziert das Lichtquan-
tum auf ein Maß, das einen wünschenswerten Blendenbereich
zulässt. Es passiert übrigens leicht, dass Sie versehentlich den
ND-Filter nicht wieder heraus nehmen. Unter schlechten Lichtverhältnissen werden Sie im Anschluss unterbelichtete, nicht
verwertbare Bilder produzieren.

Graufilter

Kontrollieren Sie vor jedem Dreh sicherheitshalber alle
Filtereinstellungen.

Verschlusszeit

Auch die Verschlusszeit, im Videobereich zumeist ‚Shutter‘ genannt, kann in der Kamera im Prinzip verändert werden. Wegen
der ruckelfreien Bewegungsdarstellung sind allerdings 25 Voll-
bilder pro Sekunde der Fernsehstandard, das heißt: Die Verschlusszeit beträgt in diesem Fall 1/25 Sekunde. Es macht folglich zumeist keinen Sinn, für Video- oder Filmaufnahmen durch
Änderungen der Verschlusszeit die Lichtmenge zu steuern. Da
die genormte Verschlusszeit zudem im Automatikmodus an das
Videoformat gekoppelt ist, sollten Sie sowohl die Verschlusszeit
als auch die Chipempfindlichkeit im werksseitigen Normalmodus belassen.

*Blenden-
steuerung*

Die Lichtkontrolle an der Kamera während der Inszenierungsarbeit wird also in der Regel mit der Blendensteuerung
vorgenommen. Sollten keine Sonderanforderungen (zum Beispiel selektive Schärfe) vorliegen, empfiehlt es sich, eine mittlere
Blendenzahl einzustellen. Bekommen Sie trotz einer offenen
Blende ein dunkles Bild, müssen Sie Zusatzlicht verwenden.

Weißabgleich

Die vierte Stellschraube der Lichtsteuerung ist der Weißabgleich der Kamera. Licht produziert nicht nur Helldunkelkontras-
te. Licht ist farbiges Licht, das heißt, dass jede Lichtquelle, sei sie
nun natürlich oder künstlich, ein eigenes, spezifisches Spektrum
an Farbanteilen hat. Diese Farbstimmung kann, grob gesagt,
eher bläulich (Tageslicht) oder eher gelblich (Kerzenlicht) sein.

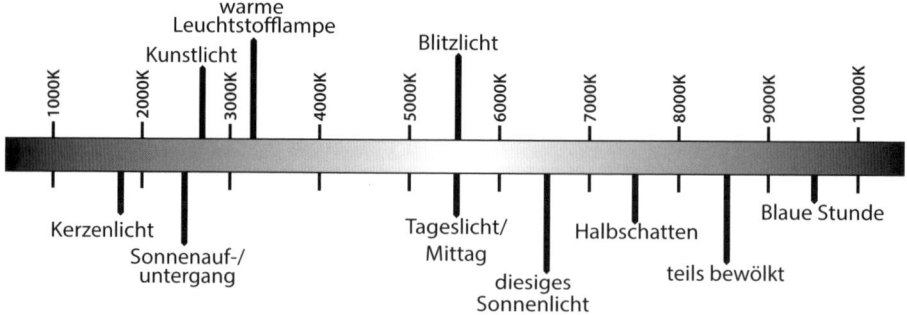

Abb. 28: Skala von Farbtemperaturen (Durchschnittswerte)

Das menschliche Auge hat die praktische Eigenschaft, diese unterschiedlichen Lichtverhältnisse in unserer alltäglichen Wahrnehmung nicht zum Bewusstsein kommen zu lassen. Diese Fähigkeit hat die Kamera nicht.

Der Kamera muss ‚gesagt‘ werden, was sie für weiß halten soll. ▐

Der Weißabgleich ist an sich kein Zauberkunststück. Man hält ein weißes Blatt vor die Kamera und drückt einen Schalter. Je nach Kamera ist dies unterschiedlich ergonomisch gelöst, aber irgendeine Art von Weißabgleich wird immer angeboten. Entscheidend für einen gelungenen Weißabgleich ist allerdings, dass Sie das weiße Blatt Papier genau an jene Stelle halten, in der der bildwichtige Teil Ihrer Aufnahme spielt. In Mischlichtsituationen kommt es sonst zu unangenehmen Überraschungen, weil im Raum unterschiedliche Farbtemperaturen verteilt vorkommen. Während zum Beispiel eine Wohnzimmerlampe viel warmes, gelbliches Licht abstrahlt, kommt über ein breites Fenster viel kaltes, bläuliches Licht auf den Set. Wird der Weißabgleich an einer weißen, vom Tageslicht bestrahlten Wand durchgeführt, könnte ein Protagonist, der im Vordergrund von der Lampe beschienen wird, in orangefarbenen Falschfarben erscheinen.

Mischlicht-
situationen

Übung

Der Weißabgleich
Führen Sie ein Interview in einem Zimmer. Setzen Sie die zu interviewende Person vor eine Wand, die mit Tageslicht beleuchtet ist. Leuchten Sie die Person mit Kunstlicht ein. Regeln Sie den Weißabgleich in der Weise, dass die Haut der Person ohne Falschfarben wiedergegeben wird.

2.8 Der Ton – oder was immer vergessen wird

Die gute Tonaufnahme einer Einstellung gehört zu den handwerklichen Selbstverständlichkeiten des Filmens. Korrekt ausgepegelte Tonaufnahmen sind für die Verständlichkeit von Dialogen und als Ausgangsmaterial für ein komplexes Sounddesign unverzichtbar. Erstaunlicherweise wird dieser Aufgabe in der Praxis selten die notwendige Aufmerksamkeit und Anerkennung zugebilligt. Um einwandfreie Töne zu produzieren, sollten Sie auf jeden Fall drei Regeln einhalten.

Tonaufnahme

Sounddesign

1. Bringen Sie die Mikrofone so nah wie möglich an
   die Tonquelle heran.

Störgeräusche

Je weiter entfernt die Mikrofone von der primären Schallquelle
aufgestellt sind, desto mehr Raum- und Störgeräusche kommen
auf die Tonaufzeichnung. Das Fatale dieses Befundes: Mit
Störgeräuschen vermischte Tonsignale sind in der Regel un-
brauchbar, weil Sie das Nutzsignal von den Störgeräuschen nur
ungenügend, häufig überhaupt nicht durch Filterung in der
Nachbearbeitung trennen können. Daher gilt des Weiteren:

2. Schalten Sie Störgeräusche ab. Tun Sie Alles, um
   sie zu vermeiden.

Kühlschränke haben die fatale Angewohnheit, zunächst stumm
zu sein, entwickeln plötzlich laute ‚Brummkulissen'. Anfahren-
de Fahrzeuge an Ampelkreuzungen oder vorbeifahrende Züge,
lärmende Fußballfans sind andere akustische Störquellen. In all
diesen Fällen sind die Hintergrundgeräusche entweder zu laut,
so dass sie vom Nutzton ablenken, oder sie bilden einen auf-
dringlichen Klangteppich, der es Ihnen unmöglich macht, verschiedene Einstellungen eines Drehortes in einem unhörbaren
Schnitt zu verbinden.

Übung

Die Audioaufnahme
Nehmen Sie an einer belebten Stelle verschiedene Statements von
Passanten auf, einmal mit dem Kameramikrofon, einmal mit einem
externen Richtmikrofon. Hören Sie sich die Audioaufnahmen aufmerksam an und beurteilen Sie anschließend die Unterschiede.

Um später im Schnitt zwei Einstellungen eines Drehortes besser
verschneiden zu können, empfiehlt sich:

3. Nehmen Sie an jedem Drehort mindestens fünf Minuten der
   Geräuschkulisse (Grundgeräusch des Drehortes) auf.

Das Grundgeräusch eines Drehortes, auch ‚Atmo' genannt, ist in der Montage ein entscheidendes Hilfsmittel, um Einstellungen zu verschmelzen. Man mischt in diesem Fall die Atmo durchgängig unter alle zusammengehörigen Einstellungen einer Szene. Der einheitliche Grundton suggeriert dann einen einheitlichen Raumzeitzusammenhang.

Wenn Sie einen Film nachsynchronisieren oder statt O-Ton nur Musik verwenden wollen, sollten Sie immer einen sogenannten Primärton aufnehmen. Der Primärton (Tonaufnahme mit dem Kameramikrofon) hilft Ihnen im Schnitt, sich im Material zurechtzufinden oder extern aufgenommene Töne mit den Bildern einer Einstellung korrekt zu synchronisieren. Manchmal können Sie den Primärton sogar, obwohl zunächst nicht vorgesehen, als Atmo verwenden.

Vorsichts-maßnahme ‚Atmo'

Vorsichts-maßnahme ‚Primärton'

3. Kamerarealität

3.1 Fotografische Grundlagen

Im vorangegangenen Kapitel haben wir die ‚Einstellung' als den grundlegenden Begriff der Filmproduktion eingeführt. Im Folgenden werden weitere wichtige Aspekte des Filmemachens hinzukommen. Diese zusätzlichen Gesichtspunkte müssen Sie grundsätzlich immer auf die Einstellungsproblematik beziehen. In Einstellungen sehen, denken und gestalten zu können, ist die Kernkompetenz von Filmemachern.

Kernkompetenz der Filmemacher

Ab jetzt denken und handeln wir in und für Einstellungen.

Eine filmische Einstellung einzurichten, ist vor allen Dingen eine Reduktionsleistung: Die Kamera reduziert die Ereignisse eines dreidimensionalen, real begehbaren Raums vor der Kamera in ein zweidimensionales Projektions- oder Bildschirmgeschehen. Diese Dimensionsreduktion stellt für den medienerfahrenen Konsumenten von Filmen in der Regel kein Problem dar, weil er zumeist auf die Inhalte achtet und naiv Filmgeschichten erlebt. Professionelle Filmemacher stellt die fotografische Reduktion von realen Räumen in die flächige Kamerarealität allerdings vor erhebliche Schwierigkeiten.

fotografische Reduktion

3.2 Die ‚Subjektivität' des Objektives

In einem Kameraobjektiv wird Licht in einem Brennpunkt gebündelt, um es hinter dem Objektiv spiegelverkehrt auf einen elektronischen Sensor, den Chip der Kamera zu werfen. Der Sensorchip wandelt die Lichtereignisse in digitale elektrische Impulse um. Welchen Weltausschnitt eine digitale Kamera in welcher Größe abbildet, hängt darum einerseits von der Chipgröße andererseits vom Objektivtyp ab.

Objektivtypen

Ein Objektiv, dessen Sensor im Zusammenwirken mit einer entsprechenden Brennweite ein Abbild liefert, das dem natürlichen Ausschnitt des menschlichen Blicks entspricht, nennen wir Normalobjektiv.

Wechselobjektive für die Kamera, deren Brennweiten größer als das Normalobjektiv sind, werden Teleobjektive genannt. Teleobjektive verengen den Bildausschnitt bei gleichbleibender Formatgröße. Dieser technische Trick holt uns einen Gegenstand oder Menschen scheinbar näher heran. Ohne Teleobjektive wären Aufnahmen von scheuen Wildtieren unmöglich. Anders gesagt: Wir können die Aufmerksamkeit der Zuschauer mit einem Teleobjektiv auf einen Gegenstand, ein Tier oder einen Menschen optisch konzentrieren. Bei einer Personenaufnahme ist es uns sogar möglich, die Privat- oder Intimdistanz visuell zu unterschreiten, ohne dass wir diesem Menschen physisch näher kommen müssen.

Brennweite

Weitwinkeloptiken andererseits erweitern den Bildausschnitt und verbreitern damit den Blick im Vergleich zum Normalobjektiv. Weitwinkeloptiken bieten sich für detailreiche Motive an oder in räumlich beschränkten Drehorten, wenn Sie den Raum möglichst umfassend aufs Bild bringen wollen.

Der Begriff ‚Objektiv‘ suggeriert, dass ein Gegenstand oder ein Mensch vor der Kamera in ein objektives Abbild in der Kamera verwandelt wird. Das ist aber nicht der Fall, weil jedes Objektiv seine eigenen ‚Subjektivitäten‘ hat. Sie stellen die Welt gemäß ihren techni-

Abb. 29: Die ‚Subjektivität‘ des Objektivs: Weitwinkelaufnahme, Normalobjektiv, Teleobjektiv. Die Kamera entfernt sich vom Motiv, um den Bildausschnitt gleich zu halten.

schen Eigenarten dar. Billige Objektive haben zum Beispiel große Randunschärfen, sie produzieren in der Mitte zwar scharfe
Bilder, lassen die Ränder aber flau erscheinen.

Eine bedeutsame ‚Subjektivität' des Objektivs ist in den Beson-   räumliche
derheiten verschiedener Brennweiten begründet, denn die Brenn-   Verzerrungen
weiten verzerren das Abbild der Welt in spezifischer Weise, wie
sich an drei Portraitaufnahmen mit gleichem Bildausschnitt aber
unterschiedlicher Brennweite demonstrieren lässt (Abb. 29):
Im Telebereich wirkt ein Gesicht flach, fast eingedrückt, während das Weitwinkel eine Pinocchionase produziert. Die Aufnahme mit dem Normalobjektiv kommt unserer natürlichen Wahrnehmung am nächsten.

Auf die optischen Grundlagen kann an dieser Stelle nicht ein-
gegangen werden. Entscheidend ist, dass Filmemacher sich der
Wirkweisen der Objektive bewusst sind und optische Effekte in
ihre Gestaltungsideen einbeziehen können. Die erfolgreichen
Regisseure der Filmgeschichte waren in der kreativen Nutzung
solcher technischen Besonderheiten der Objektive immer innovativ.

Eine weitere Besonderheit: Teleobjektive neigen verglichen
mit Normal- oder Weitwinkeloptiken dazu, den Vordergrund im
Verhältnis zum Hintergrund näher heranzurücken. Dieser Effekt lässt sich nutzen, um einen
Drehort oder eine Person weniger alltäglich, poetischer aussehen zu lassen.

Unabhängig von der Brenn-
weite kommt es zu optischen
Verzerrungen, wenn Gegenstände oder Menschen in die Tiefe
des Raums hineinragen. Die
Füße (im Vordergrund) einer liegenden Person zum Beispiel ge-
raten im Verhältnis zu den Händen (im Hintergrund) durch die
Umsetzung in das flächige Bild
grotesk groß (Abb. 31).

Abb. 30: Brennweitenunterschiede verändern das Verhältnis von Vordergrund
und Hintergrund (Foto 1 weitwinklig,
Foto 2 mit Tele).

Die technisch bedingten ‚Subjektivitäten' der Objektive bieten die Chance, unsere alltägliche Welt in eine ungewöhnliche, neuartige Kamerarealität zu verwandeln. Gerade darin liegt nicht nur für die Spielfilmarbeit ein großer Reiz. Ein visuell überzeugender Film gründet immer in einem prägnanten fotografischen Ausdruck.

Übung

Die Tele- und Weitwinkelaufnahme
Fertigen Sie jeweils eine Portraitaufnahme mit Weitwinkel und Teleeinstellung an. Versuchen Sie optisch die aufgenommene Person maximal zu verfremden.

3.3 Aufgeräumte Filmbilder

Die ‚Subjektivität' des Objektivs stellt die äußere Realität in optisch vereinfachter und veränderter Weise dar. Aus einem Raum entsteht eine Fläche (Dimensionsreduktion), die wir als reales Abbild anerkennen, obwohl die Proportionen ggf. extrem verzerrt sind. Maßstab und Ausgangspunkt für diese Interpretationsleistung ist der Rahmen eines Filmbildes.

Der Rahmen kann verschiedene Formate haben. Im traditionellen analogen Fernsehformat zum Beispiel war er im Verhältnis von 4:3 aufgespannt. Gängige HD-Ausstrahlungen senden im 16:9 Format. Die Kinogeschichte kennt eine Vielzahl von unterschiedlichen Formaten. Allen Formaten ist aber gemeinsam, dass sie breiter als hoch sind, das heißt, dass wir es in der Projektion oder auf einem Bildschirm mit liegenden Rechtecken zu tun haben. Die beiden Diagonalen dieser Rechtecke markieren die

Bildformat

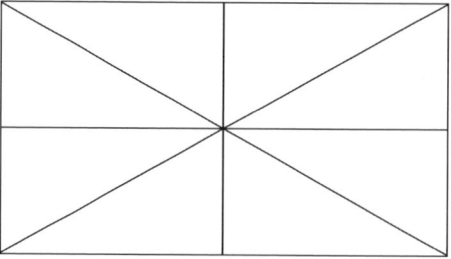

Abb. 32: Aufteilung des Bildrahmens
in Quadranten

Abb. 33: Person amerikanisch, zentriert

Bildmitte. Von hier aus zerfällt das Bild in zwei mal zwei Hälften oder vier Quadranten.

Es ist nicht beliebig, ob wir etwas in der Mitte des Bildes anordnen oder in den Teilfeldern. Wir spielen diesen Fakt zur Veranschaulichung *Bildaufbau* als Interviewsituation durch: Die interviewte Person steht zunächst in der Mitte des Bildes. Wir sehen sie von den Knien an aufwärts.

Die Einstellungsgröße ‚amerikanisch' geht auf das Breitformat ‚CinemaScope' und das Genre ‚Western' zurück. Beim *Breitformat* Showdown haben wir im CinemaScope-Format die Hand am Colt genau im Blick, ohne dass uns das Blitzen der Augen entgeht. Links und rechts lieferte dieses Breitformat den eindrucksvollen Hintergrund der Hauptstraße einer Westernstadt. Für den amerikanischen Western war die amerikanische Einstellungsgröße diejenige, die das Bildwichtige im Rahmen des Formats prägnant anordnete (Abb. 33).

Aber was bedeutet diese Einstellung für ein Interview? Weil wir in der Videotechnik in HD-Formaten arbeiten, und daher auch viel Raum um unsere Figuren zulassen können, müssen wir die Notwendigkeit der Gestaltung des freien Raums genauer bedenken. Und da das Interview einen Menschen zur Sprache bringt und das gesprochene Wort viel Aufmerksamkeit bindet, sollte möglichst wenig Ablenkung im Hintergrund zugelassen werden. Wir verengen deshalb den Ausschnitt auf eine Naheinstellung. Wir rücken an die Interviewte optisch heran, unterschreiten ggf. die Privatsphäre und stellen so nicht nur optisch sondern auch emotional Nähe her (Abb. 34). *Nähe herstellen*

Dieser Bildaufbau des Interviews ist möglich, hat aber Risiken: Die Interviewte schaut direkt in die Kamera und spricht damit den Zuschauer unmittelbar an. Ein Mensch, der uns aus einem Filmbild direkt anspricht, übt eine starke emotionalisierende Wirkung aus. Dies kann die Authentizität einer Aussage steigern. Andererseits

Abb. 34: Person nah, zentriert

Abb. 35: Person nah in rechten Quadranten gerückt

Abb. 36: Person nah, im rechten Quadranten schräg in den Raum gestellt

schafft die Kamera schnell die Anmutung eines Politikers, Predigers oder Nachrichtensprechers. Wir kommen dann jemanden filmisch nah, zu dem wir eine große Distanz empfinden.

Figur ausrichten

Will man jemanden nicht als Autorität darstellen, muss das Bild anders angeordnet werden. Wir verschieben die Person nun in die Mitte der rechten Hälfte (Abb. 35). Noch immer ist es eine Nahaufnahme, jetzt bleibt aber die linke Hälfte frei für all das, was im Hintergrund geschieht. Für Interviews ist es darum ratsam, einen Standort zu wählen, der einen typischen, aber nicht zu ereignisreichen Hintergrund bildet. Nichts ist ärgerlicher als Passanten, die wenige Meter von der Kamera entfernt stehenbleiben und in die Kamera schauen oder gar noch hineinwinken.

Hintergrund kontrollieren

Bildästhetisch ist die Anordnung, die zu interviewende Person bloß in die rechte Bildhälfte zu verrücken, allerdings wenig befriedigend, zumal sie jetzt nicht nur predigt sondern auch viel Raum neben sich hat. Grafisch zerfällt die Kamerarealität so in zwei mehr schlecht als recht verbundene Hälften. Man kann diesen Effekt einfach umgehen, indem die zu interviewende Person leicht schräg ins Bild gestellt wird (Abb. 36). Damit wird der Figur Raum gegeben. Sie spricht nun in einen filmischen Raum hinein.

Figur Sprechraum geben

Um zu verstehen, wie wichtig es ist, einer Figur den angemessenen Raum zu geben, verschieben wir die Person einfach durch Schwenk in die linke Hälfte. Jetzt wirkt das Ganze, als spräche die Person vor eine Mauer, was im übertragenen Sinne auch stimmt, denn der begrenzende Rahmen der Einstellungsgröße

Abb. 37: Mauereffekt

schafft eine klaustrophobische Wirkung (Abb. 37).

Die Anordnung mit der seitlich verschobenen Figur ist übrigens ein alter Trick von Fernsehleuten, wenn sie mehr als ein Interview zusammenschneiden wollen. Sie lassen ihre Interviewpartner dann möglichst abwechselnd mal von links und mal von rechts in den freien Raum sprechen. In dieser Kombination können verschiedene Interviews von unterschiedlichen Aufnahmeorten und -zeiten in der Montage dialogisch verbunden werden. Die Interviewten sprechen von wechselnden Rändern aus in die durch Schnitt erzeugte gemeinsame Mitte der verschnittenen Einstellungen. Die Montage simuliert mit diesem Verfahren eine Gesprächssituation, in der Menschen einander zugewandt sind (Abb. 38 u. 39).

Anschlussfähigkeit durch optische Orientierung

Wenn wir die Aufteilung der beiden aufeinander bezogenen Bilder auf ihre Ausgewogenheit hin beurteilen, stellen wir eine dramaturgisch folgerichtige und harmonische Wirkung fest, weil die Figuren im Goldenen Schnitt angeordnet sind. Die einfache mathematische Ordnung, ein Rechteck in zwei gleiche Teile zu zerlegen und dort jeweils die geometrische Mitte zu nutzen, erweist sich in vielen Fällen als zu streng. Es entsteht gerade

Abb. 38: Frau nah, im Goldenen Schnitt (mit Einzeichnung)

Abb. 39: Mann nah, im Gegenschuss orientiert, im Goldenen Schnitt

Goldener Schnitt

im Breitformat viel freier Raum in der Mitte. Um diesen Raum zu reduzieren, ohne etwas hinzuzufügen, verwenden wir den Goldenen Schnitt. Beim Goldenen Schnitt handelt es sich um eine Verhältnisgleichung: Das Ganze verhält sich zum größeren Teil, wie der größere Teil zum kleineren. Wer nicht den absoluten Blick für den Goldenen Schnitt hat, kann mit Näherungswerten arbeiten. Man teilt dann das Bild in den Verhältnissen 2:3 (grob) oder 5:8 (feiner).

Der Goldene Schnitt ist nur eine von unzähligen Möglichkeiten ein Bild aufzuräumen, Einstellungen klar zu ordnen und den Betrachtern damit die Chance zu geben, schnell und einfach das Wesentliche eines Filmbildes zu erfassen.

Übung

Die Naheinstellung
Machen Sie einfache Postkarten-Aufnahmen in der Naheinstellung von sehr unterschiedlichen Menschen. Nehmen Sie mindestens drei von rechts, zwei von links auf und hängen Sie die Aufnahmen im Schnittprogramm hintereinander.

Wer tiefer in die faszinierende Welt der formalästhetischen Bildgestaltung der Filmkameraarbeit einsteigen will, findet die umfangreichen Gestaltungsmöglichkeiten in Fotolehrbüchern sehr anschaulich erklärt.[1]

Handwerklich gute Fotografie ist die Grundlage jeglicher Filmkameraarbeit.

3.4 Körper im Raum

Motiv Mensch

Der menschliche Körper agiert vor der Kamera und ist damit ein wichtiges Gestaltungsmittel der Kamerarealität. Das Motiv ‚Mensch' ist an sich filmisch, denn Menschen bewegen sich dynamisch im Raum und verhalten sich bewusst oder unbewusst in typischer Weise zu den Besonderheiten eines Ortes. In einer Kirche geht es anders zu als auf dem Fußballplatz. Ob eine Figur auf einer Schlossterrasse voller Touristen verloren umherirrt oder in einer engen, vollgestopften Stube Gedanken nachhängt, sagt viel

Abb. 40: Person bildfüllend in Großaufnahme

über das Innere der Filmfigur aus. Im alltäglichen Sehen erleben wir diesen Zusammenhang meistens unbewusst und beiläufig oder wir ignorieren ihn, weil er dort uninteressant ist.

Wollen Sie mit den Körpern der Darsteller einen filmischen Ausdruck inszenieren, müssen Sie diese der Situation entsprechend korrekt ausrichten und die Beziehungen zu den Örtlichkeiten am Drehort optisch klarmachen. Körperhaltungen als visuelle, verbindende Vektoren zu begreifen, hilft, eine filmische Einstellung aufzuräumen. Um die Früchte dieser Körperinszenierung ernten zu können, müssen sie die Darsteller allerdings zunächst aus dem ‚Farbgewusel‘ des Hintergrundes herauspräparieren, denn das Figur-/Grundverhältnis in jeder Einstellung ist der Schlüssel für deren Lesbarkeit.

Eine Figur (Lebewesen oder ‚toter‘ Gegenstand) hebt sich vom Hintergrund ab, wenn ihre Kontur deutlich wird. Es ist also ein Kontrastproblem. Der Hintergrund muss in jedem Fall anders geartet sein als die Figur. Die einfachste Möglichkeit ist natürlich, die Figur so groß ins Bild zu setzen, dass kaum Hintergrund vorhanden ist (Abb. 40).

Will oder muss man totaler bleiben, hilft es, wir haben schon darauf hingewiesen, die handelnde Person selektiv scharf zu stellen.

Eine Variante dieses Verfahrens leuchtet die Figur heller als den Hintergrund aus.

Sind die Details des Hintergrundes für die Interpretation einer Einstellung unverzichtbar, helfen selektive Schärfe oder der

Wechsel-
beziehung von
Körper und Ort

Figur- /
Grundbeziehung

Schärfe ↑ S. 49f.

Helligkeits-
kontrast

Abb. 41: Person mittels selektiver Schärfe freigestellt

Abb. 42: Person durch Helligkeitskontrast freigestellt

Aufmerksamkeit
vielfältig steuern

Lichtfokus nicht. In planbaren Spielhandlungen ist nun das Können von Setdesignern und Kostümbildnern gefragt. Einstellungsübergreifend können diese Spezialisten die Farb- und Lichtstimmungen einzelner Kleider und Requisiten aufeinander abstimmen.

Ein Regiekonzept verbindet also durch geschicktes Design, welche Personen sich nahestehen oder näher kommen. Will man Menschen voneinander abgrenzen, helfen umgekehrt Kontraste. So wurden in frühen Hollywoodfilmen zum Beispiel die guten Frauen häufig blond und die abgründigen Verführerinnen schwarzhaarig dargestellt. Das sind natürlich Klischees, aber bis heute werden analoge Reduktionstricks in Serien angewendet, um ein schnelles visuelles Orientieren zu ermöglichen.

Hat man diese Konstruktionsnotwendigkeiten durchschaut, begreift man, warum Regisseure auf jedes Detail Einfluss nehmen wollen.

Filmemacher sind Kontrollfreaks.

Der Kontrolle der Schauspielerleistung kommt in der Inszenierung eine herausragende Rolle zu. Insbesondere die Blicksteuerung ist entscheidend, denn mit Blicken nehmen wir Kontakt zur Welt und zu anderen Menschen auf. Blicke können abgewendet, niedergeschlagen oder ausgehalten werden. Blicke sind visuelle Vektoren, die von den Augen in den Raum gehen. Dabei entstehen Beziehungen, die über Einstellungsgrenzen hinaus bestehen können. Wer wen in welcher Art wann anschaut, ist in einem guten Film von großer Bedeutung. Routinierte Regisseure und Schauspieler agieren aber nicht nur mit der Blicksteuerung. Auch die Stellung von Armen und Beinen wird gezielt eingesetzt, um die Interpretation einer Figur oder Szene zu unterstützen. Als Beispiel mag folgende Szene dienen:

Eine Frau schaut einen Mann, der auf sie einspricht, in die Augen. Ihr Oberkörper lehnt etwas abgewandt an einer Mauer. Ein Arm ist wir eine Barriere vor dem Mann aufgerichtet. Der Unterkörper ist in eine andere Richtung gedreht und insbesondere die Fußspitzen zeigen auf einen anderen Mann, der das Gespräch beobachtet. In der Art und Weise wie diese Frau in der Einstellung körperlich verankert ist, wird ihre psychische Disposition veranschaulicht. Selbst wenn sie im Dialog auf ihr Gegenüber eingeht, lesen wir aus ihrer Körperhaltung heraus, dass sie

Blickkontrolle

Körperkontrolle

siehe Exkurs
‚Independent
Cinema' ↓ S. 206

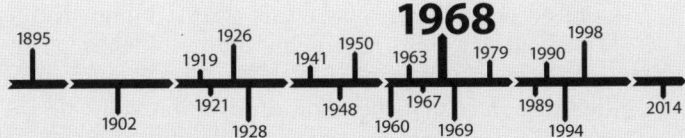

Fotografisches Tableau

Die Einstellungen in den Filmen
Stanley Kubricks (1928 – 1999)
sind minutiös geplant. Bevor er
selbst einen Film schuf, analy-
sierte er die Tradition des Genres auf typische Merkmale. Vielleicht war sein Ehrgeiz darauf
gerichtet, die Geschichte eines
Genres in jeweils einem ‚letzten' Film zu verdichten. Kubrick
schuf unter anderem Science-
Fiction-, Kriegs- und Historien-

Abb. 43: ‚2001: A Space Odyssey', USA 1968

filme. Immer erweist er sich dabei filmtechnisch als Perfektionist, der jedes Detail auf
seine filmdramaturgische Notwendigkeit prüfte. Eine Stilbesonderheit ist der Blick des
Protagonisten in die Kamera: Hier nimmt nicht nur eine Filmfigur mit dem Zuschauer
Kontakt auf, der Film tritt durch diesen Trick in gewisser Weise aus sich heraus und
berührt oder bedroht den Zuschauer, denn der glaubt, ein Experiment zu beobachten
und sieht sich plötzlich als Teil dieses Experimentes.
Auch eine andere stilistische Eigenheit ist offenkundig: Die Handlungen der Filme
spielen in Räumen, die aus der Alltäglichkeit herausgeschnitten scheinen. Kubrick kon-
struierte diese Filmsets als malerische Tableaus und distanzierte sich bewusst durch die
Reduktion des Räumlichen ins Bildhafte von einer bloß abgefilmten Realität.

Übung

Monumentaler Raum
Filmen Sie einen imposanten Innenraum (Kirche, Schloss, Altbauwohnung,
Sporthalle). Im Bildaufbau soll der Raum große Tiefe haben und seitensymme-
trisch wirken. Integrieren Sie einen Menschen in den Raum, so dass er sich im
Filmbild in der Art einer Säule einpasst.

sich für einen anderen Mann interessiert und erwarten im Fortgang der Handlung, dass dieser zweite Mann mit der Frau in
Kontakt treten wird. Ein gemeinsamer Kleidungsstil der Frau
und des zweiten Mannes fördert die Begegnungserwartung, weil
Kleidung in alltäglicher Kommunikation sehr oft ein Hinweis
darauf ist, von wem man angesprochen werden will.

Durch die Kombination verschiedener Einstellungsgrößen
lässt sich die Aufmerksamkeit der Zuschauer auf die einzelnen
Aspekte (Blick, Fußstellung usw.) fokussieren.

Wenn man die Körperhaltungen in unterschiedliche Einstellungsgrößen auflöst, wird die Inszenierung der Darsteller nicht
einfacher, mit Sicherheit aber für den Zuschauer erlebnisreicher.

Diese Kunst der Reduktion eines komplexen Geschehens auf
die entscheidenden Elemente hilft dem Zuschauer, sich auf die
filmische Realität einzulassen. Aufgeräumte Einstellungen zol-
len dem Zuschauer Achtung, weil sie ihn nicht in die Abgründe
des Beliebigen stoßen.

**Funktion
aufgeräumter
Einstellungen**

Alles, was in einen Film eingefügt wird, dient seiner sinnlichen
Prägnanz und inhaltlichen Verständlichkeit.

3.5 Licht lesen und Lichträume gestalten

Licht an sich können wir nicht sehen. Wäre das Licht selbst sichtbar, so wären wir für jegliche Welterkenntnis blind. Warum?
Licht ist kein objektiver Tatbestand, farbiges Licht ist ein psycho-
physisches Ereignis, das aus mehreren Komponenten zusammengesetzt ist. Wir benötigen mindestens eine Lichtquelle, die
Lichtenergie abstrahlt. Diese Lichtenergie besteht aus Lichtwel-
len unterschiedlicher Frequenzen. Trifft das Lichtbündel auf Materie, wird das Spektrum des jeweiligen Lichts auf materiespezi-
fische Weise reflektiert oder absorbiert. Das reflektierte,
veränderte Licht trifft auf ein Auge, das nichts anderes ist als
weitere Materie. Diese Augenmaterie, die Sensoren, wandeln die
absorbierte Lichtenergie in Nervenimpulse. Am Schluss dieser
Ereigniskette macht unser Gehirn daraus eine visuell erkennbare Welt mit farbigen Schatten.

**Licht als
psycho-physi-
sches Ereignis**

Die Fotografie und der Film als Variante der Fotografie (Be-
wegtbildfotografie) schieben sich als Zwischenstufe in diese Kette ein. Statt direkt das reflektierte Licht durchzulassen, speichern

Abb. 44: Friedrich Wilhelm Murnaus
‚Nosferatu – eine Symphonie des Grauens'
(Deutschland 1922) ist ein frühes Beispiel
einer ausdrucksstarken Schattenwelt.

die Fotografie und der Film die Lichtinformation und geben sie mittels einer technischen Apparatur (Projektion, Bildschirm, Papierausdruck) wieder. Foto und Film sind also technisch hergestellte Zwischenwelten aus farbigen, im Falle des Films sich ständig verändernden Schatten. Ein dreidimensional reales Geschehen wird im Film als zweidimensionales Schattenspiel (Reduktion) auf einem Schirm auf- oder eingeschrieben. Die zu sehenden Menschen im Film sind lebendig scheinende Schattengestalten. Vielleicht sind deshalb Vampir- und Zombiefilme (über lebende Tote) bis heute so erfolgreich.

produktives
Schattenspiel

Lichtereignisse berichten viel über unsere Welt: Das Licht zeigt uns die Tages- und Jahreszeiten an. Wir können aus Lichtverhältnissen auf das Wetter schließen. Das natürliche Licht kann wie ein Kompass gelesen werden. Auch künstliche Lichtquellen informieren uns über Lebenswelten. Da scheint das warme Licht einer Kerze und gibt einem Raum eine gemütliche Atmosphäre. Ältere Gasentladungslampen färben eine Vorstadtstraßenflucht grünlich ein. In unserem alltäglichen Leben bemerken wir kaum, dass es zumeist das Licht ist, das uns über unsere Umwelt informiert. Wer allerdings Filme macht, muss sehr genau kalkulieren, wie unterschiedliche Lichtquellen mit Materie ‚interagieren' und uns in welcher Weise über die Filmwirklichkeiten informieren.

vom Licht lernen

Die kameratechnische Entwicklung beschert uns immer lichtempfindlichere Videokameras, mit dem Nutzen, immer weniger Filmlicht einsetzen zu müssen. Daraus sollten wir allerdings nicht schließen, dass man auf einen kontrollierten Einsatz von Leuchtmitteln gänzlich verzichten kann. Erinnern wir uns: Fotografie heißt, mit Licht zu schreiben. Die Art und Weise, wie in einer Einstellung Licht zum Einsatz kommt, modelliert das Geschehen optisch vor der Kamera (Abb. 45). Wer mit Licht eine Geschichte erzählen will, muss gerade wegen der lichtstarken Kameras darüber nachdenken, wie die vorhandenen Lichtquellen (Schreibtisch- oder Küchenleuchten) für die Raumausleuchtung sinnvoll genutzt werden können, denn realistische Räume

mit Licht
schreiben

Abb. 45: Drei Ausleuchtungsvarianten (hart und kontrastreich, ausgewogen, flach und kontrastarm)

setzen sich aus hellen und dunkleren Zonen zusammen. Berücksichtigen Sie die komplexen realen Lichtverhältnisse nicht, entstehen gleichförmig künstliche Studiolichtanmutungen, wie wir sie aus schnell gemachten TV-Serien kennen.

Lichtquellen können andererseits direkt gerichtet strahlen. Dann werfen sie einen harten Schlagschatten. Harte Schatten, wie in den Hollywoodfilmen der ‚Schwarzen Serie‘, tauchen eine Szene in ein dramatisches Licht, weil sie starke Kontraste produzieren. Kontrastreiche Bilder produzieren meistens dramatische Bilder mit Tiefenstaffelung.

Kommt das Licht hauptsächlich von einer einheitlichen Reflexionsfläche, etwa einer Wand, wirkt es weicher und milder. Ein durchgängiger, aber nicht zu diesiger Wolkenhimmel erzeugt ein ähnliches Grundlicht. Diffuses Licht verflacht den Bildeindruck allerdings, das heißt, der Raum vor der Kamera wird als Raum weniger erlebbar, das malerische der Schattenflächen wird betont.

Die Farbwirkungen des Lichts sind ein schwieriges, zum Teil immer noch unerforschtes Gebiet. An dieser Stelle ist das Problem darum theoretisch nicht befriedigend zu lösen. Der Medien- und Kunstpsychologe Arnheim hat für den Praktiker einen Vorschlag parat, den wir als einfachen Maßstab für die Inszenierungsarbeit nehmen können. Arnheim meint, dass das Wesentliche von Farben darin bestehe, Differenzen und Gemeinsamkeiten in der Welt deutlicher herauszuarbeiten, als dies die Kontraste der Schwarzweißwelt allein erreichen könnten. Farben verbinden oder trennen also Objekte oder Räume durch gemeinsame Farbnuancen oder Kontrastfarben. Es ist deshalb nicht beliebig, welche Autofarbe in Ihrem Film die Bildwirkung beeinflusst. Rot etwa hat enorme Signalwirkung, kann Tod oder Liebe symbolisieren.

trennende und verbindende Funktion von Farben

Abb. 46: Drehort ohne (Foto 1)
und mit Aufhellung (Foto 2)

Eine andere Möglichkeit, Farbe produktiv einzusetzen, ist die sogenannte
Farbreduktion. Entsättigungen oder
Farbstiche als Stilmittel heben eine
Filmwelt farblich aus der Alltagserwar-
tung heraus und erzeugen eine künstliche, poetisierende Grundstimmung.
Französische Krimis der 1970er Jahre
waren bekannt dafür, durch einen küh-
len Blaustich die Gefühlskälte der Protagonisten und ihres gesellschaftlichen
Milieus zu unterstreichen.

Licht in Filmen ist immer stilistisch verändertes Licht. ▌

Wie bei dem Problem der Reduktion des Raums in die Fläche
müssen Filmemacher lernen, auch im Umgang mit der Farbe
natürliches Sehen und technisches Sehen zu kombinieren. Sie
sollten daher die natürliche Licht- und Farblogik aufgreifen, aber
ein neues, stilisierendes Filmlicht schaffen, das die Ereignisse   *Aufhelllicht*
im Film nicht zu alltäglich oder banal aussehen lässt.
    Um einen Drehort einzuleuchten, können Sie idealtypisch
folgendermaßen vorgehen:
    Sie beginnen mit dem alles gleich hell machenden Grund-
licht. Um dies an einem Drehort durch entsprechende Leucht-   *Drei-Punkt-Aus-*
mittel zu erreichen, richten Sie einen starken Scheinwerfer un-   *leuchtung*
ter die helle Zimmerdecke (Abb. 46).
    Das gestreute Deckenlicht fließt gleichmäßig in die Szene.   *Grundlicht*
Solch eine einfache Ausleuchtung hilft, den Wechsel von Kame-
rastandorten am Set ohne große Lichtprobleme vornehmen zu
können.

Filmlicht setzen beginnt mit dem Hellmachen des Drehortes. ▌

Als nächstes bestimmen Sie, woher das Haupt- oder Führungslicht kommen soll. Ist dies ermittelt und festgelegt, das kann ein Fenster sein oder eine stark strahlende Lampe, wird die Hauptlichtquelle mittels künstlicher Leuchtmittel verstärkt.

> Die Hauptlichtquelle gibt das Maß für alle zusätzlichen Beleuchtungsmaßnahmen.

Folgeprobleme entstehen, weil ein ,natürliches' Gleichgewicht zwischen dem Grundlicht (allgemeines Hellmachen), der Hauptlichtquelle und zusätzlichen Leuchtquellen hergestellt werden muss.

Ein Beispiel: Die Hauptlichtquelle strahlt so stark, dass Schlagschatten die Gesichtshälften der Person ungleichmäßig ausleuchten. Um diesen Effekt auszugleichen, werden Reflektoren oder Zusatzlampen eingesetzt, die die durch das Hauptlicht erzeugten Schatten aufhellen (Aufhelllicht). Dieses Aufhelllicht ist mit dem Grundlicht (hell machen) nicht zu verwechseln.

Das Problem des starken Schlagschattens tritt in der freien Natur bei vollem Sommersonnenschein grundsätzlich auf. Die Sonne erzeugt starke Kontraste zwischen beschienenen und verschatteten Flächen. Dies ist die Erklärung, warum auf alten Fotos von Hollywood-Produktionen, die offensichtlich in einer sonnendurchfluteten Wüste gedreht wurden, riesige Scheinwerfer zu sehen sind. Je intensiver die

Abb. 47: Drei-Punkt-Ausleuchtung, Hauptlicht (Foto 1) plus Aufheller (Foto 2) plus Effektlicht (Kante) (Foto 3); Grafik des Aufbaus

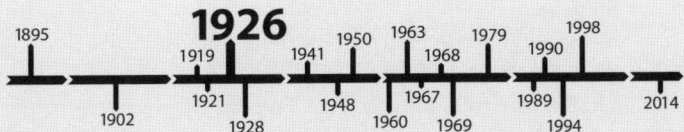

Filmischer Expressionismus

In der Weimarer Republik mit ihren politischen und sozialen Krisen suchten Filmregisseure nach einem Mittel, die Zerrissenheit der Zeit zum Ausdruck zu bringen. Sie fanden es in der Rückbesinnung auf die grafischen Wurzeln der Kinematografie. Um eine verstörende und düster phantastisch anmutende Filmwelt zu schaffen, wurden zum Beispiel in dem Film ‚Das Cabinet des Dr. Caligari (Deutschland 1919) grafische Lichtlinien und Schattenflächen plakativ eingesetzt. Subtiler nutzten die beiden großen Regisseure Friedrich Wil-

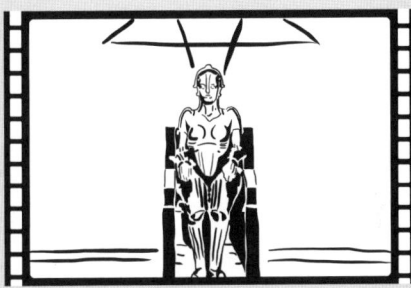

Abb. 48: ‚Metropolis', Deutschland 1926

helm Murnau (1888 – 1931) und Fritz Lang (1890 – 1976) das ‚Expressionistische'. Murnau ließ raffiniert verkürzte Kulissen im Studio bauen, um Räumen mehr Tiefenwirkung zu geben. Lang schuf in dem Film ‚Metropolis' eine futuristische Stadt als lichtes Gefilde der Reichen und als unterirdische Arbeiterhölle. Noch in seinen späten Noir-Filmen in Hollywood (‚schwarze Serie') ist diese Hell-Dunkel-Methode nachweisbar.
Eine filmische Handlung spielt immer vor oder in einem, im wahrsten Sinne des Wortes, hintergründigen Set. Die Kulissen sind nicht bloß Ort der Aufführung, sondern durch Dekor und Lichtwirkung gestaltete Erlebnisräume.

—————————————————————————— Übung

Licht und Schatten
Inszenieren Sie eine Büroszene im Stil eines ‚Film Noir'-Detektivfilms und nutzen Sie Sonnenschutzblenden um drei Spannungszustände zu verdeutlichen: Das lichte, weite Büro ist gefahrlos. Im Zwischenreich von Licht und Schatten des Lamellenwurfs wird der Raum aufgelöst und erscheint unheimlich. Im abgedunkelten Büro mit Schlagschatten verengt sich der Raum auf die Gesichter, auf denen sich eine konkrete Bedrohung widerspiegelt.

Sonne, desto stärker müssen die aufhellenden Gegenleuchtmittel sein.

Haben Sie die Hauptlichtquelle und die Aufheller abgeglichen, können Sie schließlich Effektlichter setzen, zum Beispiel eine Lichtkante im Haar (Abb. 47, Foto 3). Diese spotförmigen, manchmal farbig gefilterten Leuchtmittel präparieren bestimmte Objekte heraus oder erzeugen dramaturgisch gewollte Schatten.

Effektlicht

Auch Lichtarbeit ist Einstellungsarbeit. Szenen mit starken Schlagschatten schaffen eine dramatische Grundierung. Eine gleichmäßige Ausleuchtung lässt eher eine harmlose, freundliche Atmosphäre entstehen. Der Lichteinsatz leitet sich also aus den inhaltlich dramaturgischen Vorgaben ab. Licht modelliert optisch die Stimmung einer Szene und gliedert den Raum für die Handlung.

Ein großes technisches Problem für die Lichtkontinuität in einer Szene entsteht, wenn große Räume oder Flure ausgeleuchtet werden müssen. Professionelle Teams bauen für komplexe Szenen mit viel Bewegung unzählige Lampen auf.

Problem
‚Lichtkontinuität‘

Filmer mit kleinem Budget müssen die Schwierigkeit meistern, indem sie die Lichtstimmung von Einstellung zu Einstellung durch Lichtumbau gleich zu halten versuchen. Ein Tipp: Eine digitale Fotokamera, mit der Sie die Lichtverhältnisse in den Einstellungen und die jeweils eingesetzten technischen Mittel dokumentieren, ist als Gedächtnisstütze sehr hilfreich. Sollte eine Einstellung, aus was für Gründen auch immer, nachgedreht werden müssen, helfen diese Fotos, die Aufbausituation genau zu rekonstruieren. Die Arbeit am Set beginnt also immer mit der Analyse der Lichtverhältnisse und endet mit der Dokumentation der Aufbauten.

Dokumentation
des Aufbaus

Nehmen Sie sich für die Lichtarbeit am Drehort viel Zeit. |

Das ästhetisch stimmige Licht an einem Drehort und dessen Umsetzung zu einer fotografischen Lichtwirkung bekommt man letztendlich nur durch Versuch und Irrtum vor Ort heraus. Die Mühe lohnt sich in jedem Fall, denn durch den richtigen Einsatz von Licht- und Schattenzonen modellieren Sie auch die Raumwirkung Ihrer Einstellung.[2] Die gelungene Lichtgestaltung belegt in jedem Fall Ihre filmfotografischen Fähigkeiten, den natürlichen dreidimensionalen Raum vor der Kamera in die zweidimensionale Filmfläche zu reduzieren.

Raumeindruck
durch Licht-
modulation

Das Einleuchten eines Drehortes
Setzen Sie den nachstehenden Text beleuchtungstechnisch korrekt
um. Wichtig ist das ästhetische Ergebnis. Legt Ihr konkreter Drehort
andere Lösungen nahe, setzen Sie diese um:

Stellen Sie sich vor, der Drehort dieser Szene sei ein Büro am
Abend. Noch fließt Tageslicht durch ein großes Fenster. Tageslicht
ist kaltes, blaustichiges Licht und nimmt die Atmosphäre der blau-
en Stunde auf, jene Dauer der Dämmerung, in der die Sonne zwar
schon hinter dem Horizont verschwunden ist, aber immer noch
in die Atmosphäre der Erde strahlt und dort durch Streuung blau
gefiltertes Grundlicht erzeugt. Das Zimmer ist also in das bläuli-
che Grundlicht der Dämmerung getaucht. Auf dem Schreibtisch
steht eine Schreibtischlampe, die warmes, gelbliches Licht abgibt.
Am Schreibtisch sitzt der Protagonist und arbeitet. Licht von der
Schreibtischlampe fällt auf sein Gesicht. Es ist im Vergleich zum
bläulichen Tageslicht schwach. Die Figur ist deshalb nur als Silhou-
ette zu erkennen. Um diese Gegenlichtsituation zu vermeiden und
den warmen Ton auf der Haut und der Kleidung zu erhalten, wird
ein entsprechender Kunstlichtaufheller gesetzt, der das gelblich
warme Licht der Bürolampe auf dem Gesicht verstärkt. An einer
Wand des Büros steht auf einem Aktenschrank eine Skulptur. Sie
ist für den Fortgang der Handlung entscheidend und soll an dieser
Stelle des Films subtil eingeführt werden. Die Skulptur wird mittels
eines Reflektors, der das Tageslicht bündelt, aus dem Hintergrund
leicht hervorgehoben. Professionelle Reflektoren sind silbern be-
schichtete, flexibel verbiegbare Flächen. Sie können aber auch mit
Styropor oder anderen reflektierenden Materialien experimentieren.
An der Wand hängt noch eine rot blinkende Comicfigur. Dieses
blinkende Licht von der Wand wird durch ein rot blinkendes Effektlicht in die Haare des Protagonisten projiziert und erzeugt eine
rote Kante, die den Kopf im Rhythmus der Lampe zusätzlich
vom Hintergrund herausschneidet. Und schon ist die Filmfigur
als potentielles Mordopfer (zugegeben klischeehaft) optisch markiert.

4. Bewegungsmitschrift

4.1 Kinematografische Grundlagen

Als die Gebrüder Lumière ihre Filmaufnahme- und Wiedergabe-technik 1895 in Paris vorstellten, nannten sie ihre Erfindung „Ci-nématographe". Daraus leitet sich der Begriff ‚Kinematografie‘ ab. Er bezeichnet bis heute das künstlerisch anspruchsvolle Kino. Eine vereinfachende deutsche Übersetzung lautet: Bewe-gungsmitschrift. Es geht offenbar einer-seits um Bewegungen und Bewegtheit, andererseits um deren (automatisierte) Fixierung in einem Medium. Natürlich fokussieren auch andere Medien auf das Thema ‚Bewegung‘, Tanz zum Beispiel. Und es gibt Medien wie die Fotografie, die einen Moment fixieren. Der Film kombiniert eine andauernde Bewegung mit der fotografischen Fixierung, so dass wir zumindest in der Filmpraxis ‚Bewe-gungsmitschrift‘ als Kriterium für den Film und das Filmen in Abgrenzung zu anderen gestalterischen Tätigkeiten an-nehmen können.

Das Zerlegen von realen Ereignissen in Einzelbilder und „deren Wiederverei-nigung als optische Illusion einer filmi-schen Bewegung"[1] sind also im Rahmen dieser Überlegungen das Charakteristi-sche des Filmmediums.

Abb. 49: Einzelbilder als ‚Daumenkino‘

Film ist (automatisch) fixierte Bewegung, ein ‚motion picture'.

Bewegung und Bewegtheit

Bewegung im Film ist allerdings ein komplexes Geschehen. Einerseits sehen wir die Bewegung von Gegenständen oder Personen vor der Kamera. Aber auch die Kamera selbst bewegt sich und produziert einen Bewegungseindruck. Diese sichtbaren Bewegungen im Film gehen auf bestimmbare Motive zurück. Ein zappeliger Bewegungsrhythmus eines Darstellers wird durch seine innere Aufgeregtheit angeregt. Die Kamera weicht einem rücksichtslos beschleunigendem Fluchtauto aus, als springe sie beiseite. Jede Handlung ist in das übergeordnete Geschehen des Films eingebunden und trägt zu dessen Weiterentwicklung bei.

Die sichtbaren Bewegungen im Film werden aus zu erschließenden Beweggründen motiviert.

Motive und Anlässe als Bewegungsauslöser

Filmanalytisch können wir vom äußeren Geschehen auf innere Zusammenhänge schließen. Die psychische Verfasstheit eines Menschen etwa oder der Zustand einer Gruppe lassen sich aus Bewegungen, die etwas über ihre Bewegtheit verraten, rekonstruieren. Es sind immer die Motive, die inneren Gründe von Protagonisten oder Umweltverhältnissen, die das Sichtbare einer Geschichte in Bewegung setzen.

Bewegungen aufnehmen oder auslösen

Die Kamera bewegt sich also zumindest in guten Filmen nicht ohne Grund. Der Zuschauer geht mit der Kamera mit, nimmt an den Ereignissen teil, geht heran, geht dagegen, geht zurück, distanziert sich, bleibt unbewegt. Kamerabewegungen nehmen die Bewegungen eines Geschehens vor der Kamera auf oder prägen durch eigene Bewegungen dem Geschehen eine Sichtweise auf.

Übrigens: Wenn etwas unbewegt erscheint, liegt dies oft daran, dass sich innere Bewegungen gegeneinander aufheben. Ein Mörder in einem Thriller etwa ist kurz vor der Tat kein Rasender, sondern erstarrt im Zerrissensein von widerstreitenden Beweggründen, die vielleicht einzig im Schattenwurf seiner Gesichtsmimik zu erkennen sind.

In der Mitschrift der äußeren Bewegungen kann der Zuschauer also die innere Bewegtheit erkennen. Abstrakt gesprochen, finden wir in einem Film Energien (Motive) vor, die auf Gegenenergien oder hemmende Materie (Verhältnisse) prallen. Aus diesem grundsätzlichen Konflikt entsteht die Spannung eines Films. Diese Spannung drängt zur Auflösung und treibt die filmische Bewegung an. Die filmische Spannung verändert die Verhältnisse in einem Filmverlauf. Am Schluss ist deshalb alles anders oder die Handlung erschöpft sich in einer Kreisbewegung, in der die Protagonisten nach einer Odyssee an ihre Ausgangspunkte zurückkehren.

Spannungs-kontrolle

Der Hinweis auf Homers Odyssee ist nicht willkürlich. Filme greifen häufig auf die Erzähltraditionen der Literatur zurück, wenn sie Situationen schildern, über Geschehnisse berichten oder Ereignisse erzählen.

Rückgriff auf Erzähltradition

Erzählen können ist eine Kernkompetenz von Filmemachern.

Eine Filmerzählung wird also durch die Sichtweise des Erzählers bestimmt, und die Kamera setzt diese Sichtweise in konkrete Beobachtungen um. Die erzählende Kamera lotet Blicklinien, Perspektiven oder Standpunkte in einem kontinuierlichen Prozess aus. Änderungen der filmischen Einstellung gehen natürlich auf den Haltungswechsel der Filmemacher zu den gezeigten Ereignissen zurück. Die Kunst der Kinematografie ist nun, die ästhetische Einstellung möglichst kontrolliert in einer technischen Einstellung auszuführen. Dafür stehen verschiedene Möglichkeiten zur Verfügung:

Kamera als Erzähler

inhaltlich-ästhetische Einstellung ↑ S. 22ff.

Kamerabewegung (mit Pseudofahrten)				
	Schwenk	Fahrt	Schärfe-verlagerung	Zoom
motivierte Bewegung vor der Kamera vorne/hinten				
links/rechts			entfällt	entfällt
Kombi			entfällt	entfällt

Abb. 50: Matrix der Kamerabewegungen

Um das Wesen der Bewegungsmitschrift vertiefend zu durchdringen, konzentrieren wir uns im Folgenden auf das Fahren.

4.2 Filmische Er(-)fahrung

Eine Einstellung, in der sich die Kamera selbst bewegt, ist natürlich schwieriger zu drehen als eine Einstellung vom Stativ (Schwenken, Neigen) aus. Die gefahrene Einstellung wirkt auf jeden Fall dynamischer und ist dem Film als Medium der Bewegung an sich sehr angemessen. Das Fließende und Flüssige der gefahrenen Einstellung zu erhalten, ist dabei die besondere Herausforderung der technischen Umsetzung. Fahrten sind allerdings aufwändig und teuer, daher ist immer zu prüfen, welcher zwingende thematische Anker eine fahrende Kamera rechtfertigt.

Ein Thema wird erst durch die dramaturgische Struktur zum Text, zum filmischen Gewebe, dessen sichtbares Muster den eigentlichen Reiz und Nutzen eines Films ausmacht. Zuschauer orientieren sich an diesem Muster und werden entlang ordender Fäden durch eine Szene bewegt. Eine Fahrt ist ein solcher Faden, der von einem Verknüpfungspunkt zum nächsten leitet und uns damit ständig an unterschiedliche Erlebnisorte versetzt. Eine filmische Fahrt ist im wahrsten Sinne des Wortes eine besondere Erfahrung: eine Abenteuerfahrt.

Hilfreich sind Fahrten, um in die Besonderheiten eines Ortes einzuführen, denn wir erfahren den filmischen Raum durch eine Bewegung. Die Kamera gleitet scheinbar ungehindert hindurch und bietet dem Blick dabei ständig neue Aspekte. Eine den Raum erkundende Kamera eignet sich vorzüglich für Ortsbeschreibungen.

Eine weitere Möglichkeit der bewegten Kamera ist das Zufahren auf ein Objekt oder eine Person, denen man sich aus dramaturgischen Gründen nähern will. Die Rückfahrt nimmt Abstand bzw. öffnet im Zurückfahren den Handlungsraum für Darsteller oder bewegungsreiche Geschehnisse.

Die Zufahrt oder Rückfahrt auf eine Person wäre selbstverständlich durch ein Folge von sich nähernden oder entfernenden Schnitten technisch ersetzbar. In beiden Fällen, Fahrt und Schnittfolge, verändern wir die Einstellungsgröße, um den Zuschauer sich der Person annähern zu lassen bzw. vom Geschehen zu entfernen. Der Schnitt wirkt aber im Vergleich zur Fahrt

Bewegungsarten
↑ S. 45

dynamische
Kamerafahrt

Abenteuerfahrten

Orientierungs-
fahrten

Zu- und Rückfahrt

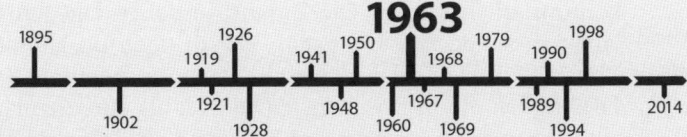

Psycholandschaften

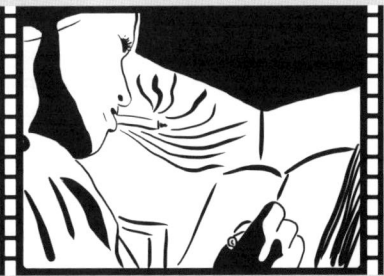

Ingmar Bergman (1918 – 2007) ist einer der wenigen Ausnahmeregisseure der Filmgeschichte, der mit dem Anspruch, ein autonomer Filmschaffender zu sein, ein erfolgreiches und umfangreiches Werk zustande brachte. Bergman verstand sich als Filmhandwerker, als jemand, der eine Sache gut macht und dem die Anerkennung der Zuschauer wichtig ist. Seine Filme verraten seine Herkunft vom Theater, dem er im Übrigen sein Leben lang treu blieb. Er schuf viele Kammerspiele mit hoher psychologischer Intensität.

Abb. 51: ‚Das Schweigen‘ (Original: ‚Tystnaden‘), Schweden 1963

Bergmans Können zeigt sich, wenn er in Großaufnahmen Gesichtslandschaften präsentiert, in denen wir gewissermaßen durch jede Furche und Linie den Emotionen der Figuren nachspähen können. Er filmte gerne in langen Einstellungen, was guten Schauspielern ermöglicht, einen Filmcharakter prägnanter zu entwickeln.

In dem Film ‚Das Schweigen‘ zeigt uns Bergman in einer Plansequenz eine alkoholabhängige Frau. Die Kamera beginnt auf dem Gesicht, sie fährt zu einem Schnapsglas, weiter zu einem Radio, zwischendurch immer wieder das Gesicht der Trinkerin. Jedes Detail, das die Kamera im wahrsten Sinne des Wortes erfährt, zeigt den Suchtverlauf der Frau. Plansequenzen sind ein schwieriges, aber reizvolles Mittel, ein Geschehen intensiv in einer kontinuierlichen Raumzeitsituation darzustellen.

Übung

Gesichtslandschaft

Filmen Sie in einer Einstellung (Plansequenz), wie eine Person einen Einkaufswagen zum Auto schiebt. Stellen Sie durch wechselnde Einstellungsgrößen eine Beziehung zwischen der Person und der Umgebung her. Zeigen Sie, dass die Person während des Verladens Angst hat, dass ihr Supermarktdiebstahl entdeckt wird.

Intensitäts-
steigerung

direkter, härter, weil die Annäherung bzw. die Distanzierung dis-
kontinuierlich erfolgt. Die Zufahrt entfaltet dagegen eine sich
langsam steigernde Intensität. Wir dringen problemlos in die
Privatsphäre ein und unterschreiten anschließend sogar mit
Leichtigkeit die Intimschwelle (weniger als eine Armlänge). Die
abnehmende Entfernung der Kamera zum Schauspieler schafft
im Gegenzug emotionale Distanz.

Übung

Die Zu- und Rückfahrt
Ein Darsteller rezitiert ein Gedicht oder berichtet ein Ereignis (Un-
fall). Die Kamera kommt dem Gesicht zum Zeitpunkt des emotionalen Höhepunktes am nächsten. Anschließend geht die Kamera
wieder auf Abstand.

Parallelfahrt

Bei der sogenannten Parallelfahrt hingegen, bei der die Kamera
in gleicher Geschwindigkeit und bei gleichbleibendem Bildausschnitt mit der Bewegung eines Protagonisten mitfährt, ändert
sich der Raumhintergrund kontinuierlich. Der Protagonist wird
dadurch in ständig wechselnde Beziehungen zu den Örtlichkeiten gebracht.

Ein Beispiel: Eine Person läuft an einer Hauswand vorbei. Der
Kopf und der Oberkörper sind scharf und klar konturiert, die
Hauswand verwischt in der Bewegungsunschärfe der fahrenden
Kamera. In der Folge wechselt die Person die Straßenseite und
läuft in einen Feldweg hinein. Noch immer sehen wir die Person
in derselben Einstellungsgröße, aber nun taucht im Hintergrund das Panorama einer Bergkette auf. Die Bergkette wird
nicht in der Bewegungsunschärfe der sich bewegenden Kamera
verwischt, weil die Berge zu weit entfernt sind. Wir können diese
Fahrt wie folgt interpretieren: Eine Person auf der Flucht verlässt
bedrängende Stadtverhältnisse und flieht in die freie Natur. Ein
Heimatfilmmotiv, wenn man so will, aber formal korrekt umgesetzt.

Verfolgungsfahrt

Wir können das Fluchtmotiv steigern, wenn wir im ersten Teil
dieser gefahrenen Einstellung hinter der Person herfahren (Verfolgungsfahrt). Im zweiten Teil der Einstellung kombinieren wir
die Parallelfahrt mit einer Wegfahrt (Veränderung der Einstellungsgröße des Vordergrundes) und lassen so die Person in der
Landschaft aufgehen. Wird die Bewegung mit einem Kran ausgeführt, wird die Wirkung noch pompöser.

Kranaufnahmen erlauben eine enorme Beweglichkeit der Ka-
mera in und über der Szene. Sie sind allerdings in vielen Fällen   *Kranfahrt*
derart auffällig, dass sie die Aufmerksamkeit auf die Bildführung
selbst lenken. Damit wird die Technik (hier die Kranfahrt) zum
Fetisch. Statt den Inhalt herauszustellen, neigen sensationelle
Fahrten dazu, den Blick vom Inhalt ab und auf die eigene formale Großartigkeit zu lenken. Dies ist Formkitsch.

Eine weitere sinnvolle Kamerabewegung ist das Umkreisen
einer Person oder eines Objektes. Die Kreisfahrt stellt einen
Grenzfall der Parallelfahrt dar. Die Kombination aus bewegter   *Kreisfahrt*
Kamera und der in der Mitte der Kreisfahrt stehenden Person
vermittelt etwas Belauerndes der Kamera. Je nach Geschwindigkeit der Kamerabewegung und der Nähe der Hintergrundkulisse
zur Kamera kann sich der Hintergrund wieder in der Bewegungsunschärfe verflüssigen. Es entsteht eine seltsame äußere
Situation, die je nach Inhalt unterschiedlich interpretiert werden
kann, denn einerseits kann durch die Bewegungsunschärfe etwas Unheimliches von der Umgebung ausgehen, andererseits
könnte die Umgebung Ausdruck einer Verwirrung der umkreis-
ten Person sein.

Abb. 52: In der Satire ‚Dr. Badbank' simulieren die Darsteller durch ihre gegenläufigen Kreisbewegungen eine bewegte Kamera.

Am Beispiel der Kreisfahrt und ihren ästhetischen Möglichkeiten zeigt sich besonders, dass Einstellungen thematisch verankert und untereinander abgestimmt sein müssen, damit sie als
sinnvoller Filmtext interpretiert werden können.

Abb. 53: Subjektive Kamera mit (Foto 1) und ohne Körperanschnitt (Foto 2)

Eine letzte Einsatzmöglichkeit: Die Kamera simuliert den Blick einer Filmfigur. Diese subjektive Fahrt bindet den Zuschauer stark in das Geschehen ein und hinterlässt intensive Gefühlseindrücke. Die subjektive Sicht eines Gewaltopfers oder des Täters filmisch in einer subjektiven Kamerasicht aufgelöst, gehört zum Standardrepertoire einschlägiger Genres. Eine subjektive Fahrt aus der Vogelperspektive dient in Horrorfilmen dazu, aus der Perspektive des ‚absoluten Bösen' auf das Geschehen herabzublicken.

subjektive Fahrt

Eines haben alle Typen von Fahrten gemeinsam: Durch die Darstellung eines kontinuierlichen Ereignisablaufes in einer gefahrenen Einstellung kann die Anzahl der Schnitte in einer Szene reduziert werden. Legendär wurden Szenen, die in einer einzigen gefahrenen Einstellung, der sogenannten Plansequenz, gefilmt wurden, wie zum Beispiel der Filmanfang des Films ‚Touch of Evil' (USA 1958) von Orson Welles (1915 – 1985).

Plansequenz

Filmisch Erzählen heißt: mit der Kamera erzählen. |

4.3 ‚Fahrzeuge'

Um Fahrten technisch sauber durchzuführen, gibt es unterschiedliche Hilfsmittel: Schienenwagen oder gummibereifte Kamerawagen, Kräne und Drohnen, Steadycam-Systeme.

Kamerawagen und Schienen

Fahraufnahmen mit Kran oder Kamerawagen auf Schienen ermöglichen ruckelfrei gleitende, präzise Bewegungen. Sie müssen allerdings genau geplant werden und schränken Darsteller und Mitwirkende in ihren Bewegungsmöglichkeiten ein (Abb. 54).

Steadycam

Die Steadycam ist die flexible Lösung für eine darstellerzentrierte Regie. Sie erzeugt schwebende Bilder, ein Im-Geschehen-

Abb. 54: Die Fahrt auf einem Schienensystem

Abb. 55: Die Steadycam-Fahrt (mit Person und subjektiver Sicht)

Mitschwimmen (Abb. 55). Mit der Steadycam lassen sich Treppen steigen und ganz enge Räume betreten. Sie ist ein Tragegurtsystem, das das Gewicht der Kamera auf die Hüfte der Kameraleute verlagert und durch einen abgefederten Stativarm die Lauf- und Atembewegungen dämpft. Diese Technik garantiert eine weitgehend wackelfreie Stabilität des Bildes. Kameraleute tragen mit einer professionellen Steadycam allerdings relativ viel Gewicht herum.

Aber auch ohne eine professionelle Steadycam lassen sich entfesselte Fahrten durchführen. Kameraleute können sich zum *entfesselte Kamera*

Beispiel in Einkaufswagen schieben lassen oder Autos und Bau-
kräne zum Fahren nutzen. Diese improvisierten Mittel sind in
der Filmgeschichte oft mit großem Erfolg eingesetzt worden.

4.4 Die Handkamera

Die einfachste Möglichkeit einer bewegten Kamera ist die Handkamera. Die heutige Technik bietet leichte Kameras, die sich sogar mit einer Hand schwenken, neigen, rollen und in Bewegung
setzen lassen. Im Prinzip können Sie mit der Handkamera fast
alle Einstellungen, die durch professionelles Equipment realisiert werden, kopieren. Allerdings birgt die Handkamera ein entscheidendes Risiko, das zur visuellen Katastrophe führen kann:
das Verwackeln.

Verwackeln wirkt auf den Betrachter meistens unangenehm.
Der Vordergrund tanzt unmotiviert vor dem Hintergrund auf
und nieder. Hinzu kommen durch heftige Bewegungen produzierte Unschärfeartefakte. Manchmal ist der Atem des Kamera-
manns durch rhythmische Auf- und Abbewegungen des Kame-
rabildes zu erkennen. Diese ungewollten Effekte lassen sich
durch Übung und Tricks vermeiden: Handkameraaufnahmen
sollten auf jeden Fall weitwinklig aufgenommen werden, um
mit möglichst großer Schärfentiefe verwackelungsarm arbeiten
zu können. Teleaufnahmen halten im Übrigen auch geschulte
Kameraleute selten ruhig.

Abb. 56: Die Handkamera

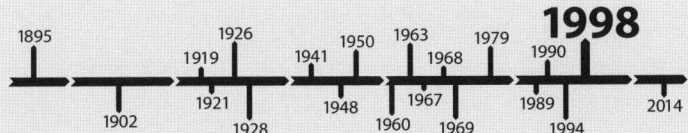

Dogma

Im Jahr 1995 provozierte in Kopenhagen ein Kollektiv von Filmemachern die Cineastenwelt mit einem Manifest. ‚Dogma 95' nannten sie ihre „Rettungsaktion" des zeitgenössischen Kinos. Die moderne Technik habe eine Demokratisierung der Mittel gebracht. Jeder, der wolle, könne Filme machen. Im Übrigen belüge der Kinokommerz den Zuschauer, umgarne ihn mit falschen Gefühlen, sei in der Dramaturgie vorhersehbar. Aber Film sei ein Mittel der Wahrheitsfindung!

Abb. 57: ‚Idioten' (Original: ‚Idioterne'), Dänemark 1998

Der Wortführer hieß Lars von Trier (1956*), der im europäischen Kunstkino eine große Karriere hingelegt hatte. In dem Film ‚Idioten' kommt er den ursprünglichen Dogma-Ideen am nächsten. Der Spielfilm erzählt im Stil eines Dokumentarfilms die Geschichte junger Leute, die sich in der Öffentlichkeit als geistig behindert ausgeben. Der Film legt mit radikalen Mitteln die gesellschaftliche Heuchelei gegenüber Menschen mit Handicap offen.

In Dogma-Filmen sollen idealtypisch Handkameraaufnahmen mit synchronem Ton von Originalschauplätzen vorkommen. Die Filme sollen in Farbe, aber ohne zusätzliches Filmlicht gedreht werden. Verboten sind auch genretypische oder klischeehafte Handlungen. Der Dogma-Film spielt in der Jetztzeit. Der Name des Regisseurs darf nicht genannt werden.

Übung

Spontanes Filmen

Gehen Sie mit einigen Freuden zu einem Fußballspiel, einem Schützenfest oder einer ähnlichen Veranstaltung. Geben Sie einen Handlungsrahmen vor (Planspiel). Filmen Sie, was passiert und montieren Sie einen Clip mit Spielhandlung aus dem Material.

Handkamera

Wenn sich die bewegende Kamera allerdings mit den Bewegungen vor der Kamera synchronisiert, können Sie die negativen Wirkungen des Verwackelns mindern. Aber Vorsicht vor kräftigen Schritten. Handkameraleute, die schwebende Bewegungen tänzerisch geschult umsetzen können, erzielen ästhetisch prägnantere Ergebnisse.

> Die Handkamera kann spontan auf unplanbare Handlungen und Ereignisse reagieren.

spontane Kameraarbeit

Die Handkamera ist besonders geeignet, um im Dokumentarfilm überraschende Ereignisse vor der Kamera mit sinnvollen Kamerabewegungen abzustimmen. Diese Nähe der dokumentarischen Handkamera zum Geschehen veranlasste dänische Spielfilmemacher in ihrem „Dogma 95 Manifest",[2] die Handkamera zu einem herausragenden Mittel zu erklären, um die von der Industrie geprägten Filmkonventionen zu brechen. Auch die Spielfilmkameraleute in Dogma-Filmen sollten völlig frei und im besten Fall unvorbereitet in die zu filmende Situation hineingeworfen werden.

spielerischer Umgang mit Filmkonventionen

Auch in TV-Krimiserien wird die ‚wackelnde' Kamera inzwischen regelmäßig eingesetzt, um pseudoauthentische Nähe zum Geschehen zu erzeugen. Diese Verwendung der Handkamera ist in professionellen Produktionen aber nicht einer Naivität oder Schludrigkeit geschuldet, sondern filmisches Kalkül. Hier leistet die entfesselte Kamerabewegung einen präzisen Beitrag zu einer klaren Bildaussage.

‚Wackelkamera' als Genrestilmittel

Bewegung als Sensation

Natürlich wird in Unterhaltungsfilmen häufig um der sensationellen Kamerabewegung willen gefahren oder effektheischend mit der Handkamera hantiert. Will man über den bloßen Kirmeswert hinaus Fahrten als erzählendes Mittel nutzen, müssen sie einen dramaturgischen Wert haben, das heißt: Fahrten sind immer inhaltlich motivierte Bewegungen.[3]

4.5 Pseudofahrten

Neben den gerade besprochenen realen Kamerabewegungen gibt es auch Pseudofahrten wie die Zoomfahrt oder die Schärfeverlagerung.

Abb. 58: Die Zoomfahrt

Die Zoomfahrt ist eine problematische ‚Kamerafahrt', weil die Fahrt nur vorgetäuscht wird. Der Zoom erweckt nur den Eindruck eines sich Näherns oder Entfernens. Tatsächlich verringert oder erweitert die Zoomoptik bloß den Bildausschnitt, ohne dass sich die Kamera bewegt. Daraus ergibt sich wieder eine ‚Subjektivität' des Objektivs: Die relative Größe des Hintergrunds erscheint in der Tele-Aufnahme vergrößert und im Weitwinkel verkleinert. Beim sogenannten ‚Zoomeffekt' entsteht dann der Eindruck, der Raum würde kontinuierlich gestaucht oder gedehnt. *problematische Zoomfahrt ↑ S. 47*

Um eine Person oder einen Gegenstand aus einer Umgebung herauszuholen oder sie wieder in eine Umgebung einzufügen, kann man die Zoomoptiken durchaus nutzen. Typisch ist die Zoomfahrt von einem Detail aus, etwa einer eindrucksvollen Pfeife in der Hand eines Interviewpartners, in eine halbtotale oder totale Einstellung, in der wir die Person in ihrer Umgebung sehen.

Der Zoom wird im TV-Handwerk effektiver genutzt, wenn er zum schnellen Umbau des Bildausschnitts verwendet wird. Der Zoom ist dann ein starkes Hilfsmittel, um die Einstellungsgröße an einem Drehort rasch zu variieren, um vielfältiges, schnittfähiges Material für die Montage zu bekommen.

Eine weitere ‚uneigentliche' Fahrt ist die Schärfeverlagerung. Durch die Verlagerung der Schärfe können Sie die Aufmerksamkeit präzise steuern: Was zunächst scharf abgebildet ist, wandert in die Unschärfe mit der Folge, dass es aus dem Fokus der Auf- *Schärfe-verlagerung* merksamkeit gerät. Die Schärfeverlagerung variiert die selektive Schärfe innerhalb einer Einstellungsgröße.

Übung

Die Schärfeverlagerung
Inszenieren Sie eine Einstellung in der im Vordergrund eine Blume, im Mittelgrund eine Person und im Hintergrund eine Straße zu sehen sind. Wechseln Sie durch Schärfeverlagerung von der Blume über das Gesicht zum Geschehen auf der Straße.

Raumtiefen-erkundung

Die Schärfeverlagerung ist auch ein vorzügliches Mittel, um die Tiefe eines Raumes zu betonen, ohne die Kamera wirklich zu bewegen. Insbesondere zwei Personen oder Objekte mit unterschiedlichem Abstand zur Kamera können durch die Schärfeverlagerung als Raumindikator dynamisch genutzt werden.

Spannung schaffen

Mit Hilfe der veränderten selektiven Schärfe können Sie den Zuschauer auch mehr wissen lassen als der Protagonist wahrnimmt: Die Einstellung zeigt eine Person, die vielleicht in einem Buch liest, in halbnah und scharf. Dann wechselt die Schärfe auf einen im Hintergrund lauernden Pistolenschützen, der seine Waffe unbemerkt vom Protagonisten in Anschlag bringt.

Fokus mitziehen

In einer anderen Situation, wenn eine Person zum Beispiel aus der Tiefe des Raums nach vorne wechselt, ziehen Sie die auf der Person liegende Schärfe während der Raumdurchquerung mit. Der Raum bleibt durch die Unschärfe vage, während die Aufmerksamkeit an die Person gebunden ist. Ein Standardverfahren, nicht nur im Spielfilm.

Schärfeverlagerungen sind heute durch die preiswerte, hochauflösende Videotechnik auch im semiprofessionellen Bereich möglich geworden. Um sie erfolgreich auszuführen, bedarf es allerdings eines tieferen Verständnisses sowohl der verwendeten Kameratechnik als auch der konkreten Lichtsteuerung. Sie sollten vor Drehbeginn solche komplizierten Kamerabewegungen an dem geplanten Drehort ausprobieren.

Eine besondere Herausforderung zum Schluss: Eine unheimliche Wirkung erzielen Sie, wenn Sie eine echte Fahrt mit einer gegenläufigen virtuellen Zoomfahrt kombinieren. Der visuelle Effekt ist frappierend: Nähert die Kamera sich in einer echten Fahrt einer Person synchron zu einer gegenläufigen Zoomfahrt, bleibt zwar der Bildausschnitt und damit die Größe der Figur konstant, aber der Raum um die Figur herum ändert sich irreal.

Das irritiert unsere normale, alltägliche Raumerfahrung. Der Effekt bietet sich an, um subtil eine unheimliche, bedrohliche Atmosphäre zu schaffen. Der britische Regisseur Alfred Hitchcock (1899 – 1980) verwendete das Verfahren in dem Film ‚Vertigo‘ (1958). Daher wird die Kombination aus echter und Zoomfahrt auch ‚Vertigo-Effekt‘ genannt.

Vertigo-Effekt

Einfacher umsetzbar und sehr empfehlenswert sind zwei Grundlagenregeln:

1. Eine Kamerabewegung beginnt immer mit einer unbewegten Kamera, die einige Sekunden vor Beginn der Handlung eine Art ‚Postkarte‘ liefert. Die Kamerabewegung endet auch in einem Standbild, damit die Bewegung vor der Kamera handlungsgerecht abgeschlossen werden kann. Am Anfang und am Ende einer Kamerabewegung stehen also ausgewogene Einstellungen. Vielleicht benötigen Sie später in der Montage diese ‚Stände‘ nicht, aber es ist ärgerlich, wenn sie aus rhythmischen oder dramaturgischen Gründen notwendig werden – und dann fehlen.

Anschluss-fähigkeit der Kamera-bewegung

2. Alle Fahrten (auch andere Bewegungen wie Schwenken und Neigen) werden in beide Richtungen ausgeführt. Dies hat auch Montagegründe: Ob ein Protagonist ein Haus betritt oder das Haus verlässt, ist manchmal am Beginn der Dreharbeiten insbesondere bei Dokumentarfilmarbeiten nicht entschieden. Damit aber beide Optionen für die Montage verfügbar sind, werden vorsorglich beide aufgenommen.

Rückangebot ↓ S. 189f.

> Die Kamera muss nicht um jeden Preis fahren, damit ein Film filmisch wird.

Geschichten erzählen Ereignisse, Ereignisse bestehen aus Bewegungen. Filmisch erzählen heißt, die Bewegungen vor der Kamera durch eine angemessene Bewegung der Kamera oder durch Schnitte zu realisieren. Erst durch die sinnvolle Kombination verschieden aufgelöster Einstellungen (Kamera unterschiedlich fixiert, geschwenkt, gefahren) entstehen eindrucksvolle kinematografische Werke. ‚Montage‘ ist darum nach ‚Einstellung‘ der zweite Kardinalbegriff des Filmemachens und wird in den nächsten drei Kapiteln erläutert.

Erzählen heißt bewegen

5. Schnittkontinuum

5.1 Die zusammengesetzte Filmwirklichkeit

Man stelle sich vor, der berühmte britische Regisseur Alfred Hitchcock hätte 1959 in seinem Film ‚Psycho' den legendären Mord in der Dusche in nur wenigen Standardeinstellungen gezeigt oder gar in einer einzigen totalen Einstellung. In dieser konventionellen Form hätte die Szene niemals den prägenden Eindruck auf Generationen von Filmemachern und Filmzuschauern gemacht und wäre nicht zu einer der am meisten zitierten Szenen der Filmgeschichte geworden. Die Szene dauert gut zwei Minuten, der Messermord an der Filmfigur Marion Crane ist nach knapp 45 Sekunden erledigt. Die Tötungshandlung ist sicherlich grausam, aber in einem Thriller erwartbar. Der Mord wird erst sensationell, in der Art wie ihn Hitchcock montiert: Die Mordhandlung aufgelöst in über 20 sehr kurze Nah- und Großeinstellungen. Die Kamera und damit der Blick des Zuschauers wird durch Montage zum teilnehmenden Komplizen. Wie das tötende Messer hackt auch der filmisch montierte Kamerablick auf das Opfer ein.

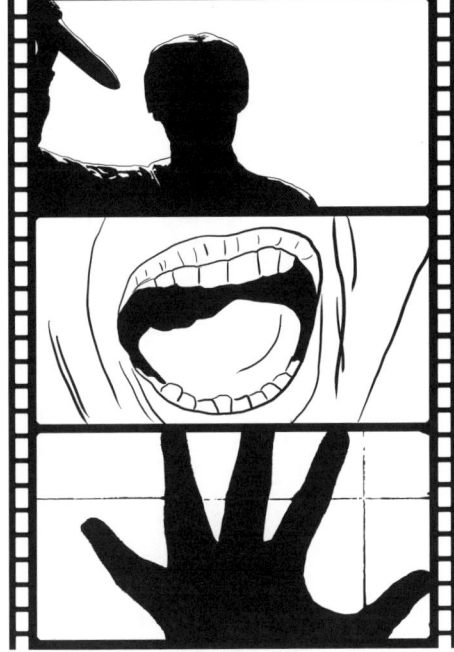

Abb. 59: Expressive Nah- und Großeinstellungen aus der Duschszene des Films ‚Psycho'

Unterstützt wird die Bildwirkung durch eine musikalische Komposition von Bernhard Herrmann (1911–1975), die den Schnittrhythmus auf der Tonebene aufgreift und unterstreicht. Die Szene endet in einer sehr langsamen Kamerafahrt vom Auge der toten Frau aus durch das leere Motelzimmer zum Nachttisch hinüber, auf dem eine Zeitung mit Geld liegt. Nach dem überwältigenden Bild- und Tonexzess entfaltet die filmische Ruhe eine unglaublich beängstigende Wucht.

Konfliktmontage

In dieser großartigen Szene offenbart der Filmschnitt seine Wirkmächtigkeit: Ein Gesamtvorgang wird zerschnitten, sozusagen zerhackt in einzelne, sich teilweise wiederholende Aufnahmen: Hand mit Messer, Blutlache, Wasser, Abfluss, aufgerissenes Auge. Hitchcock realisiert in Hollywoodmanier, was Sergej Eisenstein, der sowjetische Regisseur und Montagetheoretiker, schon Ende der 1920er Jahre forderte: die Montage als „Konflikt zweier nebenstehender Abschnitte".

Eisenstein definierte den Schnitt als jenen „Punkt, an dem durch Zusammenprall zweier Gegebenheiten ein Gedanke entsteht."[1] Seine frühen Schnittfolgen, wie im Film ‚Streik', sind praktische Umsetzungen seiner Überlegungen.

Die Montage, das ist unbestritten, übernimmt eine Reihe grundsätzlicher Aufgaben im Filmgestaltungsprozess. Durch die sachliche Gliederung wird das dramaturgische Gerüst (Akte, Wendepunkte, Spannungsbögen) errichtet und durch die pointierte zeitliche Abstimmung von Einstellungen bestimmt der Schnitt den Rhythmus, den speziellen musischen Ausdruck eines Films. Der Schnitt sorgt dafür, dass einzelne

Abb. 60: In dem Film ‚Streik' (Original: ‚Statschka'), UdSSR 1925, wird das Schlachten eines Ochsens mit der Niederwerfung eines Streiks parallelisiert.

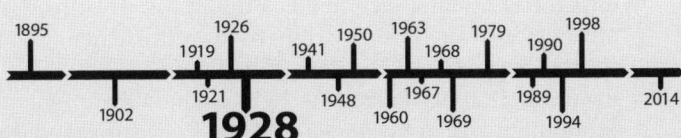

Kuleshov-Effekt

Der bedeutende sowjetische Regisseur Sergej M. Eisenstein (1898 –
1948) hinterließ theoretische Schriften, in denen er eine ‚Konfliktmontage' entwickelte. ‚Konflikt' bezeichnet
eine filmische Schnitt-Technik, die damals hervorragend zur herrschenden
Denk-Methode der Dialektik passte:
Einer These wird eine Antithese ge-
genübergestellt, und es entsteht
zwangsläufig die Synthese.

Eisenstein ließ sich unter anderem
vom sogenannten Kuleshov-Effekt inspirieren. Lev Kuleshov (1899 – 1970)
war damals Lehrer an der Moskauer
Filmhochschule. Berühmt wurde er
durch ein Montageexperiment. Kuleshov soll Aufnahmen eines Tellers
Suppe, eines Sargs mit der Leiche ei-

Abb. 61: Kuleshov-Experiment, o.Z., o.O.

nes kleinen Mädchens und einer leicht bekleideten Frau auf einem Diwan mit der stets
identischen Aufnahme eines Schauspielers verschnitten haben. Die Experimentteilneh-
mer wollten jedesmal eine andere Emotion des Mannes ‚gesehen' haben.

Von Filmwissenschaftlern wird das Ergebnis infrage gestellt. Auch wenn der Kuleshov-
Effekt psychologisch zweifelhaft ist, schadet es nicht, sich damit praktisch auseinanderzusetzen, um die Möglichkeiten der Montage zu ergründen.

── Übung ──

Montage
Inszenieren Sie einen Clip in der Art des Kuleshov-Effekts. Modernisieren und
transformieren Sie die Inhalte.

Aufnahmen zu einem Bildton-Ganzen verwoben werden und dass die Betrachter sich in diesem filmischen Universum assoziativ oder narrativ, häufig in einem raumzeitlichen (Schnitt-) Kontinuum, orientieren können. Wie in dem Spielfilm ‚Psycho‘ wird die Einheit eines Films aus heterogenen Fragmenten (Einstellungen) zu einem homogenen Ganzen zusammengesetzt.

‚Saubermachen‘

Die Montagearbeit beginnen Sie damit, dass Sie die Produktionseinstellungen am Anfang und am Ende ‚sauber‘ machen. Alles Überflüssige schneiden Sie weg. Manchmal wird eine Produktionseinstellung auch zu mehreren montierbaren Einstellungen auseinander genommen. Zur Zeit der Filmrollen wurden diese herausgeschnittenen Stücke an einem ‚Sortiergalgen‘ aufgehängt. Heute legen Sie die Videodateien in elektronischen Ordnern ab.

Ein Film entsteht aus der Montage von Einstellungen. ▌

Roh- und Feinschnitt

Aus der Menge der vorsortierten Einstellungen wird dann ein Film grob zusammengesetzt (Rohschnitt), um in weiteren Arbeitsgängen immer nuancierter bearbeitet zu werden (Feinschnitt). Zum Schluss wird der Feinschnitt zumeist farbkorrigiert und mit anderen Effektprogrammen überarbeitet. Schließlich mischen Sie die Tonspuren zum Filmsound zusammen. Alle Arbeitsgänge zusammen nennt man „Postproduktion".

5.2 Vom Schneiden zum Editing

Ende des 19. Jahrhunderts, in der Gründerzeit des Films und des Kinos, bestanden Filme aus einer einzigen Einstellung, das heißt: einer ungeschnittenen Szene. Die Kamera wurde von einem festen Standpunkt auf Ereignisse der Welt gerichtet, und die Aufnahme dauerte so lange, wie das Rohfilmmaterial reichte. Damit ergab sich zwangsläufig eine filmische Einheit aus Zeit, Raum und Handlung. Diese frühen Filmspulen, sogenannte ‚One-Reeler‘, konnten nur wenige Minuten Material aufnehmen.

Die schnittlose Phase der Filmgeschichte endete schnell. Der französische Illusionist und Filmkünstler Georges Méliès (1861 – 1938) soll durch einen technischen Defekt seines Aufnahmegeräts entdeckt haben, dass ein Film aus aufeinanderfolgen-

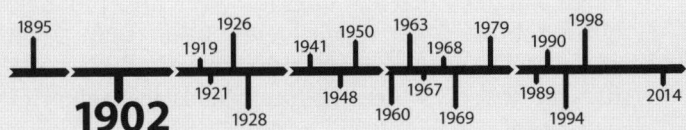

Filmrummel

Er gilt als Zauberer der Leinwand: Georges Méliès war von Beruf Schausteller und Varietè-Unternehmer. Er entdeckte den Film als Rummelattraktion. Das ist nicht abwertend gemeint. Der Illusionist Méliès bereicherte auf filmische Weise sein Unterhaltungsprogramm. Mit dem Stopptrick zum Beispiel zauberte er Sachen und Personen aus dem Nichts hervor und ließ sie ebenso verblüffend

Abb. 62: ‚Die Reise zum Mond' (Original: ‚La Voyage dans la Lune'), Frankreich 1902

wieder verschwinden. Durch Doppelbelichtung schuf er magische und gruselige Effekte. Méliès brachte auch Pseudogroßeinstellungen (Lupe, Teleskop), färbte seine Filme ein, vermischte Real-, Bühnen- und Zeichentrickaufnahmen. Seine ‚Reise zum Mond' und seine ‚rekonstruierten Aktualitäten' (zum Beispiel ein Vulkanausbruch) sind Filmgeschichte geworden.

Filmarbeit ist ein Spiel mit Zeit und Raum. Der Stopptrick überwindet die Raumzeitkontinuität in einem sensationellen Moment. Die Doppelbelichtung erschafft eine paradoxe Erfahrung: zwei Räume oder Zeiten erscheinen gleichzeitig.

Übung

Filmtricks
Inszenieren Sie eine kurze Trickhandlung mit einer Spielzeugfigur. Mit Hilfe von Doppelbelichtungen, Blenden und dem Stopptrick sollte die Figur durch verschiedene Welten wechseln können.

den Einstellungen bestehen könne.[2] Offenbar hatte die Kamera einen kurzen Aufzeichnungsaussetzer und produzierte damit einen Schnitt in der abgelichteten Szene. Dem Unterhaltungsmann Méliès war sofort klar, wie er diese technische Möglichkeit für seine Zwecke nutzen konnte: Mittels des Stopptricks schuf er eine magische Filmwelt, in der Gegenstände und Menschen scheinbar aus dem Nichts ins Bild sprangen.

Stopptrick

Méliès und viele andere Filmpioniere bewiesen am Beispiel eigener Filmprojekte die ordnende Kraft der Montage. Durch das Zerschneiden in und das Neuverbinden von Filmstückchen schufen sie eine eigenartige filmtypische Kontinuitätserfahrung. Ihre Geschichten funktionierten in einem filmischen Raumzeitkontinuum, obwohl die Bilderzählung in zeitlich verschiedenen Einstellungen aufgelöst produziert wurde. Der Schnitt schenkte dem filmischen Erzählen damit das entscheidende Mittel, um sich als neue Kunstform zu präsentieren.

filmtypische Kontinuitätserfahrung

In der Literatur finden wir statt der Bezeichnung ‚Schnitt' häufig andere Begriffe: Découpage, Montage, Editing. Für praktische Zwecke halten wir daher folgende Unterschiede fest:

‚Filmschnitt' oder ‚Filme schneiden' bezeichnet die ausführende Handlung, die das filmische Rohmaterial in montierbare Einstellungen zerlegt und anschließend zu Sequenzen zusammenfügt. Das Schneiden ist die Aufgabe der Cutter. Cutter beurteilen das Rohmaterial auf ihre Schnittfähigkeit. Ihr Augenmerk liegt zunächst auf dem trennenden, zerteilenden Aspekt. Denn die Fragmentierung löst die Produktionseinstellungen aus ihren ursprünglichen Zusammenhängen heraus, um sie für neue Zusammenhänge verfügbar zu machen. Cutter betrachten das Material also immer analytisch und unter dem Gesichtspunkt, was man daraus machen könnte.

Schnitt

Wie verhält sich nun der Begriff Montage dazu? Montage bedeutet wörtlich: zusammenkleben, zusammensetzen. Offenbar bezeichnet der Begriff den synthetischen Aspekt der Cutterarbeit. Die Montage setzt vorhandene Stücke zu etwas Neuem zusammen,

Montage

Übung

Bewegung schneiden
Mit einer durchlaufenden Kamera gehen Sie durch die Stadt und nehmen Bildmotive hintereinander auf. Anschließend montieren Sie das Material in der Art, dass die Bewegungsrichtung des Ganges durch die Stadt umgekehrt wird.
Wann funktioniert das? Wann nicht?

schafft eine augenscheinliche Kontinuität, betont den Prozess des Zusammenfügens von Einstellungen in einer einheitlichen Sequenz, die den gedanklichen oder formalen Kontext für die Schnittentscheidungen bildet.[3] Zwischen Schnitt und Montage besteht also kein absoluter Gegensatz. Es sind zwei Aspekte einer Tätigkeit.[4] Der Montage-Begriff korrespondiert mit der inzwischen gebräuchlichen Berufsbezeichnung Film- oder Video-Editor. Auch das englische Verb 'to edit' meint ja zunächst 'zusammensetzen'.

An den computerbasierten Schnittplätzen fließen zusätzliche Nachbearbeitungsaspekte in die Tätigkeit des Editing ein. Die Software ermöglicht nicht nur zu schneiden und zu montieren, sondern viele Nachbearbeitungsschritte, die früher etwa im Kopierwerk oder im Tonstudio ausgeführt wurden. Heute kann der Cutter oder Editor alles am Schnittplatz gestalten. *Editing*

Der spanische Regisseur Luis Buñuel (1900 – 1983) benutzte den Begriff 'Découpage' für Segmentierung, Gliederung und Filmschöpfung im Kontext des Drehbuchschreibens.[5] Mit 'Découpage' benennt er jene Fähigkeit, in Einstellungen zu denken und auf Einstellungen hin gestaltend zu handeln. Découpage ist also ein klassischer Begriff für die filmisch technische Vorstellungskraft. Nicht nur Cutter, jeder Filmgestalter muss diese Fähigkeit zur Découpage, dem Denken und Handeln in Einstellungen, entwickeln. *Découpage*

5.3 Kontinuitäts(-)Erfahrungen

Grundlegende Montageverfahren sind bereits vor knapp 100 Jahren eingeführt worden. Vieles davon verwendete der Filmpionier David Wark Griffith. Griffith kombinierte drei Einstellungsgrößen, eine Totale, eine halbnahe Einstellung und eine Großaufnahme, um eine Szene in Einstellungen aufzulösen (rule of three).[6] Das diese einfache Regel funktioniert, kann man noch heute in jedem Western überprüfen.

Griffith fand ein weiteres interessantes Phänomen der Montage heraus: Man kann die Hand-

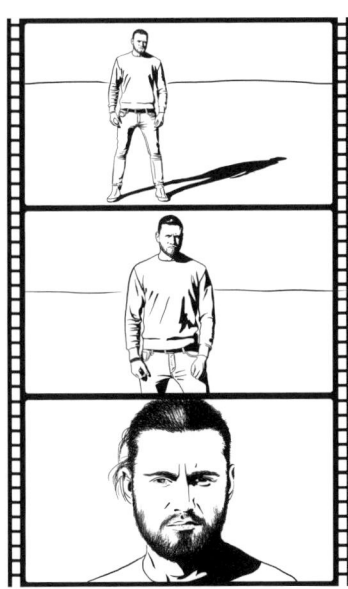

Abb. 63: Die Dreisprung-Montage

Parallelmontage

lung durch die formale Länge der Einstellungen beschleunigen oder verlangsamen. Griffith perfektionierte diese Technik durch Parallelmontage von Verfolgungsjagden, in denen er zwischen zwei Handlungssträngen hin- und herschnitt. Die Parallelmontage, aber auch der filmische Flashback (Darstellung von Erinnerungen, Hoffnungen) und das Inszenieren von Massenszenen gehören seit dieser innovativen Frühzeit zum Inventar der Filmregie.

Übung

Die Parallelmontage
Zwei Personen verlassen jeweils ihre Wohnungen und machen sich auf den Weg. Begleiten Sie die beiden filmisch. Ob und wie sie sich treffen, ist Sache Ihrer Montage. Schneiden Sie Tempovariationen hinein.

Die sich entwickelnde Filmindustrie hatte ein hohes Interesse an solchen standardisierten Verfahren. Das Hollywood-Kino entwickelte folgerichtig im Laufe der folgenden Jahre eine ‚Grammatik' des Auflösens von Handlungen in Einstellungen. Dort spricht man auch vom ‚Breakdown' (Herunterbrechen auf Einstellungsebene). Diese ‚Grammatik' regelt schematisch Kamerapositionen und Brennweiten für definierte Handlungstypen. Das industrielle Filmgewerbe ist dadurch äußerst effizient geworden.

Die Anwendung dieser Vorgaben begründet für Hollywoodfilme und vergleichbare amerikanische TV-Serienproduktionen eine gemeinsame Auffassung von Filmkontinuität. Den französischen Begriff ‚Découpage' aufgreifend findet sich in der Filmliteratur der Begriff ‚Découpage classique' für den unsichtbaren, die

unsichtbarer Schnitt Einheit der Handlung erhaltenden Schnitt in Hollywoodmanier.

Postproduktions-anforderungen an die Produktion Diese ästhetisch-technischen Vorgaben der Montage bringen für das Drehteam eine Vielzahl von Kontinuitätsproblemen mit sich. Es sind deshalb Routinen erarbeitet worden. Eine dieser Regeln sagt: Falls nur eine Kamera zur Verfügung steht, wird eine Handlung mehrmals hintereinander, aus verschiedenen Kamerapositionen und mit unterschiedlichen Einstellungsgrößen aufgenommen. Zunächst beginnt man mit einer Totalen, dem sogenannten ‚Mastershot'. Dann folgen Nahaufnahmen der jeweils handelnden Personen. Die Filmemacher müssen bei dieser Vorgehensweise darauf achten, dass die Handlungen der Darsteller einstellungsüberlappend gedreht werden. ‚Auf Co-

Einstellungs-überlappungen verage drehen' wird diese Vorsichtsmaßnahme genannt. Denn

Abb. 64: Das Achsenschema (Grafik)

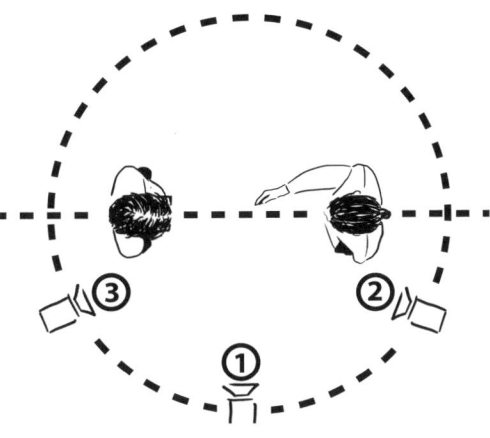

die genaue Schnittstelle kann weder im Drehbuch mit Sicherheit
vorherbestimmt noch während der
Aufnahme festgelegt werden.

Der genaue Schnittpunkt hängt
vom Können des Cutters ab. Die
Cutter prüfen im Material die Bewegungen von Darstellern und Objekten und entscheiden, an welcher
Stelle ein unsichtbarer, die Handlung kontinuierlich fortsetzender
Schnitt möglich und notwendig ist. Macht das Drehteam ‚gram-
matikalisch' keinen Fehler, können die Cutter die Einstellungen
weich und flüssig verbinden. Das Ziel der Découpage classique ist
also das Unsichtbarmachen des Machens und Gemachtseins eines
Films, damit ein Höchstmaß an filmischer Illusion erreicht wird.

Kontinuität

Achsenschema

Es gibt unzählige Regeln und Einstellungsschemata in der industriellen Filmproduktion. Es lohnt, die Kenntnisse dieser
‚Grammatik' zu vertiefen.[7] Da dieser Regelkatalog aber zu um-
fangreich ist, um ihn an dieser Stelle auszuführen, beschränken
wir uns auf die Darstellung eines grundlegenden Phänomens:

Achsensprung

In gewisser Weise wird die Theatersituation auch im Film beibehalten. Hier trennt die Zuschauer und das Filmgeschehen
aber keine reale, sondern eine virtuelle ‚Bühnenrampe', die von
links nach rechts durch den Raum
vor der Kamera verläuft (Handlungsachse) (Abb. 64). Der Betrachter und somit alle möglichen
Kamerapositionen müssen immer
diesseits dieser imaginären Linie
bleiben, sollen Anschlussfehler
vermieden werden.

Springt die Kamera von einer
Einstellung zur nächsten über diese
Handlungsachse (unsichtbare Büh-

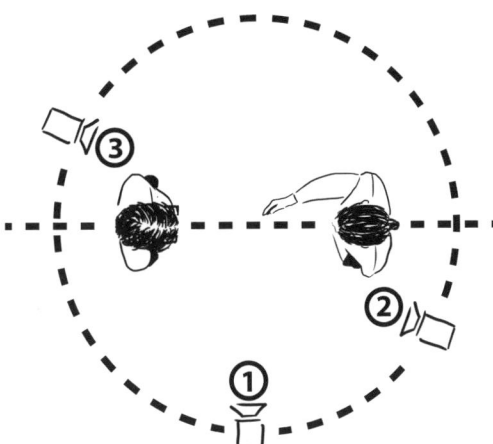

Abb. 65: Der Achsensprung (Grafik)

Abb. 66: Das Achsenschema (Bilder)

nenrampe), wird ein desorientierender Raumzusammenhang in den montierten Einstellungen hergestellt: der sogenannte Achsensprung.[8] Am Beispiel einer Schuss-Gegenschuss-Szene (Standardverfahren in Dialogszenen) lässt sich dieses Phänomen gut verdeutlichen:

Zwei Darsteller stehen sich gegenüber. Sie schauen sich an. Ihre Blickrichtungen bilden die Handlungsachse. Wir schauen mittels eines totalen Mastershots auf die Szene. Dann springen wir durch harten Schnitt heran. Die Nahaufnahmen der beiden Personen können Sie gut zusammenschneiden, wenn Sie der rechten Person über die linke Schulter und der linken Person über die rechte Schulter filmen.

Der Kopf der Person im Anschnitt (Hinterkopf/Rücken) ist im oben beschriebenen Fall jeweils auf der richtigen Seite und gibt den Blick auf die sprechende Person frei, die in den Raum hineinschauen kann. Im Zusammenschnitt wirken die Personen aufeinander orientiert. Der Dialog kann durch Hin- und Herschneiden folgerichtig aufgelöst werden.

Nun überspringen wir die Handlungsachse im Schuss-Gegenschuss-Verfahren (Abb. 65).

Durch die Reduktion der dreidimensionalen Raumverhältnisse auf die zweidimensionale Schirmfläche bekommen wir im Zusammenschnitt nun einen kuriosen Effekt: Die Darsteller, die sich anschauen sollten, sehen beide in die gleiche Richtung (Abb. 67).

Das Beispiel zeigt, dass die ‚Grammatik‘ des Filmschnitts und das Wissen darum, wie eklatante Fehler vermieden werden, die Grundlage jeder Montage bilden.

Abb. 67: Der Achsensprung (Bilder)

Damit der Filmschnitt aber nicht nur ‚filmsprachlich' korrekte, sondern auch spannende Ergebnisse liefert, bedarf es darüber hinaus noch einer besonderen Intution für die zeitlichen Verhältnisse im Filmmaterial.

5.4 Der richtige Augenblick

Ein Schnitt setzt etwas fort, hebt etwas hervor oder entzieht es dem Blick des Zuschauers. Im schlechtesten Fall überdecken gute Cutter durch einen phantasievollen Schnitt die Fehler einer nachlässigen Inszenierung mit einem Zwischenschnitt. Die Kernkompetenz der Cutter ist darum, intuitiv den richtigen Zeitpunkt des Schneidens bzw. Zusammenfügens erfassen zu können. ‚Intuition' deutet es an: Viel Erfahrung am Schnittplatz ist der Schlüssel zum Verständnis des richtigen Augenblicks. Man muss erlebt haben, warum etwas funktioniert und warum nicht.

der richtige Schnittzeitpunkt

Für diese problemlösende Aufgabe ist für die Cutter die kritische Auseinandersetzung mit den angelieferten Einstellungen die entscheidende Grundlage eines Films. In gewisser Weise hat ja das Einschalten und das Ausschalten der Kamera vorab die Bausteine der Montage herausgeschnitten.

Jede Filmeinstellung ist schon in der Kamera vorgeschnitten.

Aber erst die rhythmisch montierten Einstellungen erzeugen beim Betrachter das typisch filmische Erleben eines Schnittkontinuums. Mitentscheidend für das Gelingen dieser Illusion ist der Filmton. Sounds, Originaltöne, Musik eröffnen einen komplementären auditiven Raum, der zwar parallel zu den Bildern aufgemacht wird, aber synergetisch mit dem Bewegtbildraum zum filmischen Ganzen verschmilzt. Was aber ist das Ganze?

Filmton-kontinuum

Im Hollywoodfilm ist das Ganze die Illusion einer eigenen Filmwelt. Und wenn der Zuschauer das Schneiden und Montieren nicht bemerkt (unsichtbarer Schnitt) und in der Filmwelt voll aufgeht, ist das im Sinne eines typischen Hollywood-Films. Anderseits wird in anderen Filmtraditionen (Filmavantgarde) mit Absicht auffällig geschnitten, um die filmische Illusion zu zerstören oder damit einen zusätzlichen Kontext durch Assoziationsmöglichkeiten zu eröffnen (Abb. 68).

Filmillusion schaffen

Filmillusion brechen

Einige Grundsätze sind unbestritten: Eine Szene wird zum Beispiel geschnitten, um die Aufmerksamkeit auf ein Detail zu lenken oder von einem Detail auf etwas Allgemeines zu führen.

durch Schneiden
Spannung
schaffen

Geschnitten wird auch, wenn die Spannung einer Einstellung erlahmt. Nun kann man sagen, dass jeder Mensch Spannung anders erlebt und dass ein Spannungsbogen ein individueller interpretatorischer Akt sei. Das ist einerseits richtig, gilt aber nicht absolut: Spannend ist etwas, solange nicht erraten werden kann, wie es weitergeht. Geschnitten werden muss also spätestens, wenn ein normaler Zuschauer begriffen hat, wie eine filmische Bewegung sich weiterentwickelt.

Diese Aufzählung kann natürlich nicht abschließend sein, weil es zu viele Abhängigkeiten gibt, die den richtigen Augenblick eines Schnitts erzwingen. Leider gilt auch hier, was grundsätzlich für alle praktischen Tätigkeiten gilt: Wissen ist unverzichtbar, aber nur durch Übung und Ausprobieren – wie immer man es nennen will – wird aus einem qualifizierten Theoretiker ein kompetenter Praktiker.

Für den Anfang hilft auch hier sich anzusehen, wie Vorbilder es machen. Mit Stilkopien anzufangen ist nicht ehrenrührig. Schauen Sie sich viele Filme Ihrer Lieblingsregisseure an und fragen Sie sich jeweils, wie die Handlung technisch-ästhetisch erzeugt worden ist.

Der amerikanische Spielfilm-Editor Walter Murch (*1943), Cutter der Filme ‚Der Dialog‘ (USA 1972) und ‚Apocalypse Now‘ (USA 1979) bringt es in seiner essayistischen Abhandlung über Filmschnitt so auf einen Punkt:

„Schnitt dient natürlich der Story. Montage gibt dem Cutter aber auch die

Abb. 68: ‚Der Löwe erwacht!‘
Die berühmte Schnittfolge aus dem Film ‚Panzerkreuzer Potemkin‘ (UdSSR 1925) animiert steinerne Löwen.

Wahlmöglichkeit an die Hand, die stärksten Einstellungen für das Fortkommen der Erzählung und den emotionalen Ausdruck so zu wählen, dass sich im Schnitt die größtmögliche Wirkung entfaltet."[9]

In diesem Sinn fassen wir wichtige Aspekte der Montage noch einmal zusammen:

Für die meisten Filme werden Einstellungen sprachlich oder als Skizze bzw. Fotofolge vor dem Dreh ausgearbeitet. Die tatsächlich realisierten Einstellungen werden während des Drehs in Listen dokumentiert. Der Schnitt ist also einerseits abhängig von den Drehbuchvorgaben und andererseits von der Art, wie Regisseure diese Papiervorlage mittels der Inszenierung in Produktionseinstellungen auflösen. In diesem Rohmaterial sind technische Einstellungsmerkmale, die Lichtgestaltung und die Kamerabewegungen festgeschrieben. Aus diesen Gründen müssen sich die Cutter darauf verlassen können, dass sie verschneidbares Material angeliefert bekommen. Von hellen, kontrastreichen Bildern zum Beispiel auf dunkle, flaue umzuschneiden, würde einen Schnittkonflikt erzeugen, der in Hollywoodfilmen und in TV-Produktionen unerwünscht ist, weil er die Illusion eines Raumzeitkontinuums zerbricht.

Einstellungslisten

Vertrauen in Material

Der Schnitt darf also nicht zur Reparaturwerkstatt für mangelhafte Produktionseinstellungen verkommen. Das primäre Ziel der Montage ist und bleibt, dem Film eine durchgängig sinnvolle Gliederung der Einstellungen zu geben.

Sequenzen werden daher immer durch eine inhaltliche Konzeption zusammengehalten. Leider gibt es dafür keine formal eindeutigen Kriterien wie das Anschalten und Abschalten der Kamera für die Produktionseinstellung. Hilfreicher ist der Begriff der ,Szene': Verlässt die Kamera einen Ort oder ist zwischen zwei Einstellungen Zeit vergangen, ist dies ein Indiz für einen Szenenwechsel. Für Szenenübergänge bieten sich deshalb, statt des harten Schnitts, Blenden an, wenn viel Zeit vergangen ist oder große Ortsprünge in der Handlung passieren. Auf- oder Abblenden nach Schwarz oder Weiß bedürfen auf jeden Fall einer starken inhaltlichen Begründung, etwa wenn die Geschichte nach dem Tod einer Filmfigur mit Ereignissen aus dem Leben der Kinder weitergeht oder wenn eine Figur ins Koma fällt und eine Weißblende eine Rückschau einleitet.

Sequenzen

Szene

Blenden

Übrigens: Blenden sind im seltensten Fall eine funktionierende Reparaturmaßnahme für schlecht funktionierende Anschlüsse von Einstellungen. Sie weisen sogar auffällig darauf hin.

Timing

Das Finden des richtigen Schnittmoments hat viel mit Gefühl für Timing zu tun. Musisches und rhythmisches Empfinden sind daher beim Schneiden eines Films ebenso unverzichtbar wie das Verständnis für Bewegungsabläufe und logische Raumbezüge.

——————————————————————————— Übung ——

Auf Kontinuität schneiden
Die Szene ‚Auto einparken' lösen Sie in verschiedene Einstellungen im Schnitt-Kontinuum auf, damit im Clip die Schnitte möglichst unsichtbar bleiben.

5.5 Montagestile

Regisseure ließen sich schon immer von technischen Entwicklungen zu neuartigen filmischen Sichtweisen inspirieren, sie probierten aus und entwickelten im Tun ihre eigene, unverkennbare Art, Filme zu gestalten. Die Lösungen, die sie fanden, können, wie gesagt, als Muster verwendet werden, um zu ähnlichen Ergebnissen zu kommen. Allerdings gilt auch hier: Eine Filmgestaltungsregel ist ein Angebot. Ihre Beachtung kann sinnvoll sein, muss es aber nicht. In jedem Einzelfall müssen Sie immer selbst entscheiden, ob eine Stilkopie sinnvoll oder ob das Brechen der Regel notwendig ist.

Handschrift
↓ S. 176ff.

Wegschneiden des Überflüssigen und Reduzieren auf das für den Zuschauer Elementare ist allerdings immer eine gute Strategie. Wegschneiden, was nicht unbedingt gebraucht wird, heißt übersetzt in eine Schnittstrategie: Durch elliptisches Erzählen, durch Raum- und Zeitsprünge, durch Zeitraffung am Schnittplatz filmische Welten dichter machen.

verkürzende
Montage

Die Cutter oder Editoren sorgen dafür, dass trotzdem die Anschlüsse innerhalb einer Szene oder Sequenz, die Achsenverhältnisse, die Blick- und Körperausrichtung der Akteure, die Bewegungskontinuitäten oder Bildkonflikte, das heißt die Übergänge von Einstellung zu Einstellung, von Sequenz zu Sequenz funktionieren. Diese Übergänge, auch Konjunktionen genannt, können einfache Schnitte sein, es können Zwischenschnitte sein, Auf- und Abblenden, Überblendungen und Trickblenden. Durch das geschickte Zusammenfügen entsteht ein rhythmischer Verlauf des Film(-Kunstwerks), auf den der Zuschauer affektiv reagiert.

Übergänge
gestalten

| Der Fluss der montierten Einstellungen bewegt den Zuschauer und nimmt ihn mit. |

Ein filmhistorisches Beispiel für den radikalen Umgang mit filmgrammatischen Grundsätzen ist Jean-Luc Godard's Dialog-Autoszene in ‚À bout de souffle‘ (1960): Schnelle, harte Schnitte, Achsensprünge und Jump Cuts greifen im Schnitt die Zerrissenheit der Lebenssituation der jungen Protagonisten auf. Der damals unkonventionelle Schnitt ignorierte bewusst die Forderung nach klassischer Raumzeitkontinuität. Godard (1930*) zeigt in der geschnittenen Fassung des Dialogs nur am Anfang und am Ende der Szene den Hauptdarsteller. In der Autofahrt spricht der Protagonist (Jean-Paul Belmondo) fast ausschließlich aus dem OFF, während die Frau (Jean Seberg) in hart geschnittenen Naheinstellungen von hinten zu sehen ist. Und trotzdem verstehen wir, worum es geht, weil uns der montierte Sinn der Geschichte mitnimmt.

Jump Cut

    Diese damals unkonventionelle Art zu schneiden ist heute ein gängiges Mittel der Filmgestaltung. Sie ist so alltäglich geworden, dass viele Zuschauer ihr Auftreten nicht mehr bemerken, weil es Teil ihrer Sehgewohnheiten geworden ist.
Ein anderes Beispiel: Wenn Francis Ford Coppola (*1939) und sein Editor Walter Murch in ‚Apocalypse Now‘ (USA 1979) die Ermordung von Colonel Kurz (Marlon Brando) gegen Ende des Films mit der rituellen Schlachtung eines Wasserbüffels verschneiden, ist das nicht nur ein Zitat aus Eisensteins Film ‚Streik‘ (Abb. 60), sie reflektieren in ihrer Arbeit konkret das Konflikt-Montage-Theorem Eisensteins. Die Darstellung der kontinuierlichen Handlung wird in diesem Fall kontrastierend assoziativ aufgebrochen, um eine metaphorische Aussage zu treffen (Abb. 70).

Konfliktmontage

5.6 Rundmachen – von der Nachbearbeitung

Seitdem die Schnittplätze digital sind, werden, einmal abgesehen von industriellen Großproduktionen, fast alle Postproduktionsschritte am Schnittplatz selbst erledigt.

| Schnitt und Nachbearbeitung werden mit dem Begriff ‚Postproduktion‘ zusammengefasst. |

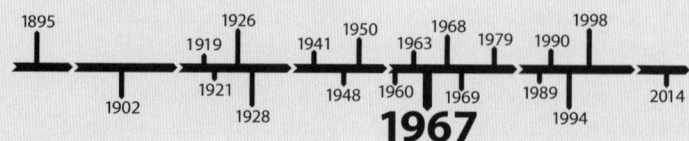

Kopfkino

Die französische Nouvelle Vague verblüffte die Filmwelt Ende der 1950er Jahre durch unbekümmerte filmästhetische Neuerungen. Einer der filmischen Provokateure war Jean-Luc Godard. Er machte auch den sogenannten ‚Jump Cut‘ populär, das heißt, er ließ Abschnitte einer Handlung weg, ohne sich um den Zusammenbruch der Raumzeitkontinuität zu kümmern. Diese extremen Schnitte sind heute in jedem Musikclip Standard. Die Jump Cuts waren

Abb. 69: ‚Weekend‘, Frankreich 1967

nicht die einzigen Eigenwilligkeiten Godards.

In dem Film ‚Weekend‘ konfrontiert er die Zuschauer mit ultralangen Kamerafahrten und mit einem Liebesdialog, der ‚schmutzige‘ Sexualität gänzlich in die Phantasie des Zuschauers verlegt. In dieser Sequenz sieht man eine leicht bekleidete Frau von der Seite. Sie spricht mit einem Mann, dem sie offensichtlich von sexuellen Abenteuern berichtet. Die Musik spielt in dieser Szene eine entscheidende Rolle. Immer, wenn das Gespräch konkrete sexuelle Handlungen vorzutragen scheint, wird die Musik so laut, dass man den Dialog nicht versteht. Godards Trick suggeriert Inhalte, die nur in der Phantasie des jeweiligen Zuschauers gefüllt werden.

Übung

Filmisch andeuten
Inszenieren Sie eine kurze Filmszene, in der über etwas gesprochen wird, das aber nicht genau klar wird. Setzen Sie Jump Cuts und Musik ein, um statt der Illusion einer durchgängigen Raumzeit eine psychische Erlebniswelt mit einem ‚schmutzigen‘ Geheimnis zu schaffen.

Abb. 70: In dem Film ‚Apocalypse Now‘
wird der Mord am Antagonisten
als rituelle Tötung inszeniert.

Dieser ‚letzte Schliff‘ in der Postproduktion beginnt mit einer Musterung
des Erreichten: Passen die Bewegungsanschlüsse, sollten Einstellungen vielleicht doch noch einmal in der Länge
verändert werden? Auf dieser Stufe,
‚Trimmen‘ genannt, arbeiten Sie ein-
zelbildgenau. Manchmal rutscht aus
Versehen ein Schwarzbild zwischen
zwei Einstellungen, zu kurz, um bewusst wahrgenommen zu werden,
aber zu lang, um nicht unbewusste Ir-
ritationen zu hinterlassen. Diese ‚Blit-
zer‘ müssen Sie entfernen.

Als nächstes wird der Ton nachbearbeitet. Musiken werden
nach dramaturgischen Gesichtspunkten ausgewählt oder selbst
produziert und anschließend im Schnittprogramm auf Wechselwirkungen mit dem Bild hin begutachtet. Ggf. müssen dann
Schnittpunkte wieder verschoben werden. Was als solitärer Bildschnitt wunderbar funktionierte, passt im Zusammenspiel mit
der Musik häufig nicht. Das hat keine grundsätzlichen Gründe,
sondern liegt an minimalen Rhythmusreibungen zwischen den
Bildbewegungen und der musikalischen Bewegung.

Unverzichtbar sind Effektsoundspuren, weil in der Realität
viele Geräusche unauffällig sind. Leise Töne gehen im Dialog
oder dem Grundrauschen unter. Aber eine künstlich knarrende
Tür, ein zusätzliches Ping von einem Fahrstuhl wirken emotio-
nalisierend oder gliedern das akustische Geschehen.

*Bild- Tonwechsel-
beziehungen*

*Sounddesign
↓ S. 131ff.*

| Akustische Effekte, obwohl überreal, machen einen audiovisuellen Film ansprechender. |

Am Schluss der Tonbearbeitung werden alle Pegel aufeinander
abgestimmt. Sie müssen dabei unbedingt beachten, dass das,
was laut ist, akustisch nach vorne tritt und was leise ist, in den
Hintergrund rückt. Mit anderen Worten: Mit der Lautstärkerege-

*Tonbearbeitung
und Ton-
mischung*

lung wird der akustische Raum gebaut, der natürlich im richtigen Verhältnis zum visuellen Raum stehen muss.

Übrigens: In den seltensten Fällen wird man akustisch minderwertige Aufnahmen in der Nachbearbeitung befriedigend restaurieren können. Darum ist es von entscheidender Bedeutung, dass in der Einstellungsproduktion auch saubere Tonaufnahmen gemacht und den Cuttern angeliefert werden. Auch alle Effektsounds sollten prägnant, ohne Nebengeräusche vorliegen. Ist das Material in Ordnung, können Sie es auf einer separaten Tonspur durch Lautstärkemanipulation sehr einfach in Ihren akustischen Raum einfügen.

Ein gutes Drehteam hat Ihnen zudem eine Atmo von jedem Drehort zugeliefert. Diese Atmo auf einer weiteren Tonspur behutsam zugemischt ist der Zauberstab, mit dem verschiedene Einstellungen verbunden werden können. Der postproduktionstechnische Hintergrund: Die Hintergrundgeräusche (Ampelkreuzung, Einkaufsstraße, Schwimmbad) wechseln in der Lautstärke von Produktionseinstellung zu Produktionseinstellung für das Filmteam unbeeinflussbar. Mit Hilfe der zugemischten Atmo können diese Schwankungen in der Montage aufgefangen werden. In der geschnittenen Szene hören wir dann einen durchgängigen akustischen Hintergrund. Damit trägt der Ton zur Illusion der Raumzeitkontinuität bei und hilft Schnitte im Bild zu vertuschen.

Farbbearbeitung, Farbkorrektur

Eine ähnliche kontinuitätssteigernde Wirkung hat die Farbe. Stimmen Sie Helligkeit und Kontrast, die Farbverhältnisse, zum Beispiel durch eine Drei-Wege-Farbkorrektur (helle, mittlere und dunkle Farbtöne) aufeinander ab. Mit etwas Glück bekommen Sie manchmal sogar einen falschen Weißabgleich korrigiert.

Durch generelle Farbreduktion oder spezielle Farbwahlgestaltungen werden einstellungsübergreifende Beziehungen ästhetisch gestützt oder geschaffen.

Zusatzeffekte und Titelei

Schließlich fügen Sie besondere Bild- und Videoeffekte oder (Titel-) Animationen am Schnittplatz ein. Dies ist allerdings ein umfangreiches eigenes Gestaltungsfeld und kann innerhalb dieser Einführung in das Filmemachen nicht vertieft werden.

Mastern einer Filmdatei

Als Schlusspunkt der Montagearbeit wird die fertig montierte und nachbearbeitete Filmfassung ‚gemastert‘. Sie exportieren die Video- und Audiospuren in eine abspielbare Datei auf dem jeweils hochwertigsten Dateiformat. Jede gängige Schnittsoftware gibt Ihnen dazu die technischen Möglichkeiten an die Hand. Aktuelle IT-Kenntnisse sind allerdings wünschenswert, wenn nicht gar unverzichtbar. Das Gleiche gilt für das Bereitstellen des Films für eine Verwertung im Netz oder für eine Präsentation. Für unterschiedliche Anwendungen sind entsprechend spezialisierte Dateiformate und Datenträger auszuwählen. Die Videotutorials zu den Schnittprogrammen geben Ihnen dazu die jeweils neusten technischen Handreichungen.[10]

6. Filmisch Verdichten

6.1 Film und Dichtung

Ein gut montierter Film zeigt Einstellungen genau so lange, wie ein durchschnittlicher Zuschauer braucht, um sie in ihrer Bedeutung zu erfassen. Bruchteile einer Sekunde entscheiden darüber, ob ‚etwas filmisch lebt‘ oder ‚filmisch tot‘ ist, also langweilig wirkt. Dieses Phänomen ist vielleicht das wichtigste Kriterium, an dem sich Cutter und Regisseure, Produzenten und Redakteure am Schnittplatz in ihrer Schnittbeurteilung orientieren.

Um Ihnen die zugrundeliegenden Probleme zu veranschaulichen, beginnen wir mit einem Begriff, der in Abhandlungen zur Filmkunst auftaucht. Dort werden Filme mit Anspruch zuweilen ‚Filmdichtung‘ genannt. ‚Dichtung‘, das klingt natürlich wie von Gestern. Aber durch eine unkonventionelle Interpretation können wir einiges über das Filmemachen lernen: **Filmdichtung**

Eine Gummidichtung für eine Wasserleitung fügt an einer Nahtstelle zwei Teile abdichtend zusammen, sodass der Durchfluss einer Flüssigkeit von einem Rohr in das andere ermöglicht, ein Austreten des Wassers aber verhindert wird. Eine Dichtung ist hier eine Verbindungstechnik.

Dichtung kann aber auch das Ergebnis eines Verdichtungsprozesses sein. Eine Schotterfläche wird mittels eines ‚Rüttlers‘ verdichtet. Erst der verdichtete Untergrund gewinnt die Tragkraft für die darüber gelegte Steinfläche. Eine Dichtung erfüllt also eine fugende oder eine komprimierende Funktion. **Dichtung allgemein**

Auch die funktionale Gestaltung eines Films erweist sich in letzter Konsequenz als ein Dichtungsphänomen: In einem Film können Sie zum Beispiel den Lebenslauf eines Menschen in einem Videoclip extrem verknappt erzählen, wenn Sie Tage, Monate und Jahre auf wenige Momente verdichten. Sie zeigen in

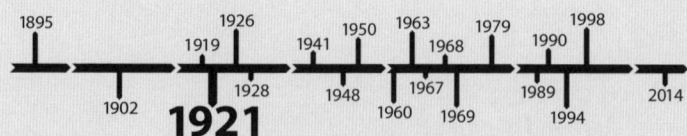

Rhythmus

Der Maler Hans Richter (1888 – 1976) begann 1920 seine Filmlaufbahn mit einem ‚filmischen Rollenbild‘ und erforschte auch in den nachfolgenden Filmen das Phänomen ‚Rhythmus‘. Rhythmus habe etwas Unwiderstehliches, weil er die mitnehmende dramatische Steigerung gewährleiste. Einen Handlungsinhalt etwa durch Gewalteskalation oder zunehmend freizügigere

Abb. 71: ‚Rhythmus 21‘, Deutschland 1921

Sexszenen zu steigern, sei unfilmisch und erschöpfe sich schnell durch banale Deutlichkeit. Einen Stoff dagegen rhythmisch durch Spannungsbögen zu gliedern, erschaffe wahre Kinematografie.

Das Phänomen ‚Rhythmus‘ taucht übrigens in vielen Filmpoetiken berühmter Regisseure an zentralen Stellen auf. Aber was ist Rhythmus? Formelhaft gesagt: Ein guter Rhythmus räumt etwas genau die Zeit ein, die seiner Bedeutung entspricht.

Übung

Bildrhythmus
Inszenieren Sie einen 24-Stunden-Tagesablauf als ‚Mini-Clip‘. Zeigen Sie Körper, Gegenstände und Handlungen in rascher Folge. Seien Sie äußerst sparsam mit Sprache oder Geräuschen. Verwenden Sie keine zusätzlichen Sounds. Erkunden Sie spielerisch Ihr Rhythmusgefühl und schaffen Sie eine optische Musik.

diesem Fall nur die wichtigsten Orte, die entscheidenden Begegnungen mit anderen Menschen. Die Filmdichtung komprimiert und verbindet also inhaltliche, dramaturgische und ästhetische Aspekte zu einer Einheit. Es darf nichts darin verbleiben, was den Fortgang und das Verständnis der Übergänge stören könnte. Gerade im Feinschnitt ist das kontrollierte Weglassen, die Kunst der Reduktion das eigentliche Geheimnis der Dichtung.

Kunst der Reduktion

Filmdichtung ist gewiss ein hoher Anspruch, und er wird nicht immer, vielleicht nie vollständig zu erreichen sein. Wenn Sie diesen Anspruch aber zu früh aufgeben, sickert all zu leicht Zufälliges in Ihren Film mit der Folge, dass Sie die Zuschauer verwirren. Das klingt zugegeben kompliziert. Praktiker vertrauen deshalb intuitiv auf ihr Rhythmusgefühl, denn der Rhythmus gibt das Maß für die Bewertung des Dichtegrades einer Filmmontage.

Rhythmusgefühl als Maß

> Ein guter Rhythmus räumt einem Ereignis seiner Wichtigkeit entsprechend filmische Zeit ein.

In der Filmmontage ist darauf zu achten, wie lang eine Einstellung inhaltlich und ästhetisch mindestens stehen muss und längstens stehen darf. Jeder musikalisch veranlagte Mensch findet ohne Schwierigkeiten den Zugang zu diesem Filmrhythmusproblem über die eigenen Musikerfahrungen: Melodieführung, Takt und Tempo gibt es nicht nur bei Mozart oder in der Pop-Musik, ähnliche Phänomene steuern auch unsere Aufmerksamkeit in der Filmrezeption. Deshalb beurteilen Sie eine Einstellung immer im Gefüge der vorangehenden und der nachfolgenden Einstellungen. Es kommt ja auch niemand auf die Idee, einen musikalischen Rhythmus aus einzelnen Tönen heraus zu erleben.

Analogien in der Musik

6.2 Filmgestalt und Montage

Um zu bezeichnen, was Formen, Farben und Töne räumlich und zeitlich zusammenhält, sprechen Wahrnehmungspsychologen von ,Gestalt'. Das Wort geht auf den Sprachgebrauch von deutschen Schriftstellern im 18. Jahrhundert zurück. Das Her-

Gestalt und Gestaltung

Gestalt ↑ S. 24

stellen einer wie auch immer gearteten Gestalt nennen wir seitdem ‚Gestaltung'.

‚Gestalt' ist ein sinnlich wahrnehmbares Thema oder anders gesagt: Ein Thema (Lebewesen, Gegenstand, Ereignis) kommt in einer individuellen Gestalt zur Anschauung. Filme haben meistens ein Hauptthema, das in Teilaspekten ausgefaltet Gestalt gewinnt. Damit diese Teilaspekte aufeinander Bezug nehmen, müssen sie nach einem dramaturgischen Prinzip organisiert werden. Dies kann eine sachliche Struktur sein, dann erhalten wir einen Filmbericht oder einen Filmessay, dies kann ein fiktionales Geschehen sein, dann kommt ein Spielfilm heraus. Immer ist die Filmgestalt eine Art Geschichte, weil ein Film seine Themen in einer zeitlichen Abfolge schematisiert.

filmische
Struktur

Geschichten erzählen ist eine der ältesten und selbstverständlichsten Künste. Der ehemalige Studioleiter des WDR-Landesstudios Bielefeld, Michael Thamm, sagte einmal in einem Seminar zur Verblüffung aller Anwesenden, dass ein guter Fernsehjournalist nichts anders mache, als Homer mit der ‚Ilias' und der ‚Odyssee' vorgemacht habe: Geschichten von und über Menschen erzählen, früher in der Form des Epos, heute als TV-Bericht.

Geschichten als
Leitfaden
↓ S. 174ff., 198ff.

Die Medien und ihre Rahmenbedingungen haben sich also geändert, die grundlegenden Schemata sind aber häufig nur Variationen lang genutzter Muster. Alte Mythen oder Märchen zum Beispiel sind die Grundlage für Werbeclips oder Musikvideos (Madonna als erwachende Göttin, David Bowie als androgynes Wesen, Initiationsrituale oder Zitate literarischer Überlieferungen: die Nymphe Echo und Narziss).[1] Diese alten dramatischen Muster setzen einen, den Menschen offenbar mitnehmenden, Erzählrhythmus frei.

Erzähltraditionen
‚ausschlachten'

Jede Filmgeschichte ist eine dramaturgisch und rhythmisch gegliederte Ereigniskette von montierten Einstellungen. Jedes Glied dieser Kette trägt Entscheidendes zum Fortgang der Geschichte, zur Ausfaltung des Hauptthemas bei. In diesem Sinn ist jede Einstellung eines Films mit allen anderen Einstellungen des Films verbunden. Verändern Sie in einer Einstellung scheinbar Nebensächliches, kann das im Guten wie im Schlechten starke Auswirkungen auf den Rest des Films haben. Gags, die für sich betrachtet lustig sind, aber nichts zum Thema beitragen, haben in einem anspruchsvollen Film nichts zu suchen. Nur das tatsächlich Erzählenswerte ist Thema eines Films. Die rhythmische Gliederung des Themas hilft uns dann ‚dranzubleiben'.

Alles mit Allem
verbunden

Die berühmt berüchtigte Stunde der Wahrheit kommt für alle Filmemacher am Schnittplatz, wenn sie dort das Material sich-

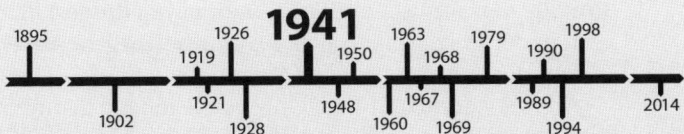

Der Erzähler und das Erzählte

Orson Welles (1915 – 1985) ist einer der Regisseursheroen der Filmgeschichte. Sein Spielfilm ‚Citizen Kane' hat unzählige Nachfolger beeindruckt und beeinflusst. In ‚Citizen Kane' gibt es eine Sequenz, in welcher der Verlauf der Ehe des Zeitungszaren Kane als eine Serie von Frühstücksszenen erzählt wird. Eingeleitet wird die Sequenz durch eine pseudodokumentarische Interviewsituation, in der ein Wegbegleiter des

Abb. 72: ‚Citizen Kane', USA 1941

Paares über ein geheimnisvolles letztes Wort am Totenbett Kanes spricht und es mit der Beziehung des Paares verknüpft. Die Aufnahmen des Erzählers im Film leiten in eine Sequenz am Frühstückstisch des Ehepaars über. In atemberaubender Zeitraffung werden die Stationen der Ehe vom ‚Honeymoon' bis zur Gleichgültigkeit durchlaufen. Von Szene zu Szene altern die Filmfiguren. Die Kamera übernimmt filmisch das Erzählen der vom Wegbegleiter erzählten Geschichte.

Übung

Verkürzen: elliptisches Erzählen
Lassen Sie eine Kurzgeschichte Ihrer Wahl von mehreren Personen in die Kamera nacherzählen. Lösen Sie die Personen in unterschiedlichen Einstellungsgrößen auf. Setzen Sie anschließend aus den überzeugendsten Momenten der jeweiligen Nacherzählungen die Geschichte in verkürzter Form zusammen. Achten Sie auf einen rhythmischen Schnitt.

ten und beurteilen, ob es im wahrsten Sinne des Wortes trägt, um aus den filmischen Bausteinen eine Filmgestalt zu montieren. In der Praxis haben sich bestimmte Vorgehensweisen (Techniken) der Schnittarbeit bewährt:

der Material-
baukasten

Alle verwendbaren Einstellungen legen Sie in einem Materialbaukasten thematisch ab. Die Ordnerstruktur sollte nicht zu kompliziert und die Ordner und Dateinamen einfach und ‚sprechend' sein. Technisch minderwertige Einstellungen sind sogleich auszusortieren. Grenzfälle gehören in eine ‚Extrakiste', die nur geöffnet wird, wenn das vorhandene einwandfreie Material Schnittprobleme bereitet.

Ein häufiger Anfängerfehler ist es, einen Film gleich von Anfang an detailliert durchzumontieren. Es ist von wenigen Ausnahmen abgesehen, nicht zu empfehlen. Der Film sollte zu-

Material
‚hängen'

nächst nur grob ‚gehängt' werden, ohne mit der rhythmisierenden Feinarbeit zu beginnen.

Häufig zeigt der Rohschnitt, dass nachgedreht werden müsste, weil Anschlüsse nicht funktionieren. In den Fällen, in denen sich Aufnahmen nicht wiederholen lassen, ist es eine Kunst (Können), aus dem mangelhaft Vorhandenen doch noch eine anschauliche Gestalt zu entwickeln. Manchmal hilft es dann, die dramaturgische Reihenfolge einer Sequenz radikal umzustellen, manchmal helfen Zwischenschnitte, manchmal eine Serie von

mit Einstellun-
gen und
Sequenzen
spielen

Jump Cuts. Im Regelfall sollten Sie ausreichend Einstellungen im Montagebaukasten abgelegt haben, um den Schnitt ohne Einschränkungen ausführen zu können.

6.3 Handlungen rhythmisieren

Den nächsten Schritt veranschaulichen wir durch ein Gedankenexperiment: Stellen Sie sich in einer eröffnenden Totalen eine

Eröffnungstotale

Rauferei auf einem Schulhof vor. Da wir natürlich mehr über die kämpfenden Kinder erfahren wollen, müssen wir einstellungstechnisch näher heran. Eine Fahrt würde recht lange dauern. Ein Schnitt bringt Sie direkt in das Geschehen. Aber: Schneiden Sie zu abrupt von der Totalen direkt auf weinende Augen im Detail, stellt sich die Frage, wer hier weint, weil in der Totalen die Rangelnden nicht deutlich auseinanderzuhalten sind. Um einer

Einstellungsgrö-
ßen aufeinander
abstimmen

Fehlinterpretation zu entgehen, schneiden Sie zunächst auf eine nahe oder halbnahe Einstellungsgröße aus einer anderen Kameraposition, in der wir beide Kämpfer besser identifizieren können. Erst dann wenden Sie sich in der Großaufnahme einem der beiden Akteure zu.

Die Aufmerksamkeit des Zuschauers wird durch diese Schnittfolge klar und deutlich gelenkt. Zunächst wird der Ort des Geschehens (total) eingeführt. Über die Ernsthaftigkeit der Auseinandersetzung setzt uns eine Halbnah-Einstellung ins Bild. Die emotionale Betroffenheit des Protagonisten erfassen wir in einer Groß-Einstellung. Die gerade beschriebene Einstellungsfolge ist natürlich wieder ein klassischer Dreisprung einer Annäherung an ein Geschehen.

Aufmerksamkeit lenken

Dreisprung
↑ S. 99

Sie fügen der bisherigen Schnittfolge nun eine vierte Einstellung mit einer weiteren Großeinstellung an: Ein Lehrer blickt von seiner Zeitung auf und dreht den Kopf horchend umher. Diese Einstellung formuliert filmisch die Erwartung, dass dieser Lehrer in irgendeiner Weise auf das vorher Gezeigte reagieren wird. In einer Halbnahen sehen wir dann auch, wie die Arme des Lehrers die beiden Streitenden ergreifen und schließlich in einer sechsten Einstellung in einer Halbtotalen die beiden Streithähne trennen. Dann zeigt die Totale, dass sich um die Gruppe der Streitenden der halbe Schulhof versammelt hat. Ein weiterer Schnitt bringt uns in eine Lehrerkonferenz, die offenbar den Streitfall auf dem Schulhof verhandelt. Ein enormer Orts- und Zeitwechsel (eine Ellipse), durch einen Schnitt aber im Nu vollzogen. Damit ist die Sequenz abgeschlossen.

Jede dieser Einstellungen setzt die Handlung fort, bereichert sie jeweils um einen spezifischen Aspekt. Wenige Schnitte reichen aus, um ein soziales Problem ausfaltend zusammenzufassen. Das ist ein paradoxer Befund: Schneiden bedeutet offenbar immer, einerseits etwas zu verdichten und damit zusammenzuhalten, andererseits aber ein Ereignis zu entwickeln und auszubreiten. Durch diese rhythmische Reduktion wird eine eindeutig interpretierbare filmische Gestalt geschaffen.

die rhythmische Gestalt

Übung

100-Meterlauf
Nehmen Sie einen 100 Meter-Sprint aus mehreren Perspektiven (Einstellungsgrößen) auf. Schneiden Sie den Lauf verkürzend mit entsprechenden Trainerreaktionen am Rand der Laufbahn zusammen.

Eine andere Montagestrategie kombiniert ähnliche, aber an sich unabhängige Handlungen. Ein klassisches Beispiel: die Verfolgungsjagd. Zwei Protagonisten laufen durch Straßenschluchten und um Häuserecken herum. Zunächst montieren Sie grob eine Folge, in der der Darsteller in jeder Einstellung von vorne zu sehen ist. Er läuft immer auf die Kamera zu. Im zweiten Fall montieren sie eine Handlungsfolge, in der der andere Darsteller von hinten gezeigt wird. Er läuft vor der Kamera her.

lineare Montage

Übung

Die Verfolgungsjagd 1
Sie lösen die beiden im Text beschriebenen Handlungen durch Einstellungsgrößenveränderung filmisch auf und montieren jeweils einen Clip pro Person.

Die beiden Clips haben offenbar unterschiedliche Aussagen. In dem einen Clip läuft uns jemand entgegen, im zweiten von uns weg. Wenn zwischen diesen beiden Handlungen nun hin und her geschnitten wird, werden die beiden Aktionen aufeinander bezogen. Aus demjenigen, der vor der Kamera herläuft, wird ein Verfolgter, und derjenige, der auf sie zuläuft, wird der Verfolger. Wir haben es im Zusammenschnitt plötzlich mit einem Protagonisten (Spieler) und einem Antagonisten (Gegenspieler) zu tun. Eine Verfolgungsjagd ist filmisch entstanden.

komplementäre Montage

Übung

Die Verfolgungsjagd 2
Montieren Sie aus den beiden Einzelclips einen kombinierten Clip in Form einer Verfolgungsjagd mit verkürzenden Einstellungen zur Spannungssteigerung.

Ein drittes Beispiel: Zwei oder mehrere längere Parallelhandlungen werden abwechselnd verschnitten. Abendfüllende Filmepen organisieren auf diese Weise Schicksale von verschiedenen Familien oder Familienangehörigen. Das Strukturprinzip ist die Episode. Eine zusammenhängende Teilgeschichte wie das Schicksal einer Person wird zu einer Großsequenz verdichtet. Dann wird die nächste Person oder eine andere Familie durch eine weitere Episode charakterisiert. Diese klassische Parallelisierung wird meistens am Schluss eines Films in einer Sequenz mit gemeinsamer Handlung oder Situation aufgelöst. Aus der Interpretation

parallele Großstrukturen

dieser Schlusssequenz rekonstruieren wir die Erzählstränge. Robert Altmans (1925 – 2006) ‚Short Cuts‘ (USA 1993) zeigt zum Beispiel zunächst Bewohner von Los Angeles in ihrem Alltag. Am Schluss erleiden alle Protagonisten dasselbe Erdbeben.

Auch der umgekehrte Fall ist denkbar: Ein gemeinsames Anfangsereignis wird in diverse Parallelhandlungen verzweigt. Dieses Modell ist risikoreich, weil die Spannung in einem ‚müden‘ Handlungsdelta ohne klaren Schluss einmünden könnte. David Lynch (1946*) umgeht das Problem in seinem Film ‚Lost Highway‘ (USA 1997), in dem er den Anfangssatz des Films am Schluss nochmals sagen lässt. Mit diesem Trick verrätselt er das offene Ende und klammert den aus Handlungsfragmenten bestehenden Film in einer Kreisstruktur.

Vermeidung von Handlungsdeltas

Örtliche, zeitliche und sachliche Zusammenhänge werden also durch die Montage zu einer einzigartigen filmischen Gestalt verdichtet. Durch rhythmische Schnitte manipulieren Sie die Intensität dieser Einstellungsfolge. Das filmische Zeitempfinden hat sich allerdings im Laufe der Geschichte verändert. Noch in der klassischen Hollywoodzeit musste im Film realistisch Zeit vergehen, damit die Zuschauer einer Handlung folgen konnten: Bestieg eine Protagonistin einen Fahrstuhl, so sah der Zuschauer stoisch der Etagenanzeige zu, bis eine reale Anzahl von Stockwerken abgezählt war. Erst danach wurde in die entsprechende Etage umgeschnitten, um die Protagonistin aus dem Fahrstuhl herauskommen zu sehen.

Zeitempfinden manipulieren

Mit den Schnittexperimenten der französischen Nouvelle Vague, spätestens aber mit der Musikclipästhetik ist es mit dieser Gemächlichkeit vorbei. Heute tolerieren die Zuschauer extreme Zeitverkürzungen (Ellipsen), fordern sie geradezu.

Nouvelle Vague

Übung

Treppensteigen
Lassen Sie Ihren Protagonisten eine lange (Wendel-)Treppe hinauf steigen und lösen Sie den Weg in verschiedene Einstellungen auf. Schneiden Sie anschließend die Szene in drei Clipvarianten: gemächlich, eilig, gehetzt.

Wer dagegen mit langen Einstellungen arbeitet, sollte in jedem Fall faszinierende Landschaften oder gute Schauspieler und Mitwirkende aufbieten, die mit ihren ‚Gesichtslandschaften‘ und beeindruckenden Gesten die Einstellungen trotz epischer Lang-

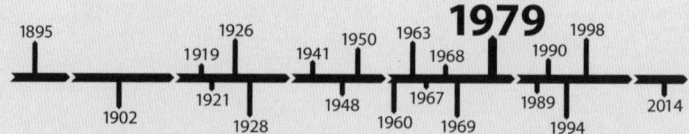

Schönheit und Vergänglichkeit

Andrej Tarkowskij (1932 – 1986) schuf großartige Filmepen. Er konzipierte und inszenierte seine Filmfiguren aus der Poesie der Orte und Landschaften heraus. Die Dialoge sind alltäglich, aus ihnen ist eine tiefere Bedeutung kaum zu entnehmen. Der Fortgang der Handlung ist unberechenbar, obwohl alles seinen stetigen Gang geht. Tarkowskij-Filme schaut

Abb. 73: ‚Stalker', UdSSR 1979

man sich vielleicht am besten an, als ob man die erhabene Schönheit des Meeres, des Hochgebirges oder eines Flusslaufes ergründet.

Tarkowskij erforscht in seinen Filmen das Phänomen ‚Zeit'. Für ihn ist das Nacheinander der Uhrzeit uninteressante Zeit. Erst das Mitsehen der Vergänglichkeit, der Patina, des ehrwürdigen Rostes, der alternden Haut, einer zerbrochenen Schüssel, aber auch das Mitsehen unserer Träume erschließt die Bedeutung des Gegenwärtigen.

Übung

Epische Langsamkeit
Erkunden Sie mit der Kamera einen Stadtteil, einen Park, einen Campingplatz, eine Industriebrache. Suchen Sie nach Spuren der Vergänglichkeit. Montieren Sie aus den Fragmenten das Gefühl von Melancholie, die sich aus der Erfahrung von vergänglicher Schönheit speist.

samkeit füllen können. Wem dies nicht zu Gebote steht, der
muss schneiden. Das Geheimnis des unterhaltsamen Films ist
der rhythmische Austausch von Wahrnehmungsinhalten.

epische
Langsamkeit

6.4 Rhythmusstörungen

Das ‚Kerngeschäft' des Filmens ist das Festhalten eines Ereignisses vor der Kamera mit der Kamera (Kinematografie). Das Geschehen wird in Einstellungen aufgelöst und anschließend
durch Schnitt in eine montierte Form gebracht. Was sich einfach
anhört, ist in der Praxis außerordentlich schwierig. Die Verdich-
tungsaufgabe heißt ‚Schnittkontinuität', und sie ist besonders
dann eine Herausforderung, wenn mit nur einer Kamera gearbeitet wird. Um unter diesen Bedingungen Kontinuitätsfehler
zu vermeiden, müssen Sie die Setbedingungen strikt kontrollieren, auch wenn dies zu Zumutungen für Team und Darsteller
führt. Einige Beispiele:

Überwachung von
Kontinuität

In einer Szene wird ein Glas Saft
ausgetrunken oder ein Teller Linsen-
suppe gegessen. Selbstverständlich
sollte der Saftstand im Glas und die
Füllung des Tellers dem natürlichen
Verlauf der Szene entsprechen. Werden Einstellungen wiederholt, müssen die Requisiten genau an den Ort
und in den Zustand zurückversetzt
werden, wie sie zu Beginn der vorheri-
gen Einstellung ausgesehen haben.
Läuft ein Filmprojekt über mehrere
Wochen, wird von Laiendarstellern
gerne mal der Friseur aufgesucht. Ein
veränderter Haarschnitt, Dreck am
Auto, eine andersfarbige Bluse, die
optischen Fallen, in die Sie hineintap-
pen können, sind vielfältig. Im Spielfilm gibt es deshalb für diese Aufgabe
spezielles Personal. Trotz Vorsichts-
maßnahmen schleichen sich aber
auch dort Fehler ein wie in der be-

Abb. 74: Zwei Anschlussfehler

rühmten Hollywoodproduktion ‚Casablanca‘ (USA 1942), wenn Rick (Humphrey Bogart) durch strömenden Regen läuft, im direkten Schnittanschluss sein Trenchcoat im Bahnhof aber absolut trocken ist.

In einer Videoproduktion sollte die Kontrolle der produzierten Einstellung kein Problem sein, weil man sich die entsprechenden Aufnahmen sofort in der Kamera ansehen kann. Für das dokumentarische Arbeiten ist diese Methode ausreichend. Macht man einen Spielfilmclip, ist es zusätzlich sinnvoll, wenn mit einer digitalen Fotokamera nicht nur die Szene selbst dokumentiert wird, sondern auch der Szenenaufbau (Einsatz von Beleuchtungsmitteln, der Schienenverlauf eines Kamerawagens, Hilfskonstruktionen wie Anhebungen einer Lauffläche hinter einem Tisch).

Rhythmus-störungen

Ebenso ‚tödlich‘ für die Raumzeitillusion sind Rhythmusstörungen zwischen den Einstellungen. Stellen Sie sich in einem Gedankenexperiment folgende Geschichte vor: Ein Darsteller geht auf eine Tür zu, er öffnet die Tür und verlässt den Raum. Sie lösen die Handlung in drei Einstellungen auf. Der Darsteller geht in einer Halbtotalen auf die Tür zu, seine Hand knallt in groß auf die Klinke und drückt sie hinunter, in einer zweiten Großeinstellung ruckt die Tür einen Spalt auf und der Kopf des Darstellers wischt hinaus. Auf dem Drehset erleben Sie diese Geschichte aber völlig anders: Die Totale bekommen Sie schnell in den Kasten. Aber während der Darsteller wartet, um in der Großeinstellung auf die Klinke zu hauen, ‚verreckt‘ ein Akku. Nach einigen Minuten kann die Großeinstellung aufgenommen werden. Sie kontrollieren die Aufnahme und stellen fest, dass die Lichtkontinuität nicht stimmt. In der Großaufnahme wirft die Hand einen unangenehmen Schatten auf die Klinke. Das Team probiert lange herum, um die richtige Lichtstimmung hinzubekommen. Inzwischen hat sich der Darsteller auf einen freien Stuhl gesetzt und etwas getrunken. Warten ist beim Filmemachen nicht ungewöhnlich, kann aber dazu führen, dass der gelangweilte Darsteller in der Folge unkonzentriert spielt. In der Hektik der Dreharbeiten fällt zudem dessen Anschlussfehler niemanden auf. Aber am Schnittplatz folgt dann der dynamischen Bewegung in einer Totalen eine Großaufnahme mit zögerlich tastender Hand. Die Folge ist der Zusammenbruch der filmischen Illusion. Der Herzschlag des Films, sein Montagerhythmus flimmert. Die Szene ist verdorben.

Zusammenbruch der Filmillusion

Klinkenanschluss
Inszenieren Sie die im Text beschriebene Szene ‚Klinkenanschluss'
in einer gelungenen und misslungenen Variante. Wie viel Toleranz
im Tempo ist in einer montierten Bewegung möglich?

6.5 Der Zwischenschnitt oder der ‚filmische Bypass'

Wenn Kontinuitätsprobleme auftauchen, müssen die Cutter chirurgische Maßnahmen durchführen. Über eine defekte Schnittstelle wird ein filmischer Bypass gelegt: der Zwischenschnitt oder ‚Zwischni'. Das ist nicht schön, eine Notlösung, aber man kann in vielen Fällen das ‚Leben' eines Films retten. Es gibt verschiedene Arten des ‚Zwischnis'.

Zwischenschnitt

In der ‚Grammatik' des Films finden Sie die sogenannte ‚Eröffnungstotale', mit dem eine Szene häufig begonnen wird. Diese Einstellung bietet zunächst eine Überblickstotale eines Ereignisses. Wenn Sie in dieser Einstellungsgröße die gesamte Szene einmal komplett durchdrehen, lässt sich diese Totale sehr häufig als ‚Rettungstotale' verwenden. Das heißt: Wenn die Anschlüsse in den näheren Einstellungsgrößen nicht gut aufeinander abgestimmt sind oder ein Kontinuitätsfehler auftritt, dann schneiden Sie in diese Totale zurück. Eine Totale ist visuell komplex, so dass leichte Anschlussfehler nicht oder nur sehr aufmerksamen Beobachtern auffallen. Die Rettungstotale ist eine Variante des ‚Zwischnis'.

Zwischenschnitte in Interviews sind im dokumentarischen Film ein Stan-

Abb. 75: Ein berühmter Zwischenschnitt:
der Mond zwischen dem menschlichen und dem
angeschnittenen Kuhauge in dem Film
‚Der andalusische Hund' (Frankreich 1929)

dardverfahren. Einzelne Bücher einer Bücherwand oder ein Blumenbeet werden als Zwischenschnitt eingesetzt, um einen Tonschnitt zu kaschieren. Hintergrund dieser Praxis ist die Notwendigkeit, Interviews einzukürzen: Tonschnitte fallen kaum auf. Im Bild aber gibt es an der Schnittstelle einen ‚Zappler‘, weil sich eine bewegende Figur ruckartig verändert, die Einstellungsgröße und meistens auch der Hintergrund aber konstant bleiben. Gerne werden in diesem Zusammenhang ausdrucksstarke Hände dazwischengeschnitten. Der Tonschnitt ist dann durch einen ‚Zwischi‘ mehr schlecht als recht verdeckt.

verdeckender Zwischenschnitt

Im Spielfilm können Sie Panoramaaufnahmen in ähnlicher Weise verwenden. Hier wirken sie allerdings meistens noch unangebrachter, weil in einem Spielfilm, der eine eigene Welt erzählt, ablenkende Wegsprünge aus der Handlung einen interpretatorischen Eigenwert bekommen.

In allen sinnvollen Zwischenschnitt-Fällen geht es darum, Bilder zu finden, die in irgendeiner Weise inhaltlich oder ästhetisch auf das Thema bezogen bleiben, ohne aber in der Handlung oder den Ereignissen eine aktive Rolle zu spielen (Abb. 75). Nur in diesem Fall lassen sie sich problemlos als Montageelement der Handlung verwenden.

schöpferischer Zwischenschnitt

6.6 Alltägliches verwandeln

Film und Fernsehen öffnen kein Fenster zur Welt. Filme faszinieren nicht durch Verdoppelung der Lebensumwelt, sondern weil sie auf ihre filmisch verdichtende Art die Zuschauer ansprechen. Sie schaffen eine eigene medial gebundene Sicht auf die Dinge. Sie tun dies, indem sie bestimmte Aspekte des Alltäglichen in konzentrierter Form zusammenfassen und präsentieren. Da die Montage die alltägliche Zeit zur sensationellen Filmzeit verkürzt, ist sie das Musterbeispiel für die mediale Umwandlung unserer realen Erfahrungen in eine filmische Erfahrung.

mediale Wirklichkeiten ↑ S. 13ff.

Um die Filmzeit noch dichter zu machen, können Sie zusätzlich zum verkürzenden Schneiden einzelne Einstellungen beschleunigen, verlangsamen oder rückwärts laufen lassen. Insbesondere das Beschleunigen bietet sich an, wenn das Geschehen an einem Ort dynamisiert werden soll. Die Zeitlupe ist andererseits ein Stilmittel, um Bewegungen zu ästhetisieren. Zeitmanipulationen sind heute gängige Postproduktonsmittel, wie in fast

Zeitmanipulationen

Abb. 76: Die Zeitlupe

jeder neueren Naturdokumentation zu sehen ist, wenn Wolken oder Meeresbrandung verlangsamt oder beschleunigt werden.

In der Nachbearbeitung lassen sich auch die Farben als Verdichtungselement verändern. Die Wirkung von Einstellungen, Sequenzen und ganzen Filmen ändert sich durch das einfarbige Einfärben aller Einstellungen. Eine durchgängige Blautönung macht die Anmutung kalt, eine Sepiaeinfärbung gibt einem Film eine historisierende Anmutung. Durch Manipulation der Farbsättigung können Farben entweder ins ‚Bonbonfarbende‘ gesteigert oder zu ‚Schwarzweiß‘ entsättigt werden.

künstliche Farben

Die bunte Steigerung bringt eine grelle, poppige Anmutung, während das Absenken der Farben häufig die Szenerie scharfkantiger macht, weil weniger die Farb- als die Kontrastwirkung des Hell und Dunkel in den Vordergrund rückt (Abb. 77).

Auf jeden Fall sorgen gesteigerte Kontraste und Farbmanipulationen dafür, dass der Film aus der alltäglichen Wahrnehmung herausgehoben wird, ob veredelt oder verkitschend lässt sich nur im Zusammenspiel mit dem jeweiligen Inhalt entscheiden.

Herausschneiden aus der Alltäglichkeit

Manipulationen der Einstellungen schaffen einen unverkennbaren Rhythmus und eine außergewöhnliche, nicht alltägliche, verdichtete filmische Gestalt.

Abb. 77: Der Experimentalfilm ‚Pader-Emergenzen' arbeitet sowohl mit Kontrastun-
terschieden als auch mit Farbverfälschungen.

Der Maler und Experimentalfilmer Hans Richter wies schon in einer der ersten Filmgestaltungslehren auf das Grundphänomen ‚Rhythmus' hin. Rhythmische Montagearbeit ist immer auch verdichtende Einstellungsarbeit (Découpage):

> „Der Rhythmus ist die Grundform, das Skelett eines Films – sofern er Kunst ist. (...) In der Montage liegen die wichtigsten Kompositionsmittel. Und da erst durch die Montage der Film seine letzte Fassung erhalten kann, so muß jede Arbeit des Kameramanns auf die spätere Montage berechnet sein: (...) noch als Rohmaterial, aber doch schon genau im Tempo, der Form, dem Ton, der Bewegung, dem Rhythmus, (...)."[2]

Übung

Farbenspiel
Nehmen Sie eine Straßenszene in verschiedenen Einstellungsgrößen auf und verändern Sie im Schnittprogramm die Farben (Entsättigung oder Farbübersteuerung). Erschaffen Sie ein malerisches Pulsieren.

7. Klanggestalt und filmischer Rhythmus

7.1 Filmton und Sounddesign

Der Filmton ist etwas, das man leicht unterschätzt.

Viele Filmzuschauer verlangen angeblich vom audiovisuellen Film wenig mehr, als den zum Bild passenden Ton synchron zu hören. Ein zweites Vorurteil lautet, dass der Ton ästhetisch und technisch einfach aufzuzeichnen und zu bearbeiten sei. Beides trifft so pauschal nicht zu.

Tonaufnahme ↑
S. 53ff.

Übung

Ein Hör-Experiment
Stellen Sie sich an eine Straße und horchen Sie mit geschlossenen Augen auf die Umgebungsgeräusche. Überlegen Sie, ob Sie sich allein auf den Hörsinn verlassen wollen, um die Straße zu überqueren? Wenn ja, bitten sie einen Helfer dazu, der aufpasst.

Während die Augen schnelle Bildeindrücke liefern und Filmbilder deshalb auf einen Blick einleuchten, sammeln wir über die Ohren andere wichtige Informationen. Insbesondere die gesprochene Sprache eröffnet einen von den Bildern unabhängigen Kosmos. Und sogar simple Geräusche bieten verblüffend hörenswerte Zugänge zur Welt. Häufig alarmieren sie uns, bevor wir die Gefahrenquelle sehen oder versetzen uns wie die Musik

Zugänge zur
hörbaren Welt

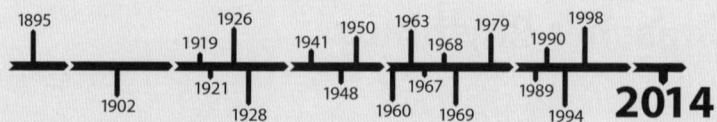

Koexpressivität

Der Kunstwissenschaftler Erwin Panofski (1892 – 1968) prägte den Begriff ‚Koexpressivität' in der Zeit des Übergangs vom Stummfilm zum Tonfilm. ‚Koexpressiv' nennt er eine synchrone Tonfilmeinstellung, das heißt: Bild und Ton vermitteln gleichzeitig ein und dasselbe nur auf unterschiedlichen Wahrnehmungskanälen. Heute nennen wir dies ‚ON-Ton'. Häufig hören wir in Filmen aber Töne,

Abb. 78: ‚Birdman or (The Unexpected Virtue of Ignorance), USA 2014

ohne dass das Bild zeigt, wodurch sie erzeugt werden. Man spricht in diesem Fall vom ‚OFF-Ton'. In der Montage werden ON und OFF kreativ verwendet.

In Alejandro González Iñárritu's (1963*) Film ‚Birdman' wird der improvisierte, jazzige Drumsound eines Schlagzeugers sowohl als treibende Filmmusik in Studioqualität (OFF-Ton) als auch als realistischer ON-Ton in der Szene verwendet. Die Szene beginnt im OFF: Die Kamera fährt vor den beiden Darstellern (Michael Keaton, Edward Norton) her. Dann wirft Michael Keaton eine Münze in einen Spendenbehälter (wir hören nur das metallische Münzgeräusch im OFF). Die Kamera verweilt im Anschluss einen Moment auf dem Schlagzeugmusiker im ON, bevor sie den beiden Darstellern hinterher hastet und die Musik wieder zur OFF-Tonmusik wird. Durch den ON-OFF-Wechsel setzt der Regisseur eine kunstvolle Pause im Dialogfeuerwerk.

Übung

ON-OFF-Wechsel
Inszenieren Sie eine Spielszene, in der die musikalische Untermalung aus dem OFF ins ON wechselt. Die Musik ist zunächst Filmmusik, wird dann Teil der Handlung. Ob das die live gespielte Musik eines Straßenmusikers oder Musik aus einem Radio ist, spielt dabei keine große Rolle.

in eine besondere Stimmung. Wird der Bildeindruck also mit Sprache, Sounds und Musik zusammenmontiert, entsteht eine eigentümliche audiovisuelle Welt, die es in der Realität nicht gibt.

Der audiovisuelle Film ist ein Medium, das zwei Sinne bespielt, und deren Wechselwirkungen Sie im Prozess des Filmemachens genau berücksichtigen sollten. So unterscheiden wir analog zu den beiden Einstellungsarten (Produktionseinstellung und montierte Einstellung) auch im Ton zwei Grundtypen:

Ton im Film

> ,Filmton' heißen die technisch fixierten Geräusche, Klänge und sprachlichen Äußerungen.
> ,Sounddesign' nennen wir das anspruchsvoll montierte Tonmaterial.

Sowohl in der Produktion von Filmton als auch in der Postproduktion von Sounddesign geht es um ein Fertigungskönnen und eine Vorstellungskraft, die eine Klanggestalt kontrolliert hervorruft. Es leuchtet unmittelbar ein, dass der Rhythmus und das Rhythmusgefühl, die schon in der Montage der Bilder eine fundamentale Rolle spielten, auch im Sounddesign entscheidend sind.

Klanggestalt und Rhythmus

7.2 Das Ausgangsmaterial

Das Sounddesign eines Films ist eine Symbiose aus vielfältigen, unterschiedlichen Tönen. Um sie grob zu unterscheiden, klassifizieren wir das Ausgangsmaterial in Geräusche, Klänge und Sprache.

Geräusche, Klänge, Sprache

Wir sind im alltäglichen Leben von vielfältigen Geräuschen umgeben. Auf die meisten geben wir nicht Acht, denn das natürliche Hören ist eine ganzheitliche Erfahrung oder besser gesagt: Das Hören trägt zu einer ganzheitlichen Wahrnehmung der Welt bei.

ganzheitliche Alltagswahrnehmung

Um uns von unsinnigen, irritierenden Geräuschen zu entlasten, blenden wir viele Umgebungsgeräusche psychoakustisch aus. Nur Geräusche, die durch Lautstärke und Frequenz aus dem Grundrauschen heraustönen, nehmen wir bewusst wahr, um ihren Gehalt zu prüfen. Dabei informieren uns Töne sehr genau über die Welt. Im Grunde ist das Hören viel präziser als das Sehen. Wenn Sie in einem kleinen Experiment eine Gitarrenseite einmal akustisch, ein anderes Mal optisch in zwei gleiche Abschnitte teilen, werden Sie beobachten, dass Ihr Hörsinn perfekt die Proportionen erkennt, während der Sehsinn nur eine Schätzung liefert.

Objektschall

Da wir sehr genau hinhören können, wenn wir es wollen, lassen sich Gegenstände auf ihre Materialeigenschaften hin akustisch bestimmen. Jedes Ding ist ein aus unterschiedlichen Tönen zusammengesetztes spezifisches Soundobjekt. Am jeweiligen Klang erkennen wir, ob ein Gegenstand aus Holz, Metall oder Plastik besteht, ob er ein Hohlkörper oder massiv ist. Wir gleichen das gehörte Geräusch mit Erinnerungen ab und können sogar Vermutungen über die Größe des Gegenstandes anstellen. Wir unterscheiden Objekte, die einen Eigensound haben (Motor) vom Zusammenstoß zweier Objekte (Verkehrsunfall).

Nachsynchroni-sation

Dieses Hören von Objekten ist nützlich, allerdings lässt die Eindeutigkeit der Objektgeräusche manchmal zu wünschen übrig. Ein plätschernder Bach ist zum Beispiel von waschenden Händen nicht immer zu unterscheiden. Was in der alltäglichen Wahrnehmung als Mangel erscheint, bietet Ihnen in der Nachsynchronisation kreative Möglichkeiten: Um einen Faustkampf zu simulieren, klopfen sie einfach mit ihrer Faust ein Stück Fleisch weich.

Raumqualität

Objektgeräusche verweisen aber nicht nur auf den Gegenstand, sie kommen in einer realen Umwelt immer in einer typischen Ortsumgebung vor. Ein Objektschall zeigt daher die Qualität des umgebenden Raums an.

Übung

Händeklatschen
Machen Sie Tonaufnahmen von klatschenden Händen in Räumen mit unterschiedlicher Hallqualität – einer Kirche, einem Treppenhaus, Ihrem Wohnzimmer oder Bad usw. Bewerten Sie die Qualität in einer Reihe von „sehr hallig" bis „schalltot".

Hintergrund-rauschen

Die Raumeigenschaften, angereichert durch ein spezifisch ‚unspezifisches' Hintergrundrauschen (Straßenlärm, Kneipenatmosphäre) sind wiederum die Ortskennung für die Dialoge und Geräusche im Vordergrund einer Einstellung.

Was bedeutet das technisch? Die Standardaudiotechnik reduziert den akustischen Rundumeindruck auf eine stereophone oder monophone Tonwiedergabe. Die Töne kommen dann entweder direkt aus dem Bildschirm oder spannen einen kleinen Stereoraum im Bildschirm auf.

Im monophonen Fall ist es nur die Lautstärke der Objekte im Verhältnis zum Hintergrundgeräusch, die Hinweise auf den akustischen Raum gibt. Die Aufgabe der Tonleute ist in diesem Fall einfach beschrieben: Jeder relevante Schall (Objektton, Sprache oder Musik) muss präzise vom Hintergrundrauschen getrennt aufgenommen werden. Alles Weitere geschieht in der Postproduktion. *Monophonie*

Der Stereofall ist komplizierter. Hier müssen Sie die Töne *Stereophonie* nicht nur in den Lautstärkeverhältnissen korrekt darstellen, sondern auch die Töne in der Seitenpositionierung den Bildereignissen zuordnen. Stereophone Filme sind eine Aufgabe für Fortgeschrittene. Die komplexe Aufnahmesituation bietet diverse Fehlermöglichkeiten für die Tonanschlüsse zwischen den Einstellungen. Alles in allem eine komplexe Herausforderung und daher der Grund, warum in dieser Einführung nur der monophone Fall in den Blick genommen wird.

Arbeiten Sie in den ersten eigenen Produktionen auf jeden Fall monophonisch.

7.3 Komplexe Hörbeziehungen

Hören bedeutet nicht nur hin- sondern auch zuhören, auf die Bedeutung der Tonschwingungen zu achten, denn Sound ist kein einfaches physikalisches Phänomen. Sound hat psychische *Hin- und* Wirkungen und symbolische Bedeutung. Der Titel eines amerikanischen Pop-Songs bringt es auf den Punkt: ‚Good Vibrations‘. *‚Good Vibra-* Mit Hilfe des Schalls lassen sich Gefühle bestens manipulieren: *tions‘* Wohlbefinden, Angst und Schrecken, Begierde, das Sounddesign eines Films liefert dem Bild den emotionalen Subtext.

Wir unterscheiden grob drei Schalltypen: Töne, Geräusche, Klänge.

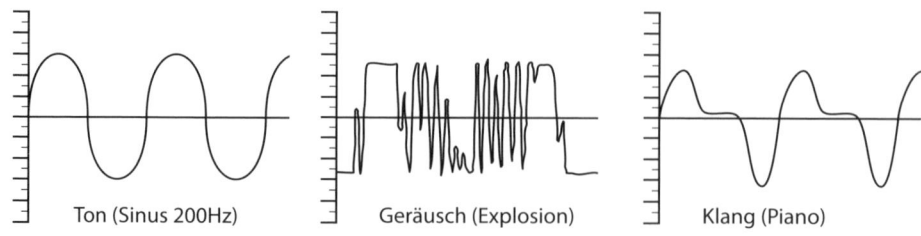

| Ton (Sinus 200Hz) | Geräusch (Explosion) | Klang (Piano) |

Abb. 79: Ton, Geräusch, Klang (illustrative Vereinfachung von Kurvenverläufen)

Einfache Töne, also Schall genau einer Frequenz, kommen in der natürlichen Umwelt so gut wie nicht vor. In technischen Zusammenhängen nutzen Techniker solche Töne für Testzwecke, zum Beispiel um einen definierten Pegelton zu erzeugen.

Klang

Ein Klang ist ein zusammengesetzter Toncluster, in dem ein Grundton mit charakteristischen Obertönen zusammen erklingt. Die angeschlagene Klavier- oder Gitarrenseite ist ein solches harmonisches Klangereignis. Wir empfinden es als angenehm, weil es ein erkennbares Ordnungsmuster von verwandten Tönen ausbildet.

Geräusch

Ein Geräusch ist dagegen ein Schallereignis ohne erkennbares Muster oder mit konkurrierenden akustischen Teilmustern.

Diesen Schalltypen können unterschiedliche ästhetische Funktionen zugeordnet werden. Sie können als Lärm empfunden werden oder Objekte im Raum indizieren.

Musik

Komplizierter als die einfachen natürlichen Schallereignisse ist das Phänomen ‚Musik'. Musiker produzieren aus Schällen nach eigenen Maßstäben eine künstliche akustische Ordnung. Sie verwenden dafür Instrumente oder die menschliche Stimme und seit dem 20. Jahrhundert auch Geräusche als Rohmaterial (Sample).

                                                                  Übung

Die Bild-Musik-Beziehung
Filmen Sie einen Fahrradfahrer in vielen Einstellungen. Schneiden Sie die Fahrt einmal auf ein schnelles, einmal auf ein langsames Musikstück.

‚Spreche'

Noch komplexer als Musik ist die gesprochene Sprache, im Folgenden auch ‚Spreche' genannt. Normalerweise werden wir uns der Sprache als Sprache nicht bewusst. Wir nutzen sie einfach, um uns zu informieren und Gespräche zu führen. Gesprochene Sprache (Spreche) ist aber auch ein Schallereignis, das Wohlklang oder Geräusch sein kann, das uns anspricht oder abstößt.

Vom einfachen Ton zur Spreche nehmen die Schallereignisse stetig an Komplexität zu. Musik und Spreche sind zudem die zwei bedeutendsten akustischen Konstruktionsmittel des audiovisuellen Films. Deren dramaturgische und ästhetische Konsequenzen müssen Sie auf jeden Fall vor dem Dreh durchdacht haben (Drehbuch) und während des Drehs und der Montage präzise kontrollieren (Regie).

audiovisuelle Wechselwirkungen einplanen

7.4 Technisches Hören

Das Objektiv einer Kamera hat seine ‚subjektiven' Seiten. Ein analoges Phänomen finden Sie beim technischen Hören. Die akustische Aufzeichnungs-, Bearbeitungs-, und Wiedergabetechnik reduziert die natürliche Hörvielfalt gemäß ihrer technischen Einschränkungen und liefert unter Umständen störende Artefakte.

‚Subjektivität' des Objektivs ↑ S. 57ff.

Da sind zunächst die Eigenheiten von Mikrofonen zu nennen. Nach ihrer Funktionsweise unterscheidet man Kondensator-, Elektret- oder dynamische Mikrofone. Diese unterschiedlichen Mikrofontypen weisen verschiedene ‚Subjektivitäten' auf.

Mikrofontypen

Kondensatormikrofone gelten als klangneutral. Ihre Schallwiedergabe wird aber von einigen Menschen als steril und kalt (überpräzise) empfunden.

Kondensatormikrofon

Elektretmikrofone sind recht klein und robust und werden gerne für extreme Außenaufnahmen (Sportereignisse, schlechte Wetterverhältnisse) genommen. Sie finden sie aus demselben Grund auch in Handys. Elektretmikrofonen hört man allerdings das ‚Mikrofonische' deutlich an, das heißt: Sie geben Schall weniger realitätstreu wieder.

Elektretmikrofon

Dynamische Mikrofone sind die Arbeitspferde der Tonaufnahme. Ihre Aufnahmequalität gilt als relativ ‚sauber', also wenig im Klang verfärbt. Auch die dynamischen Mikrofone sind sehr robust.

dynamisches Mikrofon

In die Kamera eingebaute Mikrofone haben den Nachteil, dass sie zumeist nicht nah genug an die Schallquelle heran gebracht werden können. Außerdem zeichnen sie Eigengeräusche der Bedienvorgänge an der Kamera auf.

Kameramikrofon

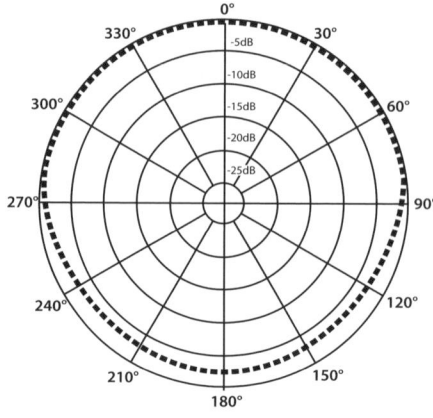

Abb. 80: Kugelcharakteristik

Entscheidende ästhetische Konsequenzen hat die sogenannte Charakteristik der Mikrofone. Wir können sie mit der Brennweite beim Objektiv vergleichen:

Die sogenannte Kugelcharakteristik funktioniert wie das denkbar extremste Weitwinkel. Jeglicher Schall wird von einem Mikrofon mit Kugelcharakteristik gleichwertig aufgezeichnet, ob er nun vorne oder hinten, links oder rechts, oben oder unten ertönt. Einzig die Entfernung zum Mikrofon hat Einfluss auf die Aufnahmequalität. Die Lautstärke nimmt mit der Entfernung zum Mikrofon ab. ‚Kugeln' haben für Interviewsituationen mit wenig Nebengeräuschen im Hintergrund den Vorteil, dass das Mikrofon zwischen Interviewer und Interviewten nicht hin- und her geschwenkt werden muss. Dadurch werden Reibe- und Schlaggeräusche durch das Schwenken des Mikrofons vermieden. ‚Kugeln' sind aber nur sinnvoll, wenn Interviewer und Interviewter denselben Abstand zum Mikrofon einhalten.

In der Praxis wird gerne mit der sogenannten Nierencharakteristik gearbeitet. Das Bild der ‚Niere' soll veranschaulichen, dass der Aufnahmeraum eingeschnürt oder verengt ist. Nach vorne und nach hinten wölbt sich der Aufnahmeraum unterschiedlich auf, die Ränder links und rechts des Mikrofons sind zum Teil abgefiltert. Weil mögliche Störgeräusche, die aus seitlich eindringenden Quellen stammen, weggedämmt werden, können wir den Pegel vorsichtig anheben und dadurch entfernte Schallquellen vorne lauter machen. Dadurch scheinen wir psychoakustisch näher an die Schallquelle heranzukommen. Wie bei der Brennweite ist dieser Effekt aber nur virtuell, es ist ein technischer Trick, keine wirkliche Annäherung.

Mikrofoncharakteristik

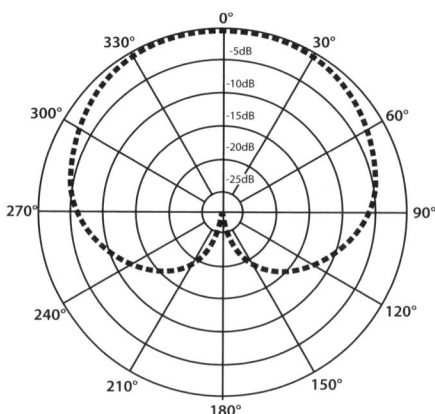

Abb. 81: Nierencharakteristik

Abb. 82: Keulencharakteristik

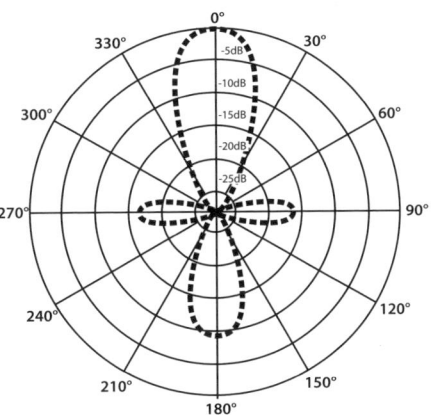

Der Effekt wird von Mikrofonen mit Richtcharakteristik ('Superniere' oder 'Keule') gesteigert. Die bildstarken Benennungen dieser Mikrofontypen veranschaulichen das Ausmaß der Filterwirkung. Die 'Keule' arbeitet wie ein extremes Teleobjektiv: Die akustischen Ränder werden stark reduziert und die Schallaufmerksamkeit auf den vorderen Bereich konzentriert.

Aber Vorsicht! Den Raum, der hinter der Nutzschallquelle zu hören ist, kann man nicht dämmen. Im Gegenteil: Dieser Hintergrund wird, analog zum Teleobjektiv, unangenehm betont, und sie fangen sich ungewollt irritierenden akustischen 'Schmutz' auf der Aufnahme ein. Auch für ein Mikrofon mit Richtcharakteristik gilt also die Regel: So nah wir möglich ran. Dabei ist Kreativität und manchmal auch sportlicher Einsatz der Tonleute gefragt. Tonleute müssen schon mal auf einem Kleiderschrank hocken oder unter einen Wohnzimmertisch kriechen, um von der Kamera ungesehen das Mikrofon an die Schallquelle heranzubringen.

Grenzen der Richtmikrofone

Kleine Funkmikrofone, in der Kleidung versteckt, sind sicherlich hilfreich, aber anfällig für Störgeräusche, wenn zum Beispiel Kleiderfalten über das Gehäuse streichen und Kratzgeräusche verursachen. Und: Erschwingliche Funkmikrofone sind immer auf ihre Wiedergabetreue hin zu überprüfen.

Funkmikrofone

Für komplizierte Drehorte mit mehreren Darstellern oder Mitwirkenden reicht ein Mikrofon in der Regel nicht aus. Für Einstellungen diesen Typs, im Spielfilm nicht ungewöhnlich, wird für jeden Darsteller ein eigenes Mikrofon benötigt, um das jeweils Gesagte sauber, ohne Störgeräusche aufzunehmen. Eine Alternative zu mehreren oder gar zu Funkmikrofonen ist eine Tonangel, mit deren Hilfe Sie ein Mikrofon von oberhalb der Szene nachführen können. Das klingt im ersten Moment verführerisch einfach. In der Ausführung zeigt sich allerdings, mit wie viel eingeübtem Feingefühl diese scheinbare Hilfstätigkeit ausgeführt werden muss, damit ein brauchbarer Ton produziert wird.

Mehrfachmikrofonierung

Tonangel

Sie dürfen auf keinen Fall den Aufwand unterschätzen, den Sie treiben müssen, um einen verwendbaren Filmton zu produ-

Ziel: ‚sauberes'
Tonmaterial

zieren. Nichts ist ärgerlicher an einem audiovisuellen Film als schöne Bilder von tollen Drehorten und überzeugenden Darstellern, die aber schlecht zu verstehen sind, weil Straßen- oder Kneipengeräusche den Nutzton untergehen lassen. Unverzeihlich ist das Rauschen von Mikrofonen und Verstärkern, weil die Aufnahme schlecht ausgesteuert ist.

Funktion und
Grenzen des
Aussteuerungs-
instruments

Kopfhörer

Der am Aussteuerungsinstrument richtig ausgesteuerte Pegel zeigt an, dass kein Geräterauschen durch Untersteuerung oder eine Verzerrung durch Übersteuerung entsteht. Nicht mehr, nicht weniger. Die Aufnahmequalität kann grundsätzlich nur psychoakustisch durch Mithören beziehungsweise nachträgliches Abhören kontrolliert werden. Störgeräusche wie Brummen oder ein hochfrequentes Pfeifen, Trittschall oder irgendwelche Fremdgeräusche erkennt ein Aussteuerungsinstrument nicht. Es ignoriert auch schwitzige, nervöse Finger, mit denen ungeübte Tonleute Reibegeräusche am Mikrofon erzeugen. Die Quellen von Störtönen sind unzählig, jeder Drehort hält neue unangenehme Überraschungen parat.

> Ein Aussteuerungsinstrument allein garantiert keine gute Aufnahme. Prüfen Sie den Ton während der Produktion im Kopfhörer.

psychoakusti-
sche Qualitäts-
kontrolle durch
Abhören

Auch die klangliche Qualität kann keine Maschine, sondern nur ein Mensch beurteilen. Ob das Klangspektrum dünn oder dick klingt, also einen geringen oder eher weiten Frequenzumfang bietet, auch dies zeigt das Aussteuerungsinstrument nicht an. Insbesondere die Raumqualität bedarf einer genauen Beurteilung. Denn ist der Raum hallig, leidet die Verständlichkeit der Sprache. Verschluckt der Raum dagegen durch viele Vorhänge bestimmte Klanganteile, klingt die Aufnahme ‚muffig' und wenig prägnant. Natürlich ist auch das Lautstärkeverhältnis von Dialogen und Hintergrundgeräusch psychoakustisch genau zu bewerten.

7.5 Soundästhetische Prinzipien

Der Ton dient dem Bild, gewiss, aber der Ton als Sound hat seine eigenständige Aussagequalität. Im einfachen Fall verstärkt das Sounddesign, weil das Ohr nach einer akustischen Verdeutli-

chung der Szene verlangt, jene Geräusche und Klänge, die in der
Originalaufnahme nur sehr leise oder überhaupt nicht zu hören
sind.

In durchdachten Filmen haben diese Zusatzsounds immer
einen dramaturgischen Wert. Sie zeigen bestimmte wichtige Ereignisse akustisch an, machen uns auf ein Detail oder eine Stimmung aufmerksam, welche ohne den akustischen Aufmerker
untergegangen wären. Das Schreiben mit einem Füllfederhalter
wird durch Nachsynchronisation prägnanter, mit Hilfe über-
deutlicher Wassertropfen in einem kargen Toilettenambiente
wird eine alarmierende Stimmung erzeugt. In Science-Fiction-
Filmen werden uns pompöse Objektgeräusche von vorbeidon-
nernden Raumschiffen geboten, obwohl im Weltraum das Trägermedium Luft für die Schallübertragung fehlt. Virtuelle Klänge
oder Geräusche sind manchmal sogar aussagestärker und wir-
kungsmächtiger als die natürlichen Geräusche einer Szene. Es
gibt freie Tondatenbanken im Internet, aus denen Sie sich bedie-
nen können. Recherchieren und beachten Sie aber im Einzelfall
die Lizenzbedingungen.

Zusatztöne

Effektsound

Mit Hilfe der Soundsamples bauen Sie akustische Räume als
psychologische Stimmungsräume. Wald- und Meeresrauschen
oder andere Geräuschteppiche erzeugen eine akustische Wirkung, die die Spannung der Handlung verstärken oder ironisch
brechen. Ein diffus gefilterter Raumklang kann zum Beispiel
aus einer realistischen Szene im Nu eine Traumsequenz machen. Diese virtuellen akustischen Räume unterscheiden sich
erkennbar von den realistisch reproduzierten Hörräumen. Sie
sind poetischer, weil ‚erschaffener‘, manchmal rätselhafter.
Filmsound überrascht die Alltagserfahrung.

*akustische
Erlebnisräume*

Das Sounddesign mischt also aus Originaltönen, realen oder
virtuellen Zusatzsounds, Atmo und Musik die Tonebene eines
audiovisuellen Films künstlich zusammen. Das Sounddesign eines Films ist gesampelte Realität, der Sie im rhythmischen Gefüge der Montage eine eindeutige dramaturgische und ästhetische
Funktion geben. Sounds ohne Bedeutung haben in einem Film
nichts zu suchen.

Originalton

*gesampelte
Realität*

Der Tonschnitt als hörbar kompositorischer Akt, wie er in ambitionierten Filmen zuweilen praktiziert wird, um die Kontinui-
tätserwartung der Zuschauer zu brechen, ist eine risikoreiche
Technik. Während wir im Bild einen Weißblitzer oder ultrakurze
Schwarzblenden inzwischen akzeptieren, wird das hörbare Tonloch als technisches Artefakt missverstanden. Der normale Zuhö-
rer erlebt die auffällige Lücke im Filmton immer als Tonaussetzer.

Tonloch

7.6 Musiksound

Musik ist ein vielfältig verwendbares Hilfsmittel für Filmemacher. Provokant gesagt: Mit der richtigen Musik ist ein bildästhetisch mäßiger Film oft noch zu retten. Woran liegt das?

Musik ist eine eigenständige Welt, in die wir mittels Melodien, Harmonien und Rhythmen hineingesogen werden. Die Melodie ist die Handlung eines Musikstücks. Sie wird durch den Rhythmus gegliedert und durch die Harmonien in ein Beziehungsgeflecht gesetzt. Mit anderen Worten: Musik liefert uns in einer abstrakt hörbaren Form jene Einheit, die in der Bildmontage vielleicht weniger gelungen ist. Musikalische Rhythmen und Melodien helfen Ihnen dann, aus Bild- und O-Ton-Fragmenten eine einheitlich erscheinende Gestalt entlang der Musik zu montieren. Um es mit einem Bild zu sagen: Die Soße ist stärker als Fleischhack und Gemüsestücke zusammen. Musik wirkt in diesem Fall wie ein Geschmacksverstärker.

Musik- und Soundteppiche

Abb. 83: Der Film ‚Wanderlust‘ zitiert mittels zweier unterschiedlicher Stilistiken einer Melodie zwei gegensätzliche Lebensauffassungen.

musikalischer Takt als Schnittpunkt

Die Musik kann also in der Montage den Grundtakt, ein sich wiederholendes zeitliches Raster, vorgeben, an dem Sie die visuellen Schnittpunkte orientieren. Gemeint ist allerdings nicht, mechanisch den Takt der Musik im Bildschnitt nachzuvollziehen. Entscheidender ist es, das Filmmaterial unter Einwirkung der Musik zu beobachten, um zu lernen, wann ein sinnvoller Schnitt möglich ist und wann er zwingend notwendig wird.

Übung

Musikclip
Schneiden Sie ein Musikvideo mit beliebigem Material einmal mechanisch nach dem Grundtakt, in einer zweiten Version sinnvoll abweichend nach visuellen Gesichtspunkten.

Musik ist für die meisten Fans klassische Musik oder globaler Pop. Experimentelle Musiker haben uns aber gelehrt, dass auch Geräusche musikalische Qualitäten haben, wenn wir sie rhythmisch behandeln. Digital vorliegende Geräusche können Sie einfach duplizieren und mehrfach verwenden, filtern, dehnen und beschleunigen. Aus solchen Geräuschsamples formen Sie ein musikalisches Geräuschcluster, das wiederum mit traditioneller Musik kombiniert werden kann. Der Phantasie ist keine Grenze gesetzt, wenn wir den Filmsound als gleichberechtigte Gestaltungsebene zum Bild annehmen. Sie schneiden dann einfach Sounds aus der Realität oder aus Fremdmaterialien heraus oder produzieren eigene Samples neu. Und dann kombinieren Sie es zu etwas unerhört Neuem. Was ist dann Filmmusik, was Filmton? Häufig ist diese Unterscheidung im fertigen Filmsound hinfällig.

Filmsound als eigenständige künstliche Hörwelt

Alles Hörbare im Film wird Filmsound. Sounddesign ist eine filmische Aufgabe.

7.7 Spreche statt Sprache

Bleibt die Sprache als akustisches Phänomen. Sprache im Film ist Spreche. Sie ist keine Schriftsprache, sondern gesprochene Sprache mit all den kulturellen und individuellen Unterschieden der Aussprache von Lauten, Wörtern und Sätzen. Darsteller haben immer ihren eigenen Sprachsound, mit dem sie viel mehr auszudrücken vermögen, als die bloße Übermittlung einer Information. Sprache bewertet die ausgesprochenen Inhalte, in dem sie die Worte emotional einfärbt. Ein und derselbe Satz: ‚Ich

Sinnbetonung und Intonation

liebe dich' kann wahr oder gelogen klingen, kann ironisch daherkommen oder schmalzig misslungen. Als Satz hingeschrieben bedeutet er potentiell noch vieles, in einem konkreten Umfeld ausgesprochen hat er Bedeutung und Betroffenheit in die Welt gesetzt.

Übung

Die Betonung
Sprechen Sie folgenden Satz laut aus: „Ein Hund läuft über die Straße." Wie könnte der nächste Satz lauten, wenn Sie ‚Hund' betonen, wie wenn Sie ein beliebiges anderes Wort betonen?

Ein audiovisueller Film ist ein polyrhythmisches Gebilde. Die Spreche der Schauspieler oder der Mitwirkenden als Bestandteil des Sounddesigns ist in die Bildbezüge von Kamerabewegung und Montage eingebunden. Erinnern wir uns: Ein guter Rhythmus organisiert die Phänomene zeitlich nach der Wichtigkeit der Ereignisse für das Ganze. Allem darf nur so viel Zeit gegeben werden, wie es seiner Bedeutung entspricht. Die unterschiedlichen Rhythmen von Spreche, Sound und Bild sind also nicht autonome Ereignisse. Sie reagieren aufeinander, stehen in Wechselwirkung, das heißt: Verändert sich ein einziges Element, verändert sich alles andere auch. Ein Beispiel soll diesen Zusammenhang verdeutlichen:

Rhythmus ↑ S. 113ff.

Ein Antagonist, der eine Fotografie in Händen hält, beleidigt den Protagonisten. Der Protagonist sinkt, von den Worten betroffen, auf einen Stuhl. Während wir sein angespanntes Gesicht sehen, hören wir im OFF das Zerreißen des Bildes. Dann ein Reißschwenk auf den Antagonisten, aus dessen Händen Papierschnitzel zu Boden fallen. Rücksprung in die Totale: Der Protagonist springt auf, schreit und greift den Antagonisten an. Aber schon der Aufschrei hat diesen in Abwehrposition gehen lassen.

OFF-Ton

Sprache macht im wahrsten Sinne des Wortes betroffen. Eine körperliche Reaktion ist in filmischen Zusammenhängen meistens zwingend. Bleibt diese Reaktion aus, bekommt die Bewegungslosigkeit einen Aussagewert, den Sie vielleicht nicht geplant haben. Die Spreche im Film ist daher kontrolliert in Wechselwirkung mit dem Bild- und Soundgeschehen sowie der agierenden Kamera zu bringen.

Spreche-Körper-Kamera-Interaktion ↓ S. 207

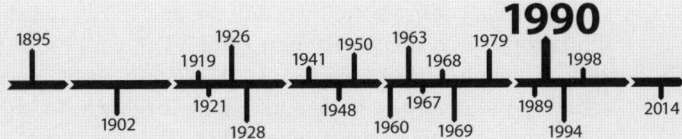

Natürliche Künstlichkeit

Der finnische Autorenfilmer Aki Kaurismäki (1957*) verbrachte in seiner tristen Kindheit und Jugend viel Zeit im Kino und mit dem Geschichtenlesen. Irgendwann wollte er selbst filmisch Erzählen, um im Filmspiegel sein Leben zu begreifen. Aki Kaurismäkis Filme leben durch sein genaues Hinschauen und das Durchdringen eigener und der Erfahrungen seiner Darsteller. Die Schauspieler lesen das Drehbuch und bieten ihm etwas an.

Abb. 84: ‚Das Mädchen aus der Streichholzfabrik‘ (Original: ‚Tulitikkutehtaan tyttö‘), Finnland, Schweden 1990

Kaurismäki korrigiert offenbar nur Nuancen. Schauspieler, die erstmalig mit Aki Kaurismäki arbeiten, fordert er auf, einfach natürlich zu sein, denn er weiß: Wenn Darsteller ihre Sprechtexte mehr schlecht als recht aufsagen, dann dokumentieren Kamera und Tonapparatur das Hölzerne des Spiels gnadenlos mit. Wie viele andere Filmschaffende, denen es um einen wahrhaftigen Ausdruck geht, fürchtet er ständig durch den Herstellungsprozess die natürliche Lebendigkeit im Film zu verlieren.

Übung

Lebendigkeit
Schreiben Sie einen schwer zu sprechenden Dialogtext (Satzperioden, ungenaue Wortwahl). Lassen Sie ihn von Darstellern auswendig lernen und filmen Sie ihn im Schuss-Gegenschuss-Verfahren. In einem zweiten Durchgang erarbeiten Sie mit den Darstellern den Sinn des Textes und filmen von den Darstellern improvisierte Äußerungen. Stellen Sie eine dritte Schnittfassung her, in der viele Dialoganteile der zweiten Fassung als Off-Text verschnitten sind. Dafür müssen Sie natürlich Zwischenschnitte filmen (Reaktionen der zuhörenden Darsteller).

Die Inhalte von Filmen mögen für sich betrachtet sensationell sein, filmisch sensationell werden sie erst in der gelungenen Artikulation durch die filmischen Mittel. Die vereinigte Raffinesse von Einstellungsinszenierung, Montage und Sounddesign[1] schafft jene unvergessliche audiovisuelle Sensation, die die Kinematografie bis heute am Leben hält.

Intermezzo

In den vorangegangenen Kapiteln haben wir Schritt für Schritt wichtige gestalterische Aspekte der Filmarbeit eingeführt, obwohl wir natürlich vieles nur begrenzt darstellen konnten. Dabei war es andererseits nicht zu vermeiden, einige grundsätzliche Probleme mehrfach anzusprechen. Denn der Grad der Komplexität der zu lösenden Probleme steigerte sich von Kapitel zu Kapitel, und jedes neue Kapitel setzt eigentlich das Beherrschen der vorangehenden Techniken voraus.

Komplex ist das Filmemachen, weil nicht jede Maßnahme, nicht jedes filmische Element mit jeder anderen Maßnahme oder jedem filmischen Element direkt kausal verbunden ist. Das bedeutet, dass Sie viele gestalterische Entscheidungen in ihren Wirkungen nicht mit letzter Sicherheit voraussehen und perfekt planen können. Darum ist das Filmemachen praktische Ästhetik und nicht Filmrhetorik. Wir machen auf unserem Weg zu einem fertigen Film vielfältige Erfahrungen, müssen Planungen ändern, weil die Realität ‚dreckig‘ ist. Die Realität legt uns immer wieder Steine in den Produktionsprozess, mutet uns einschränkende Verhältnisse zu und fordert unsere Kreativität heraus, Umwege zu finden, die, das darf zum Trost angemerkt werden, häufig den Weg zu einem besseren Ergebnis darstellen.

praktische Ästhetik ↑ S. 22ff.

Zu den großen Herausforderungen und Zumutungen gehört mit Sicherheit die Begegnung mit anderen Menschen. Filme lassen sich nur beschränkt im stillen Kämmerlein machen. In der Regel müssen für eine Filmproduktion viele Menschen begeistert werden, damit sie sich freiwillig für das Gelingen einsetzen, auch wenn sie ursprünglich gar nicht wollten. Das Catering darf darum natürlich niemals vergessen werden. Auch und besonders in Low-Budget-Filmen sind gutes Essen und Trinken eine motivierende Anerkennung der Mitwirkenden. Und es fallen Fahrtkosten an! Wir könnten die Liste der allerpraktischsten Probleme verlängern, bis wir keinen Spaß an der Filmerei mehr hätten. Darum einfach anfangen: Einfache, kleine Filme (Clips) sind überschaubar, kosten wenig und die ästhetischen Ansprüche können handhabbar gehalten werden.

niedrigschwellig einsteigen

Der niedrigschwellige Einstieg ist besser als sein Ruf.

Natürlich sind ambitionierte Filmemacher überzeugt, dass schon der erste Film preisverdächtig ist. Das hat seine Richtigkeit, denn wenn wir unsere filmischen Ziele nicht hochstecken, kommen wir nicht weit, weil der Atem für die Mittel- und Langstrecke, auf der Filmer nun mal unterwegs sind, fehlt.

Wir verlassen im Folgenden die Kurzstrecken der Übungen. Wir gehen nun das Phänomen ‚Filme machen' auf der Mittelstrecke an. Dabei unterscheiden wir ganz klassisch drei Sparten: das filmische Experiment, die dokumentarischen Formen und den Spielfilm. Diese drei Sparten zerfallen in viele Subgenres und es gibt Übergänge und Überschneidungen von einer Sparte in die andere. Das sei vorangestellt, weil wir aus Darstellungsgründen in vielen Fällen zu schematisierenden Vereinfachungen gezwungen sind. Die klassische Dreiteilung ergibt sich aus den Erkundungs- und Erfindungsdimensionen des Filmens. Jede dieser Dimensionen lassen sich jeweils spezifische Methoden und Leitintentionen zuweisen:

komplexe Projekte *(Marginalie)*

Ausgangspunkte: drei klassische Gattungen *(Marginalie)*

	Methode	Leitintention
Erkundung der Mittel	Experiment	radikale Grenzerkundung
Erkundung der Umwelt	Dokumentation	Authentizität
Erfindung einer Welt	Spielhandlung	Fiktionalität

Abb. 85: Die drei klassischen Filmgattungen

Wer primär die filmischen Mittel erkundet, will die inhaltlichen und formalen Grenzen des Mediums testen, überschreiten und ausweiten. Der Name für diesen Interessensbereich: Experimentalfilm oder filmisches Experiment.

Mittel testen *(Marginalie)*

Wer sich dagegen der alltäglichen Lebenswelt zuwendet und die natürliche und kultürliche Umwelt erkundet und den die Neugierde zu Begegnungen mit anderen Menschen reizt, der wird auf der Suche nach einem authentischen Ausdruck sein, der die Lebenswelten der Menschen filmisch ergreifen und darstellen kann.

Neugierde auf Menschen *(Marginalie)*

Noch anders ist der Zugang, wenn wir eine poetische Ader haben. Poesie ist das Vermögen, eine eigene Welt hervorzubringen. Die Filmpoesie heißt allgemein Spielfilm. In fiktionalen Spielhandlungen werden Parallelwelten geschaffen, die manch-

poetische Ader *(Marginalie)*

mal wirken wollen, als sei der Film wie der naive Blick in die Welt. Ein anderes Mal wird die Künstlichkeit der filmischen Konstruktion durch stilistische Kniffe betont.

Die nachfolgenden Kapitel sind daher keine Übungsanweisungen. Sie möchten ein Anregungsraum sein, auf Stolpersteine hinweisen und Tipps geben, wie die komplexen Probleme der drei filmischen Dimensionen (Gattungen) strukturiert und organisiert angegangen werden können.

Anregungen statt Übungen

8. Experimentalfilme: Die Erkundung der Mittel

8.1 Filmische Experimente

Was sind die Mittel des Films und wie funktionieren sie? Diese beiden Fragen beschäftigen jeden Filmemacher in jeder Phase einer Produktion erneut, weil eine immer tiefere Kenntnis der Wirkweisen der technischen Werkzeuge die Voraussetzung dafür ist, die technische Vorstellungskraft weiterzuentwickeln. Technische Vorstellungskraft bedeutet: die Realisierung eines Films in Gedanken vorwegnehmen zu können.

technische
Vorstellungskraft
↑ S. 23ff.

Um die filmischen Mittel systematisch und improvisierend zugleich, also spielerisch zu erkunden, werden filmische Experimente durchgeführt. Sie bescheren uns zum Teil wunderliche und für manchen Betrachter ärgerliche Filme. Warum?

Filmische Experimente sind radikal. Wer radikal ist, sucht nach den tiefer liegenden Gründen der offensichtlichen Probleme. Wer radikal vorgeht, gibt sich nicht mit Symptombekämpfung zufrieden. Filmradikale dringen zu den Wurzeln der Gestaltungsprobleme vor und versuchen die Hinter- und Untergründe zu durchdringen.

filmisch radikal

Diese Forscherkompromisslosigkeit ist der Grund, warum Experimentalfilme zuweilen unbekömmliche Kost bieten. Aber Experimentalfilme müssen nicht per se schwer zugänglich sein. Die Geschichte des experimentellen Films ist voll von liebevoll gemachten, unterhaltsamen Werken oder Materialien, die in ihrer Unbefangenheit bezaubern.

Experimentelle Verfahren, auch die filmisch radikalsten, tauchen übrigens früher oder später in bekömmlich gemachter Form in Mainstream-Filmen wieder auf. Das mag daran liegen, dass erst durch die vorurteilsfreien Studien der Experimentalfilmer, die auf Kommerz und Geschmack keine Rücksicht nehmen, jene originellen Lösungen gefunden werden, die anwendungsorientierte Filmer für ein breites Kinopublikum anpassen. Als Hitchcock in seinem Hollywood-Film ‚North by Northwest‘ (USA 1959) die Bewegungsabläufe zweier inhaltlich unterschiedlicher Szenen durch einen verbindenden Schnitt synchronisierte, hatte dies Maya Deren (1908 – 1961) in dem Experimentalfilm ‚At Land‘ (USA 1944) Jahre vorher ausprobiert. Bei Maya Deren zog sich eine Frau in der ersten Einstellung an einem Felsen und in der nachfolgenden Einstellung an einem Tisch hoch. In Hitchcocks Film zieht Cary Grant Eve Marie Saint den Mount Rushmore hinauf und landet direkt mit ihr in dem Bett eines Zugabteils.

Die Experimentalfilme sind folgerichtig keine Stangenware, im Gegenteil: Modische Tendenzen und Trends werden von Experimentalfilmern abgelehnt. Sie wollen Grenzen bewusst und kontrolliert überschreiten, um Horizonte zu öffnen. Experimentelle Grundlagenfilmer sind Forschungsartisten. Sie sind fasziniert vom Ungesehenen und Ungehörten (Unerhörten), mit einem paradoxen Wortspiel gesagt: am ungewöhnlich ‚Gewöhnlichen‘. Experimentalfilmer problematisieren die bestehende Ordnung unserer Weltkonstruktion.[1] Sie tun dies, indem sie filmisch den Tabubruch zur Schau stellen: Jean Vigo (1905 – 1934) zum Beispiel attackiert in seinem Film ‚Á Propos de Nice‘ (Frankreich 1930) den Kapitalismus in einer Kontrastmontage von dekadenten faulen Touristen und menschlichen ‚Krokodilen‘ einerseits und den Armen in ihren verkommenen Gassen andererseits.

Andere Filmradikale offenbaren uns das Absurde am Alltäglichen. Luis Buñuel drapiert zum Entsetzen des Protagonisten in dem Film ‚Das Goldene Zeitalter‘ (Frankreich 1930) eine Kuh auf einem Doppelbett. Experimentalfilme führten uns immer wieder in Situationen, die erst Jahrzehnte später im Fernsehen zu ‚Standarderlebnisräumen‘ werden. Stan Brakhage (1933 – 2003) lässt uns in ‚The Act of Seeing with One's Own Eyes‘ (USA 1971) in brutalen Bildern an einer Leichensektion teilhaben, inzwischen variantenreich in vielen TV-Krimis zu sehen.

Viele filmische Experimente wollen schockieren, um aufzuzeigen, was bisher unentdeckt war. Wir lernen das Schöne am Unansehnlichen zu schätzen und durchschauen das Hässliche im Hochglanz. Wir erkennen, dass etwas Ungehöriges zu Recht zu Gehör gebracht wird. Mal kommen Experimentalfilme minimalistisch daher, mal strotzen sie vor überbordender Opulenz.

Immer geht es um Verfremdung. Das kann so weit gehen, dass ein Experimentalfilm bewusst schlecht gemacht aussieht. Aber

Vorsicht! Der Scheindilettantismus darf nicht zum Vorwand für Unvermögen werden.

Aus all diesen Gründen sollten auch Ihre filmischen Experimente auf die Nerven gehen. Verlangen Sie von jedem geneigten Cineasten sich einzulassen und sich, wenn es nötig ist, zu verändern.

Aber nicht nur inhaltsästhetische Provokationen finden sich im Experimentalfilm. Insbesondere das Phänomen des Rhythmus' fasziniert die filmischen Experimentatoren immer wieder. Oskar Fischinger (1900 – 1967) zum Beispiel untersuchte immer wieder die Beziehungen zwischen der Musik und den Form- und Farbeffekten auf der Leinwand. Ideen dieses Avantgardisten flossen schließlich in den Disney-Film ‚Fantasia' (USA 1940) ein.[2]

rhythmische Farb- und Formerforschung

In den 1960er Jahren machten die sogenannten Undergroundfilmer in den USA Experimentalfilme zum Hauptzweck ihres eigenen filmischen Werkes. Ihre Avantgardefilme wurden zum Gegenentwurf des Mainstreams und das in doppelter Hinsicht: Es war einerseits der Protest der Nachkriegsjugend gegen die gängelnden sozialen und politischen Zustände, hartnäckig zementiert durch die etablierten Kräfte; andererseits der Versuch, eigene, neue filmische Wege zu gehen. Einer der herausragenden Protagonisten war Andy Warhol (1928 – 1987), der es fertigbrachte, das Empire State Building stundenlang abzufilmen und in einer mäßig gekürzten Fassung als Projektion zu präsentieren.

filmische Gegenentwürfe

Solche Wege führten die Avantgardefilmer natürlich aus dem traditionellen Kino heraus, öffneten ihnen aber spätestens seit den 1970er Jahren die Museen und die Popkulturbühnen. Filme wurden zu Bausteinen von Happenings oder Fluxusaktionen oder sie dokumentierten provokative Kunst in einer provokativen Filmform.

In dieser Zeit entdeckten auch Popgruppen die Macht der Bilder. Die Beat- und Rockmusiker ließen ihre musikalischen Rhythmen und Inhalte der Songs filmisch umsetzen. Die Musikclips und Filme der Beatles (zum Beispiel ‚Help!', Großbritannien 1965) wurden damals aus der Sicht des Mainstreams durchaus als experimentell empfunden. Film avanciert seitdem zum zusätzlichen Ausdrucksmittel der Popkultur.

Musikclip

Diese filmischen Grundlagen wurden in den 1980er Jahren, als die Videotechnik die schwerfällige Filmtechnik zu verdrängen begann, zum kunstgewerblichen, affirmativen Mittel: ‚Video killed the Radiostar'. Endgültig brach die Zeit der Kommerzialisierung der Jugendbewegungen an. Aber subversive Elemente des Experimentellen der Protestgeneration überlebten in einigen der neuen Produkte, wandelten sich und bekamen eine präzise, innovative ästhetische Funktion in der Mythenproduktion des Populären. Die Musikclipkultur ist ein wichtiger Vorgänger der heutigen Internetclipkultur.

Filme in Museen   Ebenfalls in den 1990er und 2000er Jahren positionierte sich Video endgültig als künstlerisches Medium in den Museen. Vergleichsweise preiswerte digitale Produktionsmöglichkeiten auf dem Computer haben dieser Entwicklung weiteren Vorschub geleistet. Der Film, der viele Jahrzehnte wie die Fotografie davon lebte, ein Werkzeug der Durchdringung der realen Welt zu sein, wurde jetzt zu einer bildenden Kunst, die Realfilm nur noch als Samplematerial für virtuelle Konstruktionen nutzt.

8.2 Experimentalaufbau

Im scheinbar banalsten Fall entstehen filmische Experimente, weil das Geld für teure Produktionstechnik fehlt. Ersatzweise
Chancen
einfacher
Produktions-
mittel
lassen sich heute zum Beispiel Handykameras einsetzen. Sie liefern unter bestimmten Umständen technisch gute Aufnahmen und unter schlechten Bedingungen bedenkenswerte. Entscheidend für die Bewertung dieser Handymaterialien ist immer ihr Zweck. An der Realisierung dieses Zwecks wird der Erfolg gemessen.

Videoaufnahmen in Clubs, um das Beispiel an einem schwierigen Drehort zu diskutieren, sind aus verschiedenen Gründen eine technische Herausforderung. Es herrschen dort extreme Kontrastunterschiede, vom Lärmpegel ganz zu schweigen. Licht-schwache Kameras produzieren in diesem Umfeld Aufnahmen, die mit der besten Postproduktionssoftware nicht aufzuhellen
Grenzen der
Erkennbarkeit
sind. Die Aufnahmen sind an der Grenze der Erkennbarkeit. Nur diejenigen Personen, die vor Ort an den Dreharbeiten beteiligt waren, erkennen Haus, Gelegenheit und Mitwirkende. Für alle anderen entsteht ein öder Schattenkampf. Versuchen Sie in solchen Fällen möglichst mit offener Blende im manuellen Modus zu arbeiten.

Will man die Grenzen der Kameratechnik experimentell austesten, sind Einstellungen aus Clubs oder dunklen Kellern natürlich von großem Nutzen. Das Ergebnis ist zwar kein Film aber vielleicht informatives Material einer Vorstudie.

Die meisten Videokameras bieten die Möglichkeit, durch einen Gainschalter die Empfindlichkeit für Licht anzuheben.
Je mehr wir aber die Empfindlichkeit des Chips steigern, desto
verpixelter werden die Bilder. Die Kamera kann ja kein zusätzliches Licht herbeizaubern, sie rechnet sich aus dem vorhandenen
hellere Aufnahmen zusammen. Verpixelte Bilder können andererseits eine eigenartig poetisch-künstlerische, malerische Anmutung haben. Da die Kameratechnik die Farbpixel zu Gruppen
zusammenfasst, entstehen pointillistische Effekte. So lassen
sich aus lichtschwachen Situationen impressionistische Stücke
schaffen.

elektronische Aufhellung ↑ S. 50f.

malerische Anmutung

Das Filmen mit Handykameras oder kleinen Videokameras
hat eindeutig den Vorteil, dass man sich an Drehorten freier bewegen kann, als ‚normale‘ Filmteams dies mit aufwändiger
Technik können. Wir bekommen damit die Chance, ungewöhnliche Perspektiven einzunehmen oder Menschen bei verblüffen-
den Aktionen zu filmen.

einfache Technik

Die Zusammenarbeit mit Tänzern ist besonders fruchtbar, da
Tänzer ihre Körper bewusst einsetzen können und durch licht-
durchflutete und lichtschwache Bereiche präzise und wiederhol-
bar hindurchführen. In vielfältigen Variationen entsteht so Material aus tänzerischem, raumgebundenen Körperausdruck in der
impressionistischen Fläche des Films: Körper verbiegen sich,
springen wie Klappmesser auseinander, werden in unterschiedlichen Einstellungsgrößen in verschiedene Körpersegmente zerlegt, nur um sie anschließend durch einen bildgenauen Schnitt
filmisch zu dynamisieren. Körperbewegungen mutieren so zu
bewegungsunscharfen Wischern. Hände strecken sich grotesk
vergrößert in die Kamera, während Kopf und Körper durch ein
Weitwinkelobjektiv verzerrt werden. Farbtücher verwandeln sich
in bewegte Farbflächen, die sich kurzfristig zu Kleidern verfesti-
gen, nur um sich wieder in ein Farbspiel aufzulösen. Das Mittel
dafür ist die Nahaufnahme, mit deren Hilfe die Welt in Einzeltei-
le zerlegt wird.

Körperinszenie-rungen

Diese handlungsbetonten Einstellungen können durch Hautgeschichten kontrapunktiert werden: Gänsehaut und Falten-
schluchten in groß. Die nackte menschliche Haut ist die vornehmste, unerschöpflichste Quelle verblüffender Ansichten. Es
ist die sogenannte Transluzenz der Haut, die sie für die Kamera
interessant macht: Licht wird unterschiedlich von den Schichten
der Haut absorbiert, dringt tief bis auf das Fettgewebe ein und
hebt eine gelbweißliche Grundfarbe hervor, modelliert darüber
Schatten aus Oberflächenbrauntönen, durchzieht es mit blau-

Hautgeschichten

grünen Blutbahnen, pointiert alles durch diffuse Rötungen, die ursprünglich vielleicht ein Sonnenbrand waren. Warzen werden zu Gebirgen, Haare zum undurchdringlichen Dschungel. Nackte Haut ist erotisch oder entblößt, sie ist schamlos oder verschämt, fotografisch jedoch immer interessant.

Übung

Körperlandschaft
Zerlegen Sie einen menschlichen Körper in Nah-, Groß- und Detaileinstellungen und montieren Sie eine Körperlandschaft.

Materialstudien

Was für die menschliche Haut gilt, lässt sich auf andere Oberflächenmaterialien übertragen. Wie verändern extreme Großaufnahmen und unterschiedliche Lichtsituationen die Wirkung von Metallen, Tüchern, Baumrinden und Insekten?

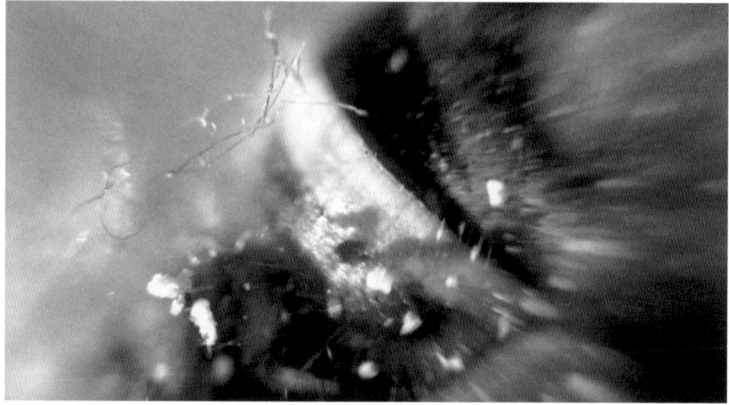

Abb. 86: Der Experimentalfilm ‚Ende' taucht mit extremen Detailaufnahmen in tote Welten ein.

Entgrenzung der Wahrnehmung

Filmisch zu experimentieren bedeutet also nicht zwangsläufig, technische Parameter nach einem stumpfen Schema abzuarbeiten. Immer stellt sich ein außerfilmisches Problem, zu dessen Lösung diese Parameter manipuliert werden. Das filmische Experimentieren ist also nicht technische Spielerei allein um der Technik willen, sondern ist immer auch an unserer natürlichen Wahrnehmungsfähigkeit interessiert.

Natürlich müssen Sie, wenn Sie mit Menschen arbeiten, die Persönlichkeitsrechte wahren. Menschen vor der Kamera sind kein Material wie unbelebte Gegenstände oder (mit Einschränkungen) Tiere. Sie sind mitwirkende Partner, die Sie durch Ernsthaftigkeit und Qualität gewinnen. Experimentalfilme mit und über Menschen werden lebendig, wenn es allen Beteiligten darum geht, gemeinsam etwas Originelles zu schaffen. Im Übrigen tragen die Filmemacher die moralische und rechtliche Verantwortung für ihre Bilder und Töne. Ihnen obliegt die Pflicht, die Würde der Aufgezeichneten zu wahren – eine Gratwanderung manchmal.

Gesamtverantwortung

Man kann die oben angesprochenen Verfahren natürlich auch auf Flüssigkeiten anwenden: Wasser als Pastellfilter oder ein Wassertropfen, in dem sich die Welt spiegelt und zerrinnt. Wasser als Kaffeefluss, der sich in das Gewebe einer Tischdecke einfrisst, die wir in Großaufnahme als Mondlandschaft erleben, als sei sie von einem kosmischen Rechen geharkt. Wasser, das verheißungsvoll glitzert. Wasser als Spiegel, in dem Narziss sich betrachtet und im Wellenspiel verwabert. Wenn sie Menschen und Materialien auf überraschende Weise mit extremen technischen Mitteln kombinieren, schaffen Sie kleine experimentelle Clips.

Flüssigkeiten als Thema

Nochmals zum Einsatz des Handys oder ähnlich kleiner Kameras: Der entfesselten Kamera sind mit kleinem Equipment natürlich kaum Grenzen gesetzt. Man kann sie überall mit hinnehmen, ob auf eine Heißluftballonfahrt oder unter Umständen in eine Wasserrutschenröhre. Mit anderen Worten: Ein kleines

kleine Kameras

Abb. 87: Nudelsuppenbuchstaben veranschaulichen in dem Film ‚Breakdown‘ Elemente eines Nervenzusammenbruchs.

Verschlusszeit-
manipulation
↑ S. 52

Budget ist im Experimentalfilm kein Hemmnis, sondern immer ein Anreiz für kreative Lösungen.

Die Veränderung der Verschlusszeit bietet Ihnen eine weitere Möglichkeit, den Bewegungseindruck zu manipulieren. Mit Hilfe einer ‚unnormalen‘ Verschlusszeit lassen sich schnelle Bewegungen einfrieren oder Bewegungsruckeln erzeugen. Ruckeleffekte sind unter experimenteller Perspektive erst einmal etwas Ansprechendes. In einer Traumsequenz oder einer Märchenszene wäre diese Künstlichkeit geeignet, unsere alltäglichen Seherwartungen konstruktiv zu enttäuschen. Ob dies sinnvoll ist oder nicht, kann immer nur das konkret ausgeführte Experiment zeigen.

Abb. 88: Shutter im Normalmodus (links), Shutter-Effekt durch Verschlusszeitänderung (rechts)

Materialität und
Virtualität

Zu analogen Zeiten (Film im engeren Sinn) drehte man sogenannte ‚Hand-made-Filme‘. Sie verwirklichten den Anspruch auf Sichtbarkeit des Machens, in dem sie auf die schiere Materialität des Filmstreifens einwirkten. Diese Filme hatten weder einen Inhalt, noch ging es um formale Ausdrucksweisen. Die Filmstreifen wurden zerkratzt oder mit Löchern versehen. Ähnlich ging dies noch mit Videotapes, in dem man einen Magneten über das Band führte und das Löschen von Teilen der Videospuren dem Zufall überließ. Das Medium in seiner konkreten Materialität war damals von experimentellem Interesse. Was aber ist die Materialität im digitalen Zeitalter? Sind dies vielleicht Montagen von visualisiertem Programmcode oder Manipulationen auf Pixelebene? Hier sind wir in den Grenzbereichen heutigen experimentellen Filmschaffens angelangt: Klassisches Medieninter-

esse verschmilzt mit IT-Affinität. Im virtuellen Film sind Real-
filmanteile und Trickfilmmanipulationen oft schwer oder gar
nicht zu unterscheiden.

Filme machen, wie es in diesem Buch verstanden wird, gibt
den Anspruch nicht auf, sich trotz Virtualisierung in der Hauptsache mit der ‚dreckigen‘ Realität da draußen auseinanderzusetzen und ist im besten Fall ein Vorwand, echten Menschen
aufgeschlossen zu begegnen. Das Verhältnis der realen Welt zu
den virtuellen und medialen Welten ist darum ebenfalls Thema
von Experimentalfilmen. Film, Fernsehen, Computer und Netz   Selbstreflexion
filmisch-kritisch in ihren Auswirkungen auf menschliche Le-   des Mediums
bensbezüge zu hinterfragen, ist eine gestalterische Herausforderung.

Abb. 89: Der Clip ‚Skultur Deluxe‘ zeigt eine mediale Endzeit.

Die Postproduktion eines experimentellen Films gliedert sich in
viele Einzelschritte und Phasen. Bis die endgültige Tauglichkeit
oder der Blödsinn einer Montage und Bildmischung erkennbar
wird, werden Sie das Thema meistens in etlichen Varianten ausführen. Da Sie als Filmexperimentator also ständig ändern und   alternative
etwas Neues, vielleicht Besseres ausprobieren, ist die Filmgestalt   Montage-
in einem ständigen Umbildungsprozess. Um die einzelnen   versionen
Schritte rekonstruieren oder ggf. zu einer tauglicheren Version
zurückkehren zu können, ist es sinnvoll, wichtige Zwischener-
gebnisse als Sequenzkopie abzuspeichern. So kann nichts
Grundlegendes verlorengehen.

Improvisation ist keine Schöpfung aus dem Nichts heraus, sondern Negation und Variation von etwas Vorhandenem. Daher brauchen Sie außer einem Gegenstand auch eine Verfahrensweise. Und damit das Konzept nicht eine Biertischidee bleibt, die Sie am nächsten Tag vergessen haben, sollten Sie Ihre Überlegungen schriftlich fixieren. Das kann formlos geschehen, braucht kein perfekt ausgearbeiteter Plan zu sein. Das Regieskript eines Experimentalfilms ist ein Steuerungsinstrument, das je nachdem, wie sich die tatsächlichen Arbeiten entwickeln, angepasst und umgeschrieben wird. Auch diese konzeptionelle Arbeit lässt sich durch Dateiversionen gut dokumentieren.

Previsualisierung

> Erfolgreich improvisieren kann man nur auf der Grundlage von Planung.

Experimentelle Filmskripten können daher je nach Zweck unterschiedlich aussehen. Sie sind eine individuelle Partitur, in der Sie die Inhalte und die Art und Weise des produktiven Vorgehens festhalten.

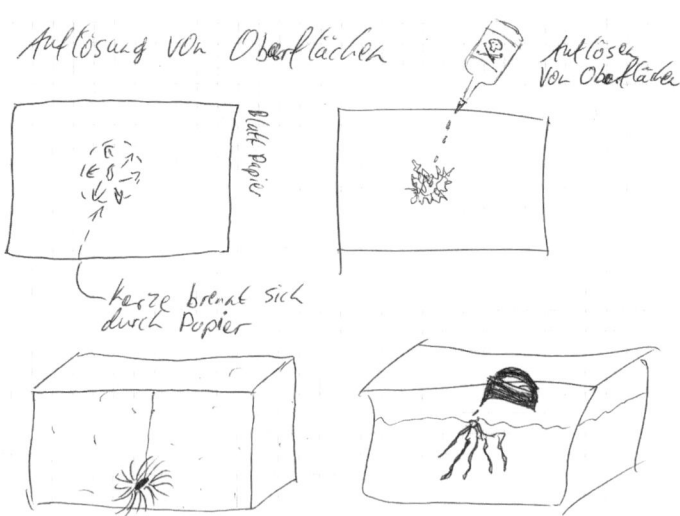

Abb. 90: Skizzen eines Experimentalaufbaus für Nahaufnahmen in einem Aquarium.

Das Plädoyer für Schriftlichkeit klingt möglicherweise dem einen oder der anderen altbacken. Bedenken Sie bitte, dass ein unmethodisches Herumklicken in Menüs zwar eine Vielfalt an Möglichkeiten eröffnet, aber keine Maschine der Welt entscheiden kann, welche der Möglichkeiten im konkreten Fall sinnvoll ist. Der gestaltende Mensch hat dagegen ein Anliegen, eine Frage, ein Problem, ein Thema. Haben Sie ein konkretes Anliegen, reduzieren sich die Filter und Effekte in den vielen Menüpunkten auf das jeweils Nützliche. Reduktion ist nicht nur eine gestalterische Strategie, sondern vor allem eine organisatorische.

Entscheidungs-
instanz Mensch

Arbeitsergebnisse, in die sich die Filmemacher während der Produktion ‚verlieben‘, sind verdächtig.

Zugegeben: Es ist schwer, sich von etwas zu trennen, in das man viel Arbeit und Mühe hineingesteckt hat. Die Gefahr ist aber groß, dass der selbstkritische Blick durch Selbstverliebtheit getrübt wird. Haben Sie sich zu intensiv in der Entwicklung eines Themas vergraben, passiert es wie von selbst, dass Sie in das Material etwas hineinsehen oder -hören, was für einen distanzierten Betrachter unerkennbar ist. Es ist sinnvoll, jemanden, der weder bei der Produktion dabei war, noch mit dem Thema befasst ist, Sequenzen anschauen zu lassen. Diese Fremdsicht ergänzt die eigenen Beobachtungen. Manchmal entsteht dann kein fertiger Film, sondern nur Material, das Sie gegebenenfalls in anderen Zusammenhängen verwenden können.

Abstand
gewinnen

Übung

Lebensmittel
Verfremden Sie Lebensmittel durch extreme Groß- und Detailaufnahmen der Oberflächen und machen Sie dadurch unkenntlich, worum es sich handelt.

Der Zweck des filmischen Experimentierens ist die Freude an der Fahrt ins Ungewisse. Es ist mit Mühen verbunden. Dafür ist alles möglich!

8.3 ‚Tagtraum'

Assoziationen

Experimentalfilmer nutzen die kreative Fähigkeit des Menschen, Assoziationsketten zu bilden. Eine Traumreise ist solch eine Kette assoziativer Einstellungen. Der Tagträumer schöpft Gegenstände und Ereignisse aus dem Gedächtnis ab und verbindet sie auf ungewöhnliche Weise.

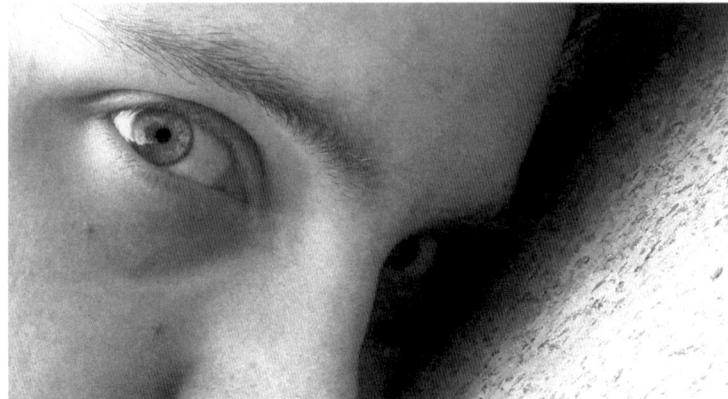

Abb. 91: Der Film ‚00-09-00-04' visualisiert die subjektive Sicht eines Mannes.

surreale
Phantasien

Häufig werden Dinge und Ereignisse zu Traumwirklichkeiten ‚gesampelt' und montiert, die in der äußeren Realität nicht funktionieren könnten. Für einen Träumer ist es einfach, auf einem schweren Motorrad auf einer Ausfallstraße entspannt dahinzurollen und von einem Augenblick zum anderen dasselbe Motorrad mühsam wie ein Fahrrad vorantreten zu müssen. Ein Alptraum ohne Zweifel. Surrealistische Filmemacher simulieren das Phantastische des Träumens.

ungewöhnliche
Ein- und
Ausblicke

Für eine Traumsequenz verändern Sie die alltägliche Sichtweise zum Beispiel durch einen gesteigerten oder schrägen Blickwinkel. Die Kamera sucht Positionen auf, die wir in alltäglichen Lebens- und Arbeitsprozessen niemals als Betrachter und Beobachter aufsuchen würden. Extreme Auf- oder Untersichten bieten neue, manchmal sonderbare Einblicke und Ausblicke. Die Kamera schaut wie aus ‚Kühlschrankritzen' heraus oder schwingt – mit der gebotenen Vorsorge – an Felsabgründen hin und her. Die Kamera kann den Bildrahmen auch verkanten, so dass der Horizont diagonal durch das Bild läuft. Von solchen im

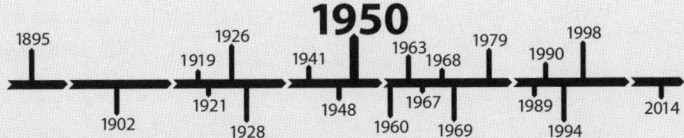

Filmpoesie

Filmpoesie will die Zuschauer am Geheimnis der guten Gestalt teilhaben lassen. Der Schriftsteller, bildende Künstler und Filmemacher Jean Cocteau (1889 – 1963) ist einer dieser Sucher poetischer Schönheit. Seine Erkenntnis: Poesie (schöpferische Hervorbringung einer eigenständigen Welt) muss man erleben, nicht analysieren. Und: Trotz wissenschaftlichen und zivilisatorischen Fortschritts öffnen

Abb. 92: ‚Orpheus‘ (Original: ‚Orphée‘), Frankreich 1950

sich in der Realität ständig Abgründe von Irrealität. Gefährdungen und Traumwelten brechen gewaltsam in das alltägliche Leben, mischen sich bedrohlich oder erregend ein. Gewöhnliche Tatsachen sind eben nicht immer objektive Ereignisse, sondern werden mit Erinnerungen, Phantasien und Begierden ‚angereichert‘. Das Hässliche dieser Inhalte wird von der schönen, poetischen Gestalt eines Films nicht verleugnet, aber aufgehoben. Cocteau schätzte Märchenstoffe (‚Die Schöne und das Biest‘, Frankreich 1946) oder magische Geschichten, in denen sich die Alltagswelt und die Anderswelt (‚Orpheus‘) mischen. Die Filmtechnik gab ihm die Mittel an die Hand: Doppelkopierungen, Zeitmanipulationen, durch harten Schnitt verursachte Raumzeitbrüche, Lichtrhythmen als Ausdruck von Gefühlsrhythmen.

Übung

Irrealität
Erfinden Sie eine kurze Handlung, in der die Hauptperson durch einen Spiegel in eine andere Welt wechselt. In der Spiegelwelt inszenieren Sie die Bewegungen der Figur kontinuierlich langsamer werdend. Wenn die Bewegungslosigkeit erreicht ist, läuft die Handlung rückwärts und die Figur wird durch den Spiegel zurück in die normale Welt geschleudert.

Wortsinn schrägen Bildern geht eine stark emotionalisierende Wirkung aus. Da Film ein Zeitmedium ist, können Sie die Wirkung dieser verstörenden Bilder im Zeitraffer verstärken.

Abb. 93: Im Kurzfilm ‚Der Hühnermann' werden surreale Geschlechterspiele visualisiert.

Phantastische Einstellungen, die gänzlich (ver-)rückte Wahrnehmungen vermitteln, werden also durch eine verrückende Montage gesteigert. Eine Einstellung bekommt inhaltlich im Montagekontext einen völlig neuen Sinn, wenn sie mit einer anderen Einstellung verblendet wird. Solche ‚reiz-vollen' Einstellungskombi-

vertikale Montage

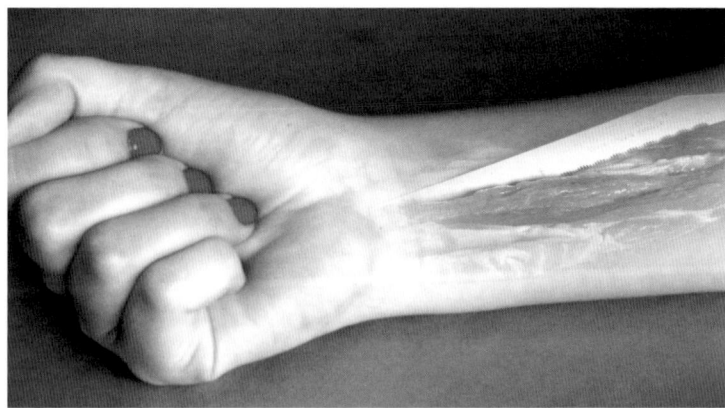

Abb. 94: Im Experimentalkurzfilm ‚Everyday shades' entsteht durch Ebenenkombination ein filmischer Ausdruck von Selbstverstümmelung.

nationen entstehen zum Beispiel, wenn Sie unter Bilder realer Situationen Materialoberflächen als weitere Videoebene legen.

Eine gängige Praxis des frühen Experimentalfilms verwandelt eine Person durch Überblendung in eine andere oder erschafft eine Chimäre, die aus beiden Personen zusammengesetzt ist. Eine junge Frau altert durch Überblendung oder verschmilzt mit einem Vogelkopf.

Überblendung

Mit all diesen filmischen Mitteln werden Bausteine generiert, die zu einem surrealen Film, in diesem Fall zu einem Traumspaziergang zusammenmontiert werden. Die Surrealisten waren begnadete künstlerische Experimentatoren. Sie definierten ein Produktionsverfahren und schauten, was herauskam. Ein solches Verfahren kann sein, dass eine ähnliche grafische Struktur aus unterschiedlichen Lebensbereichen aufgenommen und hintereinander geschnitten oder übereinander kopiert wird: Einer sich wiegenden Feldblume folgt eine sich entsprechend bewegende Tänzerin. Blume und Tänzerin verschmelzen durch Montage zur Filmidee einer Elfe.

*Struktur-
vergleiche*

Eine andere simple Technik hängt ‚gefundenes' Material grob aneinander, um im zweiten Durchgang Einstellungen willkürlich zu tauschen, zu verkürzen oder zu verlängern: Woran werden Sie jeweils erinnert? Welche unterschiedlichen Wünsche werden angeregt? Welche Kenntnisse abgerufen? Das scheinbar Heterogenste vermittelt zuweilen schockartig witzige, erschreckende, verblüffende Erfahrungen. Was hat zum Beispiel eine Männerglatze mit einer Brotoberfläche gemein? Ist das banal

*gefundenes
Material*

Abb. 95: Zeitrafferaufnahmen: einmal mit bewegter, ein anderes Mal mit unbewegter Kamera

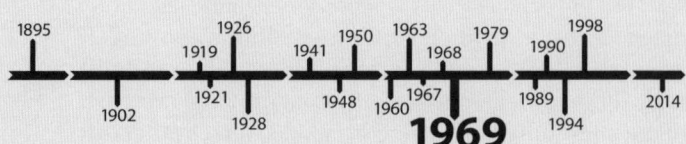

New Hollywood

Der Amerikanische Traum ist von Hollywood in vielfältiger Weise in Szene gesetzt worden. Unzählige Filmgeschichten variieren den Mythos des Tellerwäschers, der Millionär wird. Ein erfolgreicher Film, der diesen Mythos bitterböse karikiert, ist ‚Easy Rider‘. Der

Abb. 96: ‚Easy Rider‘, USA 1969

Regisseur Dennis Hopper (1936 – 2010) inszenierte den Film als Road Movie, in dem Motorräder zu Vehikeln der Freiheit werden. Doch der Traum trügt. Der Highway im Süden Amerikas erweist sich als tödliche Endstation. Die Protagonisten werden von ‚aufrechten‘ Amerikanern wegen ihres abweichenden Aussehens von der Straße geschossen. In ‚Easy Rider‘ wird ein LSD-Rausch filmisch nachvollziehbar zum Horrortrip: subjektive, entfesselte Kameraeinstellungen, Farbverfälschungen, multiple Überblendungen von Orten und Zeiten, verzerrende Objektivwahl, Jump Cuts, seltsame Kameraperspektiven und ein adäquates Sounddesign.

Übung

Drogenrausch
Schaffen Sie filmisch eine psychedelische Anmutung. Bringen Sie bildliche Motive zusammen, die scheinbar nicht zusammen gehören. Verfremden Sie die Tonebene durch ein eigenständiges Sounddesign, das Sprachfetzen, Geräusche und Musik albtraumhaft kombiniert.

oder lässt es sich im Zusammenhang mit Bildern hungernder Menschen zu einer politischen Mahnung montieren?

Was für die Formen gilt, können Sie auch durch Bezugnahmen von Farben bewirken. Einstellungen mit überwiegend satten Rottönen werden Einstellungen mit entsättigten Pastellbildern entgegengesetzt. Das Thema Liebe kann durch Farbe einmal sexuell, ein andermal romantisch verklärt werden. Der Kontrast beider Sichtweisen in einer Montage stellt unterschiedliche Lebensbereiche farblich gegeneinander.

Farbexperimente

Was für Formen und Farben gilt, gilt natürlich auch für Bewegung. Welche Ähnlichkeiten oder Kontraste lassen sich durch Tempovergleiche, durch Verlangsamung und Verschnellung herstellen? Wie bewegen sich Menschen, Tiere, Roboter?

Zeitraffer

All diese Mittel probieren Sie ungezwungen aus. Das Medium schafft Ihnen dann einen Freiraum, der vielleicht ein kleines bisschen ‚mehr an Welt‘ offenbart. Wie in einem Traumspaziergang bewegen wir uns dann in einem eigenen, selbstgeschaffenen filmpoetischen Traumraum, der sich in einen Albtraum verwandeln kann, aber nicht zwingend muss.

8.4 ‚Musikclip‘ und ‚Poetry Clip‘

Die Länge eines Musik- oder Poetry Clips bemisst sich an der Dauer des Musikstücks oder des literarischen Textes. Das verbindende Element von Sprache, Musik und Film ist der gemeinsame Rhythmus.

Rhythmus als Bindeglied

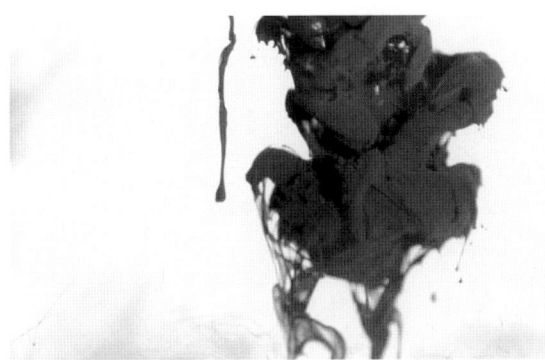

Abb. 97: Der Clip ‚Fourth Picture‘ zeigt bewegte Farben im Wasserbad unterlegt mit Musik.

Takt und
Versmaß

Als Gliederungshilfe dient dem Musikclip der Takt der Musik, dem Poetry Clip das Versmaß. Geschnitten wird in der Regel taktgenau oder bei einem neuen Vers (Satz). Weichen Sie auf jeden Fall sofort von dieser Verfahrensregel ab, wenn inhaltliche oder andere ästhetische Kriterien es erfordern. Formale Strukturen sind Gliederungshilfen und keine Gliederungsverhinderer. Auch hier gilt die allgemeine Regel, dass der Betrachter ein Muster nicht allzu leicht durchschauen darf, weil es ihn sonst langweilt.

Übung

Der Goldene Schnitt
Schneiden Sie beliebige Farbflächen mechanisch im Verhältnis 1:3, 3:5, 5:8 auf den Takt eines Musikstücks. In einem zweiten Clip weichen Sie entsprechend den melodischen und harmonischen Verhältnissen von dem starren Takt ab.

Tempokontrolle

Auch das Bewegungstempo von Darstellern und Kamera orientiert sich in Musik- oder Poetry Clips präzise am Tempo der Musik oder des gesprochenen Textes. Die menschlichen und die technischen Bewegungen bekommen durch die Verbindung mit der Musik oder Literatur in einem guten Clip etwas ,Tänzerisches‘, dass heißt, die Bewegungen sind stilisiert und nicht mehr alltäglich.

Abb. 98: Der Poetry Clip ,Torten, Teller & Tassen‘ thematisiert das Lebensgefühl einer Generation.

In diesen Clips veranschaulicht die Handlung vor der Kamera die Inhalte eines Songs oder Literaturstücks in freier Weise: Sketche, Gags, lose Bildassoziationen aus Realaufnahmen oder Animationen – es gibt keine formalen Beschränkungen. Die Freiheiten der Gestaltung eines Musik- oder Poetry Clips enden an den Vorgaben des Textes: Tanz, Mode, Sex und Gewalt, alles darf in einem Clip Thema werden, wenn es durch die Textinhalte legitimiert ist. Die Clipgestaltung können Sie dann bewusst mal naiv oder genialisch überhöht oder gar geschmacklos anlegen.

Natürlich darf sich ein Clip auch kritisch oder persiflierend mit einem literarischen Text, einem populären Song oder den Stilvorgaben des Clipgenres auseinandersetzen. Formale Eigenheiten (Farbreduktion, Jump Cuts, ultraschnelle Schnitte) oder inhaltliche Elemente (Story, Milieus) werden dann aufgegriffen, um abgewandelt zu werden. Die Stilkopie wird zum Anlass, die eigene Lebenswirklichkeit in der Variation eines Vorbildes zu reflektieren. Im selbstgemachten Film wird aus einem Rollstuhlfahrer ein begehrter Popstar.

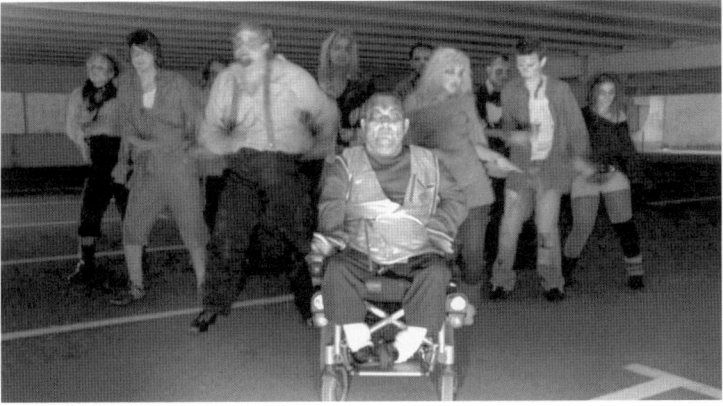

Abb. 99: Parodistischer Verweis auf Michael Jacksons Video ‚Thriller‘

Der Sound eines Musik- oder Poetry Clips scheint im Vergleich zur Bildgestaltung das simplere Problem zu sein. Aber: Ein Clip, der auf der Soundebene nur die originale Musik abspielt oder den literarischen Text aufsagt, wirkt einfallslos. Raffinierte Clips mischen digitale Musik und literarische Texte mit zusätzlichen Geräuschsamples, um die akustische Ebene filmisch ‚wertiger‘ zu machen.

Abb. 100: Der Clip ‚Soldatengrab' illustriert ein Gedicht von Paul Zech.

Musikclips wollen in der Regel Zeit vertreiben. Sie machen daher filmisch Tempo und faszinieren durch sich rasch abwechselnde Bild- und Klangsensationen. Aber es gibt natürlich auch Musikclips mit Anspruch: Anstöße geben, zum Nachdenken anregen, das ist auf jeden Fall ein Kernanliegen der Poetry Clips, auch wenn sie häufig von Slammern gemacht werden, die im literarischen Wettbewerb gelernt haben, dem Publikum zu schmeicheln.

Übung

Das Videopoem
Wenn Sie selbst keine literarischen Texte schreiben, nehmen Sie sich einfach einen kurzen Text, dessen Verfasser vor über 70 Jahren verstorben ist und der daher keinem Urheberrecht mehr unterliegt, und improvisieren sie Filmbilder darüber.

9. Dokumentarfilme: Die Erkundung der Umwelt

9.1 Filmisch Dokumentieren

Im Experimentalfilm ist alles erlaubt, was das Wesen des Filmischen erforscht. Für einen Spielfilm wird eine eigene Welt erfunden. Die Grundidee der dokumentarischen Filme dagegen zielt auf eine reale Begegnung mit echten Schicksalen und auf eine authentische Erfahrung von tatsächlichen Ereignissen. Der primäre Gestaltungsanstoß der ‚Doku'-Filme kommt also von außen. Die konkreten filmischen Inhalte ergeben sich aus der Auseinandersetzung der Filmemacher mit den Problemen ihrer jeweiligen Um- und Mitwelt.

authentische Erfahrungen

Selbstverständlich gibt es diverse hybride Formate, wie etwa biographische Filme oder Doku-Dramen. Der Dokumentarfilmautor Heinrich Breloer (1942*) inszenierte zum Beispiel in seinem Doku-Drama ‚Die Manns – ein Jahrhundertroman' (WDR, NDR 2001) Schlüsselszenen aus dem Leben der Literatenfamilie als Spielfilmszenen und verwob sie mit dokumentarischem Material und Interviews. In den fiktionalen Szenen der Mischformen bleibt aber der Anspruch bestehen, historisch Korrektes zur Anschauung zu bringen. Daher können wir auch diese Mischformen zur Kategorie der Dokumentarfilme dazuzählen.

biografische Filme

Abendfüllende Dokumentarfilme im Kino laufen, verglichen mit den Zuschauerzahlen von Spielfilmen, mit mäßigem Erfolg. Die Realisierung von anspruchsvollen Dokumentarfilmen ist daher meistens auf Filmförderung angewiesen. Das öffentlich-

traditionelle Abspielstätten

Abb. 101: Im Ausstellungsprojekt ,Ich schreibe, weil...' wurden Autoreninterviews auf eine Reliefwand projiziert.

rechtliche Fernsehen war jahrelang eine zweite Förderinstanz für dokumentarische Formate, weil diese den Informationsauftrag der Sendeanstalten vorbildlich umsetzten und an der Bildung der Öffentlichen Meinung mitwirkten. Filmische Dokumentationen gehören aus einem ähnlichen Grund zum Standardangebot in Museen. Dort bereichern sie die Ausstellungen mit audiovisuellen Inhalten und Zusatzinformationen.

Inzwischen hat sich die Gattung auch im Internet etabliert. Eins von vielen Beispielen: die Vice-Reportagen. ,Vice' begann **Dokumen-** ursprünglich als Jugend-Printmagazin in Kanada. Durch extre-**tationen** me Themen und investigative Ansätze erreicht ,Vice' sechsstelli-**im Internet** ge Klickzahlen auf YouTube.

Ein banales Gegenstück sind Katzenvideos, die in sozialen Netzwerken erstaunlich erfolgreich sind. ,Doku-Clips' von niedlichen Tieren in alltäglichen oder absurden Situationen, mal süß, mal lustig, sind ein Renner der Internetwelt.

Eine dritte Variante von Internetdokus eröffnet Einblicke in Ereignisse und Alltagssituationen junger ,YouTuber', die sich Ihren Zuschauern (Follower) gegenüber fast immer sehr ,authentisch' zeigen. Bevorzugte Themen sind Tipps und Trends, Lifestyle, Shopping, Games, Comedy, Musik.

Diese Internetclips sind oft laienhaft gestaltet, manchmal aber raffiniert oder technisch auf hohem Niveau inszeniert. Weder die eingesetzte Technik, noch die filmische Stilistik sagen allerdings etwas über den Erfolg dieser Videos aus. Und: Was gefundene oder was erfundene Realität ist, wird häufig nicht klar. Was authentisch wirkt oder wirken soll, ist manchmal nur Selbstvermarktung im virtuellen Raum.

Schein-
authentizität

Dokumentarfilmer fahnden nach dem Authentischen. ▌

Authentizität und Autor sind verwandte Begriffe. Autor ist, wer mit seinem Namen die Wahrheit und Qualität seiner Gestaltung verantwortet (etwa auf dem Buchumschlag). Der Dokumentarfilmautor verbürgt sich für die Authentizität seines Filmstücks. Die authentische Wahrheit ist ja keine objektive Wahrheit, sondern sie ist die subjektive, von einem Autor nach besten Wissen und Gewissen geschaffene und gestaltete Sichtweise einer Wahrheit. Und da es keine Instanz für eine objektive Wahrheit gibt, steht der Autor ersatzweise mit seinem guten Namen dafür ein.

Autoren-
verantwortung

Ein authentischer Dokumentarfilm ist also keine Abziehfolie oder gar das Spiegelbild einer objektiven Realität, ein Dokumentarfilm ist ein Reflexionsangebot an den Zuschauer, sich mit filmischen Interpretationen auseinanderzusetzen. Die filmische Interpretation der sozialökologischen, politökonomischen und kulturellen Verhältnisse durch einen Dokumentarfilm ist folglich immer kritisierbar, da die Macher programmatisch ihre eigene, eingeschränkte Sicht auf die Dinge haben. Gute Dokumentarfilme sind im wahrsten Sinne des Wortes fragwürdig. Niemand ist gezwungen, die Vorstellungen und Aussagen eines Films zu teilen. Dokumentarfilme haben Aufforderungscharakter: Seht und hört mich an und kommt über mich ins Gespräch.

Anregungen
geben

9.2 Die drei ‚Dokumentarfilm-H's'

Ein Dokumentarfilm-Team mutet zuweilen wie ein anthropologisches Forscher- oder Entdeckerteam an: Es bedarf viel Geduld, um das Vertrauen von Menschen zu gewinnen, sich in einem Film zu offenbaren. Es bedarf viel Geduld, um über Tage, Wochen und manchmal Monate mit der Kamera dabei zu sein, um im entscheidenden Moment ‚draufzuhalten'. Dieses ‚Erjagen' von Einstellungen ist ein mühsames Geschäft. Es kann nur erfolgreich sein, wenn die Macher wissen, in welche Richtung sie

Dramaturgie

filmisch forschen wollen. Interesse und Intention sind der Kompass, der sie durch die Filmarbeiten zum Ziel führt. Dokumentarfilmer Georg Stefan Troller erklärt das so:

> „Dramaturgie ist das, was der Filmer vom ersten Moment an im Kopf haben muss: seine Idee, seine hoffentlich aufregende Vorstellung vom ganzen Film und was er damit überhaupt sagen will."[1]

Diese dokumentarisch-technische Vorstellungskraft hat drei Horizonte: Handlung, Handschrift, Haltung.

9.2.1 H wie Handlung

Jeder Dokumentarfilm verfilmt eine Geschichte. Eine Geschichte besteht aus Handlungen, die von Charakteren ausgeführt werden.

Ein Dokumentarfilm lebt von erzählenswerten Geschichten über Menschen.

Menschen im Alltag

Als Dokumentarfilmer beobachten Sie, wie Menschen ihren Alltag gestalten oder mit Zumutungen und Herausforderungen umgehen. Sie zeigen und berichten von den besonderen Lebenserfahrungen dieser Männer und Frauen. Mit anderen Worten: Was beeindruckt Sie an fremden Menschen und ihrer Welt?

am Leben teilnehmen

Die Auseinandersetzung mit menschlicher Realität im Dokumentarfilm schließt Unterhaltung, Spannung und Dramatik nicht aus, ebenso wenig eine gelungene Bildgestaltung oder den dramaturgischen Einsatz von Musik und Ton. Der Dokumentarfilm unterscheidet sich vom Spielfilm eigentlich nur dadurch, dass er die gezeigte Realität nicht frei erfindet. Er zeigt stattdessen einen bewegten und bewegenden Ausschnitt der tatsächlichen Welt. Er beobachtet ein Ereignis, ein reales Geschehen und erfasst es mit gestalteten Bildeinstellungen und aufschlussreichen Originaltönen, die möglichst den alltäglichen Handlungen ‚abgelauscht‘ sind.[2] Natürlich können Menschen über sich und die Welt in einem Dokumentarfilm einfach nur reden, filmischer ist es allerdings, wenn wir an ihrem Leben sinnlich in Wort und Bild (audiovisuell) teilhaben können.

Abb. 102: In dem Film ‚Umbauzeiten'
begleitet die Kamera den Küster bei
der Turmbesteigung.

In der Postproduktion kombinieren Sie durch eine sinnvolle Montage die während des Drehs gefundenen Einstellungen zu einer interessanten Gestalt und geben ihm damit einen besonderen Gehalt.

Der erste Arbeitsschritt dieser Postproduktion ist das grobe Sichten und Sortieren des Materials nach Menschen, Aussagen oder ansprechenden Bildern und Tönen. Ziel der Arbeit ist, einen schnellen und geordneten Zugang zum Material zu ermöglichen. An diesem Punkt der Filmherstellung müssen Sie die Umstände der konkreten Dreharbeiten vergessen, was erfahrungsgemäß den Anfängern schwer fällt. Sonst interpretieren Sie in ihre Einstellungen etwas hinein, was sie vor Ort zwar erlebt haben, das aber von der Kamera nicht registriert wurde.

Am Schnittplatz zählt nur, was im Material wirklich zu sehen und zu hören ist.

Alles andere ist für den Film nicht existent: eine bitterböse Erfahrung, wenn man mit dem enthusiastischen Gefühl der Dreharbeiten in die Postproduktion geht und von den realen Filmergebnissen ernüchtert wird.

Im zweiten Arbeitsschritt suchen Dokumentaristen durch Ausprobieren von Schnitten nach einem tragenden Erzählstrang. Das grob sortierte Material wird auf thematische und ästhetische Stärken und Schwächen begutachtet. Im provisorischen Zusammenfügen und Ändern von Schnittverbindungen offenbaren sich die konkreten dramaturgischen und inhaltlichen

Suche nach dem roten Faden

Chancen und Perspektiven. Dieses konstruktive Erkunden des Materials, die Suche nach einzigartigen dokumentarischen Momenten ist die unabdingbare Voraussetzung dafür, den roten Faden für eine nachvollziehbare Dokumentarfilm-Montage zu entwickeln.[3] Diese Phase ist naturgemäß zeitaufwändig. Diese extrem suchende Art von Montage markiert eine entscheidende Differenz zum fiktionalen Film, bei dem das Drehbuch Protagonisten, Wendepunkte, Hauptkonflikt usw. vor Drehbeginn festlegt.

In der dokumentarfilmtypischen Arbeit lauern Gefahren: Im Filmschnitt werden Statements leicht in einen falschen Zusammenhang gerückt, um sie der gewünschten Aussage eines Films anzupassen. Oder es werden Einstellungen um eines Effektes willen stark gekürzt oder geglättet. Ein Film verliert durch ideologische Indienstnahme oder durch Stilzwänge schnell seine Authentizität.

9.2.2 H wie Handschrift

Jeder Dokumentarfilm sollte in seiner Machart erkennbar einen persönlichen Stil verwirklichen.[4] Dies kann eine besondere Art des Fragens in einem Interview sein oder der großzügige Einsatz einer bewegten Kamera. Auch häufige emotionalisierende Nahaufnahmen können einen Stil charakterisieren. Der interessierte Zuschauer führt einen unausgesprochenen Dialog mit den Machern über dessen Machart: Ist die Darstellung wahr? Ist die Stellungnahme ernst gemeint oder ironisch? Spricht mich die Machart des Films an?

Der Filmemacher Claude Lanzmann (1925 – 2018) zum Beispiel zeigt Holocaust-Überlebende in sehr langen, ruhigen Einstellungen, um die erschütternden Aussagen wirken zu lassen. Michael Glawogger (1959 – 2014) spürt in teils sehr ästhetischen Bildern dem Elend von Arbeitern nach, um das Verschwinden von physischer Arbeit in einer globalisierten Welt sichtbar zu machen.

Dokumentarfilme sind daher strikt zu unterscheiden von bloßen Behauptungen des Realen. Solche Pseudodokumentationen bieten die Scripted-Reality-Formate, die auf der Grundlage eines Drehbuchs Laiendarsteller quasiauthentische Persönlichkeiten verkörpern lassen und vorgeschriebene Geschichten als tatsächliche vorspielen. Ähnlich funktionieren Fake-Dokus, die eben-

Abb. 103: Der ‚Freedomsman' erzählt seine fiktive Helden-Story im Stil eines
Dokumentarfilms.

falls etwas Erfundenes dokumentarisch verpacken. Im letzteren
Fall geht es häufig darum, die Formen des Dokumentarischen
zu veralbern oder kritisch zu hinterfragen.

Machern und Betrachtern eines Dokumentarfilms sollte daher immer klar sein, dass eine originelle dokumentarische Auseinandersetzung mit einem Thema eine redliche visuelle Repro-   Glaubwürdigkeit
duktion von Lebenswirklichkeit sein sollte. Die filmische Form
ist, wenn sie glaubwürdig ist, ein authentischer Stil. Viel hand-
werkliches Können und menschliches Einfühlungsvermögen
werden ambitionierte Filmemacher dafür erwerben müssen.

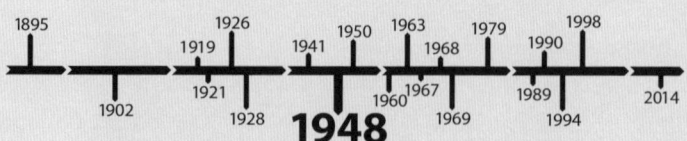

Fakten und Fiktion

Abb. 104: ‚Deutschland im Jahre Null‘
(Original: ‚Germania, anno zero‘), Italien 1948

Ein immer wieder kontrovers diskutiertes Thema ist ‚Realismus im Spielfilm‘. Ein filmhistorisch einflussreicher Realist war der Regisseur Roberto Rossellini (1906 – 1977). Er gilt als Wegbereiter des italienischen Neorealismus. Seine Filme zeigen schonungslos den Alltag der von Faschismus und Krieg gezeichneten Menschen und deren Überlebenskampf in der Nachkriegszeit.

Rossellini arbeitete häufig an Originalschauplätzen und mit Laiendarstellern. Die korrekte Milieuzeichnung war ihm wichtig. Er montierte deshalb in die fiktive Spielhandlung dokumentarische Aufnahmen, zum Beispiel die Landung der alliierten Truppen in Italien im Zweiten Weltkrieg. Den dritten Teil seiner Kriegstrilogie filmte er im zerstörten Berlin. Er empfand dieses Vorgehen als legitimes Mittel der filmischen Fusion von Fakten und Fiktion.

Unsaubere Anschlüsse von Einstellungen, im Hollywoodkino als Kontinuitätsfehler gebrandmarkt, waren Rossellini Ausweis von Authentizität. Dieses Verfahren ist heute in einschlägigen Spielfilmen und in Fernsehserien gängig, um den abstrusesten Stoffen und Plots realistische Anmutung und Spannung zu geben.

Übung

Das Authentische

Erfinden Sie eine einfache Handlung und filmen Sie diese mit der Handkamera, so wie man auf Silberhochzeiten Verwandte und Bekannte ablichtet. Verschneiden Sie die Handlung mit alltäglichen Bildern einer Stadt, in der die Handlung spielen könnte. Nutzen Sie Wackelbilder und elliptische Schnitte.

9.2.3 H wie Haltung

Dokumentarfilmautoren beziehen inhaltlich Stellung. Sie sagen es zwar selten ausdrücklich im Kommentar, aber in der Art des Zeigens wird ihre Auffassung des Themas unmissverständlich deutlich.[5] Dokumentaristen kennen darum kein ‚Wenn' und Aber' sondern nur das ‚So sehe ich es'. Ein Dokumentarfilm steht dem journalistischen Kommentar näher als dem wertabstinenten Bericht.

Die klar formulierte Haltung der Filmautoren gegenüber ihrem Gegenstand soll Reibungspunkte für eine weiterführende Diskussion von Gehalt und Aussage bieten. Ihre Wahrnehmungsfähigkeiten und Lebensphilosophien sollen auf die der Zuschauer prallen, damit das Dokumentarfilmpublikum fragt: Haben Sie das Thema in der Hauptsache erfasst? Verkörpern die Protagonisten in ihrer Betroffenheit die Bedeutung des Themas? Ist Ihr gewähltes Thema überhaupt von Bedeutung? *Thema erfassen*

In gewisser Weise geben Sie sich als Dokumentarfilmer der Öffentlichkeit preis, weil Sie sich mit einer klaren Stellungnahme angreifbar machen. Ihre unmissverständliche Haltung muss daher jeglichen Eindruck von Propaganda vermeiden. Die Sympathien von Dokumentaristen gelten immer den konkreten Menschen. Niemals dürfen Sie deren filmische Darstellung missbrauchen, um sie für politische oder werbliche Botschaften zu instrumentalisieren, so das Ideal. *angreifbar sein*

Wenn Sie die drei dokumentarischen H's ernst nehmen und sich bemühen, sie umzusetzen, beantworten Sie sich zu Beginn jeder dokumentarischen Arbeit folgende Fragen:
• Was interessiert mich an einem Thema?
• Bin ich persönlich betroffen?
• Was ist gesellschaftlich bedeutsam und somit von allgemeinem Interesse?
• Wie will ich Stellung beziehen?

Ohne eine solide inhaltliche Recherche vor dem Drehbeginn werden Ihnen die notwenigen Informationen fehlen, um das Thema praktisch angehen zu können. Im filmischen Prozess selbst werden Sie diese solide Grundlage fundieren und reformulieren. Ein Film ist, um ein Bild zu gebrauchen, wie die Spitze eines Eisberges. Diese Spitze ragt umso imposanter heraus, desto mehr Material unter der Oberfläche angesammelt ist. *Recherchetiefe*

9.3 Der klassische Dokumentarfilm

Vielfalt der Formen und Formate

Es gibt nicht den einen klassischen Dokumentarfilm, der als Muster gelten kann. Eine Auswahl von Positionen in der Dokumentarfilmgeschichte soll Ihnen stattdessen Anregungen geben.

neugierig auf Welt

Die frühen Filme der Gebrüder Auguste und Louis Lumière zeigen Alltagsszenen des späten 19. Jahrhunderts, zum Beispiel wie Arbeiter eine Fabrik verlassen oder Sensationelles wie die Einfahrt eines ‚Dampfrosses‘ in den Bahnhof. Die Lumières hatten ein Gespür für die Bedürfnisse des frühen Filmpublikums: rasante bewegte Bilder und neuartige Perspektiven und exotische Orte.

neugierig auf Menschen

Robert J. Flaherty (1884 – 1951) war einer der Großen der Filmethnologen. Er dokumentierte in den 1920er Jahren u.a. das Leben am Polarkreis (Nanook of the North, USA 1922) und auf den Pazifikinseln (Moana, USA 1926). Der Film über den Eskimo Nanook und seine Familie ist einer der ersten bedeutenden dokumentarischen Langfilme. Heftig kritisiert wurde Flaherty allerdings für sein Arbeiten nach Drehbuch, seinem inszenierenden Eingreifen in die Lebenswelt der Protagonisten. Berühmt-berüchtigt ist die Walross-Jagdszene, in welcher der Inuit aus ‚Authentizitätsgründen‘ kein Gewehr nutzen durfte, obwohl Schusswaffen zu jener Zeit zum Jagen gebräuchlich waren. Als Flahertys spielfilmische Arbeitsweise später bekannt wurde, kam der ganze Film in Verruf.[6] Einigen Kritikern galt er als Paradebeispiel von Unglaubwürdigkeit. Filmhistorisch gesehen, waren es aber diese narrativen, re-inszenierenden Elemente in Flahertys Werk, die viele Dokumentaristen zu ähnlichen Verfahren inspirierten.

Inszenierung sichtbar machen

Um trotz Inszenierung glaubwürdig zu bleiben, sollten Sie Ihre Inszenierung als solche kenntlich machen. In einer Fernsehdokumentation mit Spielhandlung zeigt die Besetzung von bekannten Darstellern, das historische Dekor und eine durch Kräne und Schienen bewegte Kamera das Fiktionale an. Für den ‚einfachen‘ Dokumentarfilm behelfen Sie sich im Zweifelsfall mit der Einblendung ‚nachgestellt‘. Wenn Sie allerdings nur den realen Handlungsablauf von einem tatsächlichen Akteur in Einstellungen auflösend inszenieren, zum Beispiel einen Friedhofsgärtner, der mit einem Bagger ein Grab aushebt, brauchen Sie dies nicht kenntlich zu machen. Auf jeden Fall darf eine Inszenierung die Fakten nicht verfälschen. Ein nachgestellter Handlungsablauf muss auch in den Details dem Realen entsprechen.

────────────────────────── Übung ──┐
Ortserkundung
Erkunden Sie mit Ihrer Kamera ihren Lieblingsplatz (Markthalle,
Park etc.) Montieren Sie die Aufnahmen zu einer Ortsbeschreibung.
└──────────────────────────────────┘

Gegenentwürfe zu dieser Art von menschlichen Handlungen und Schicksalen zu erzählen sind die experimentellen Dokumentarfilme der 1920/30er Jahre. Statt an einer klassischen Geschichte arbeiten sie mit Assoziationen, Rhythmen, losen Bildfolgen und Bewegungen, kombiniert mit Tönen und Musik. Im Dokumentarischen scheint dann eine freie künstlerische Handschrift auf. Walter Ruttmann (1887 – 1941) schuf in dieser Art eine filmische Symphonie der Metropole Berlin (Deutschland, 1927).

künstlerische Handschrift

Der Brite John Grierson (1898 – 1972) ging noch einen anderen Weg.[7] Er wollte ein dokumentarischer Aufklärer ohne experimentelle oder inszenierende Tricks sein. ,Drifters' (Großbritannien 1929), sein Debütfilm, beobachtet das Leben von Heringsfischern. Seine Herangehensweise: Er verbringt viel Zeit mit den zu filmenden Menschen und kommentiert im OFF sozialkritisch deren Arbeitsleben.

teilnehmende Beobachtung

Eine nachfolgende Generation radikalisierte unter dem Stichwort ,Direct Cinema' diese dokumentarische Herangehensweise. „Filmen wie es ist", eine fragwürdige Forderung, denn wie ungestellt war jene filmische Wirklichkeit? Wie viel Einfluss hatte und hat die Anwesenheit einer Filmkamera auf die gefilmten Menschen bzw. auf deren Interaktion mit ihrer Umwelt? Posieren Menschen nicht automatisch, wenn sie merken, dass eine Kamera auf sie gerichtet ist?

filmen, wie es ist?

Dem Ansinnen der Direct Cinema-Regisseure, das unmittelbare, ungestellte Leben im Film zu zeigen, widersprachen die französischen Filmemacher des sogenannten Cinéma Vérité. Sie setzten auf Einmischung und Auseinandersetzung in der Drehsituation. Eine damals neue Methode: Jean Rouch (1917 – 2004) und Chris Marker (1921 – 2012) führten längere Interviews mit provozierenden Fragen. Konfrontative Interviews sind auch die Strategie des Dokumentarfilmers Michael Moore (1954*), der in seinen Filmen (zum Beispiel ,Bowling for Columbine', USA 2002) Polemik einsetzt, um Missstände der US-amerikanischen Politik aufzuzeigen.

Kino der Wahrheit

Einmischung

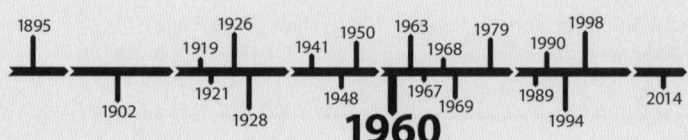

Die Kamera vergessen machen

Mit Hilfe neuartiger mobiler Kameras und tragbarer, vom Bild entkop-
pelter Tonaufzeichnungsgeräte ra-
dikalisierten Ende der 1950er Jahre
junge amerikanische Filmemacher
die Prinzipien des Dokumentarfilms und suchten einen unmittelbaren, direkten Zugang zu ihren
Protagonisten.

Der Film ‚Primary‘ von Robert
Drew (1924 – 2014) ist ein treffen-
des Beispiel für diese Arbeitsweise. Gezeigt wird der mehrwöchige

Abb. 105: ‚Primary‘, USA 1960

Vorwahlkampf zweier demokratischer Senatoren (John F. Kennedy und Hubert H.
Humphrey) im Bundesstaat Wisconsin. In kleinen Filmteams begleiteten sie die Wahl-
kämpfer ohne konkrete Drehpläne. Die filmischen Ergebnisse dieser Gruppe wurden als
‚Direct Cinema‘ bekannt: keinerlei Eingreifen in die Ereignisfolge, die Kamera vergessen
machen, um ungestellte Wirklichkeit einzufangen.

Diese Dokumentaristen wollten nicht erklären, sondern einfach nur zeigen, wie sich
Menschen in Lebenssituationen verhalten, in denen sich ihr Leben grundlegend verändert. Um unmittelbar teilzunehmen, wurde die Kamera sehr flexibel als Handkamera
eingesetzt.

Übung

Filmische Begleitung einer Person
Machen Sie einen kurzen Dokumentarclip im Stil des ‚Direct Cinema‘. Beobachten Sie eine Person in einer zeitlich begrenzten Entscheidungssituation (erster
Auftritt, Fahrprüfung, Hochzeit etc.) und versuchen Sie ungestellte Situationen
einzufangen.

Abb. 106: Reporter ‚Freddy‘ polarisiert mit seinen Interviewfragen.

Diese wenigen historischen Beispiele zeigen, dass es unterschiedliche und zum Teil widersprüchliche Herangehensweisen des Dokumentarischen gibt.[8] Immer waren es entweder technische Entwicklungen oder der Wandel ideologischer Überzeugungen, die Filmemacher anregten, sich filmisch innovativ mit ihrer Umwelt auseinanderzusetzen.

9.4 Das Fernsehfeature

Die Fernsehvariante des Dokumentarfilms heißt ‚Feature‘. Das Feature ist die ‚Königsklasse‘ der TV-journalistischen Formate. Featurefilme laufen häufig auf Reihenprogrammplätzen: ‚Unter deutschen Dächern‘ von Radio Bremen zum Beispiel. Auch das Fernsehfeature ist der filmische Versuch, eine authentische Lebenswirklichkeit dokumentarisch zu entfalten. Dabei ist das TV-Feature dramaturgisch nicht eindeutig festzulegen. Es kann als Reportage oder als komplexer Bericht, mit oder ohne Spielhandlung gebaut sein.

Featurefilme

Verbindlich ist auf jeden Fall die Länge, denn die richtet sich nach dem Sendeschema der ausstrahlenden Sendeanstalt. In den Fernsehprogrammen sind Sendeplätze von 30, 45 und 60 Minuten Lauflänge üblich. Da die Themen und Probleme im Rahmen dieses Zeitrasters filmisch-journalistisch zu erfassen sind, ist Zeitdramaturgie eine herausragende Kompetenz von Fernsehfeature-Machern. Um einen umfangreichen, schwieri-

Zeitschema eines Sendeplatzes

gen Stoff auf die vorgegebene Länge zu bringen, gibt es formale Tricks:

Schema eines
Standard-
Features
Ein Feature beginnt in der Regel mit einem ,Opener', der das Thema des Films thesenartig und möglichst sensationell präsentiert. Im Fernsehgeschäft gilt es, die Zuschauer vom ,Wegzappen' abzuhalten. Daher beginnt ein Feature mit dem inhaltlich und filmisch Stärksten, was zur Verfügung steht.

Da die Aufnahmefähigkeit der Zuschauer bekanntlich schnell nachlässt, wird das Stück in ,Häppchen' gegliedert. Bei einem halbstündigen Feature teilen Sie den Stoff in fünf bis sieben Kapitel ein. Dabei beachten Sie, dass die nachfolgenden Kapitel immer etwas kürzer werden als die vorangehenden. Diese Maßnahme lässt die Kapitel im Filmablauf psychologisch ähnlich lang erscheinen.

episodische
Dramaturgie
Viele Features sind Episodenfilme. Ein und dasselbe Thema wird an verschiedenen Protagonisten oder an unterschiedlichen Orten entfaltet. Andersherum gesagt: Ein Feature kann wie eine Serie von Filmclips geplant werden.

Natürlich braucht auch das episodische Feature Anfang und Schluss. Bei einem Halbstundenfeature kann man dem Aufmacher eineinhalb Minuten einräumen. Der Schluss sollte nicht länger als das kürzeste Hauptkapitel sein.

OFF-Kommentar
Ein wesentlicher Unterschied des Features zum klassischen Dokumentarfilm liegt im Stellenwert des OFF-Kommentars. Während die klassischen Dokumentarfilme möglichst darauf verzichten, ist der OFF-Kommentar im Feature ein konstruktives, sinnstiftendes Merkmal.

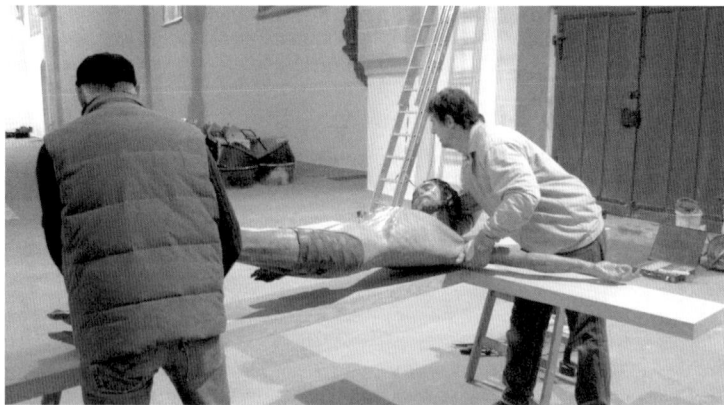

Abb. 107: In dem Film ,Umbauzeiten' werden Bilder der Renovierungsarbeiten mit Information übertextet.

Im Fernsehfeature wechseln sich in der Regel kleine Handlungen, die mit einem OFF-Kommentar übertextet sind, mit O-Ton Aussagen von Betroffenen oder Experten ab. Nur ab und an wird ein O-Ton, der einer Szene ‚abgelauscht‘ ist, frei stehengelassen. Kritiker werfen dem Feature deshalb vor, nicht viel mehr als ein bebildertes Hörspiel zu sein.

‚abgelauschter‘ O-Ton

Der Kommentar eines Features ist auf jeden Fall der Ort, an dem die Autoren ihre Haltung sprachlich formulieren. Insbesondere am Schluss des Films neigen Featureautoren zu moralisierenden Wertungen.[9] Das wirkt nicht selten pädagogisch. Wer kennt nicht die Appelle am Ende von Tierdokumentationen? Da das Feature aber eine Variante des Dokumentarfilms ist, ist eine Stellungnahme der Macher im Prinzip legitim. Wie dezent und filmisch dies gelingt, ist, wenn man so will, ein Gradmesser für die Qualität eines Features.

ausdrückliche Stellungnahme

9.5 Journalistische Kurzformen

Während die Programmplätze für Dokumentarfilme und Features im Fernsehprogramm rar geworden sind, erfreuen sich journalistische Kurzformen in Magazinsendungen großer Beliebtheit. Die nachfolgenden einfachen Verfahrensweisen für die Kurzformen sind im Feature und eingeschränkt in Dokumentarfilmen anwendbar.[10]

Magazinformate

Das einfachste journalistische Kurzformat ist die Straßenbefragung. ‚Dem Volk auf das Maul zu schauen‘, ist schnell und einfach umgesetzt. Sie formulieren eine Interviewfrage möglichst provokant und schon sprudeln Pro und Kontra hervor und offenbar der ‚Knaller‘ jeder Straßenbefragung: das Kuriose, Selbstentblößende und Entlarvende von Stammtischmeinungen. Drei bis sieben Aussagen gegeneinander verschnitten reißen ein Thema an und auf. Hintergründe und relevante Informationen sollten Sie nicht erwarten.

Straßen-befragung

──────── Übung ────────

Die Straßenbefragung
Führen Sie eine Straßenbefragung zu einem aktuellen Thema durch. Montieren sie fünf bis sieben relevante Antworten dialogisch zusammen.

Abb. 108: In dem TV-Bericht erzählt der schwerstbehinderte Lars von den besonderen Herausforderungen seines Studiums.

Die nächste Stufe ist der Nachrichteninformationsfilm (NIF). Der NIF hält in drei bis zehn kurzen Einstellungen ein Ereignis fest, komponiert eine Minihandlung oder reiht Aspekte einer Situation schildernd aneinander. Darüber liegt der OFF-Kommentar, in dem die relevanten Informationen übermittelt werden. In diese einfache Berichtsform können wenige kurze Statements von betroffenen Personen eingeschnitten werden.

Jedes journalistisch interessante und visualisierbare Thema kann in gebauten Beiträgen prägnant entfaltet werden. Ob ein Thema dann eher zum Bericht oder zur Reportage taugt, hängt vom möglichen Zugang des Beitragsmachers zum Thema und von den Protagonisten ab.

TV-Beitrag

Gesetz der
abnehmenden
Wichtigkeit

Der TV-Bericht hat möglichst einen Aufmacher, der das Thema spektakulär einführt. Danach greift er drei bis fünf Aspekte eines Themas auf und widmet ihnen eigene kurze Abschnitte. Hier gilt wie bei einem Zeitungsartikel das Gesetz der abnehmenden Wichtigkeit. Was von entscheidender Bedeutung ist, gehört immer nach vorne! In einer Schlusswendung wird das Dargestellte zu einer Aussage verdichtet oder in einen Zusammenhang gestellt.

— Übung —

Einen Beitrag produzieren
Drehen Sie Material für einen NIF. Schneiden Sie daraus einen kurzen TV-Beitrag zusammen. Versehen Sie die Einstellungsfolge mit einem OFF-Kommentar.

In einer Reportage können die Reporter selbst seh- und hörbarer O-Tonbestandteil des Films sein, denn die Reportage ist ein Erlebnisbericht. Augenzeugenschaft authentifiziert diese Art des erzählenden Berichts. Ein Gefühl des Dabeiseins sowie ein klarer zeitlicher Verlauf (z.b. Begleitung einer Polizeistreife während einer Nachtschicht) sind Elemente der Reportage.

Augenzeugen-schaft der Reportage

Eines haben die fernseh-journalistischen Kurzformate gemeinsam. Sie liefern in der Regel wertfrei zu einem Thema eine möglichst lückenlose Faktenlage und garnieren sie gegebenenfalls mit kurzen Hintergrundinformationen. Darum ist es im TV-Journalismus unverzichtbar, die Themen gründlich zu recherchieren. Klären sie die publizistischen W-Fragen: Wer (Protagonist, Antagonist), was (Thema), wann (Aktualität), wo (Nähe) und wie (Darstellbarkeit im Film) macht oder verantwortet. Die Warum-Frage zielt auf die Motive der Akteure. Diese Frage ist nicht immer klar zu beantworten. Daher wird das Warum in einem TV-Beitrag zuweilen weggelassen.

publizistische W-Fragen

9.6 Routinen der Bildberichterstattung

Im traditionellen Fernsehgeschäft nennt man die Kameraleute auch Bildberichterstatter. Der Begriff betont den journalistischen Aspekt der Kameraarbeit. Kameraleute sind eben auch Autoren: Auch sie bürgen für die Qualität der technisch-ästhetischen Arbeit wie die Journalisten für die inhaltliche Aufbereitung des sendefähigen Filmstücks. Im Folgenden stellen wir einige wenige Regeln zusammen, die ein strukturiertes Filmen in journalistischen Kontexten erleichtern sollen. Es sind Vorschläge, die nicht als Regelpoetik oder Genrevorschrift missverstanden werden sollten.

Kameraarbeit im Journalismus

Erstens: Werden Interviews geführt, ist es wünschenswert, dass die Kamera auf Augenhöhe der Interviewten aufgebaut ist. Diese demokratische Kameraperspektive entspricht der Erwartung in einer Zivilgesellschaft, dass alle Bürger gleichrangig an der öffentlichen Meinungsbildung teilhaben. Mitwirkende vor der Kamera sind Betroffene oder ‚Informationsgeber‘. Der Zuschauer sieht nicht auf sie hinunter, und die ‚Informationsgeber‘ belehren nicht von der Kanzel herab.

demokratische Perspektive
↑ S. 38

Zweitens: Für die spätere Verschneidbarkeit von mehreren Interviews ist es ratsam, die jeweiligen Protagonisten mit unterschiedlichen Orientierungen zur Kamera hin aufzunehmen. Von Interview zu Interview wechselt der Interviewer darum die Seite neben der Kamera mit der Folge, dass die Interviewten abwechselnd nach links und nach rechts schauen. Mehrere State-

Raumorientie-rung ↑ S. 6off.

ments in dieser Weise aufgenommen, lassen sich dialogisch verschneiden.

Drittens: Gute Kameraleute interessieren sich ernsthaft für die journalistischen Fragen und Probleme eines Films, deren Bilder sie zu liefern haben. Sie stellen den Autoren und Regisseuren, wenn es sein muss, auch Verständnisfragen. Nur so können Sie als Bildberichterstatter für einen Beitrag die richtige inhaltlich-kameratechnische Einstellung anbieten.

inhaltlich ,mitkoppeln'

Viertens: Gute Interviews sind, bildästhetisch gesehen, dokumentarische Portraits, das heißt: Ein Mensch wird in seiner Lebens- und Arbeitswelt aufgenommen. Der Bildhintergrund bekommt kommentierende Funktion. Machen Sie es sich zu einfach und setzen zum Beispiel einen Schriftsteller vor seine

Bildästhetik des dokumentarischen Portraits

Abb. 109: Die Kamera beobachtet die Künstlerin und Designerin Emell Göck Che in ihrem Studio.

Bücherwand, erzeugen Sie ein Filmklischee. Die Motivsuche darf daher bei der Vorbereitung eines gebauten Beitrags nicht vernachlässigt werden.

Fünftens: Haben Sie sich in einer Drehsituation für eine Einstellung entschieden, sollte diese in der Regel so lange ‚gehalten‘ werden, bis der Interviewer eine neue Frage stellt. Erfahrene Kameraleute verändern die Einstellungsgröße zwar, wenn eine Antwort zu lang ausfällt, da die unterschiedlichen Einstellungsgrößen ein Mittel sind, die Aussage später im Schnitt zu verkürzen. Sie gehen dann allerdings das Risiko ein, während einer unwiederbringlichen Aussage einen wackeligen Kameraumbau zu produzieren. Für weniger Geübte ist es darum ratsamer, sogenannte Zwischenschnitte als Notlösung nachträglich zu inszenieren (Hände groß, der Hund neben dem Sessel o.ä.).

Halten und Wechseln der Einstellungsgröße

Zwischenschnitt ↑ S. 125

Sechstens: Die Aufnahme einer zu interviewenden Person sollte möglichst im Goldenen Schnitt eingerichtet werden. Wenn Sie Menschen in dieser Art für die Kamera inszenieren, erklären Sie ihnen die technisch-ästhetischen Hintergründe, um sie zur Mitarbeit zu motivieren.

Bildaufbau ↑ S. 6off.

Siebtens: Denken Sie daran, Objekte aus einem überraschenden Blickwinkel aufzunehmen. Die Kamera kann die Welt aus Positionen zeigen, die wir im Alltag niemals einnehmen würden (zum Beispiel von unten durch einen Glastisch). Vermeiden Sie allerdings Aufnahmen, in denen die Kameraarbeit selbst bewundert werden könnte. Die Form dient immer dem journalistischen Inhalt und ist kein Selbstzweck.

überraschender Blickwinkel

Achtens: Für alle Kamerabewegungen gilt: Stand – Bewegung – Stand. Einstellungen, in denen sich die Kamera nicht bewegt, lassen sich einfacher verschneiden als Einstellungen einer bewegten Kamera. Das hängt mit den möglichen unterschiedlichen Bewegungsdynamiken der Einstellungen zusammen. Sollten Sie dennoch aus der Bewegung heraus schneiden wollen, bleibt Ihnen diese Möglichkeit ja erhalten.

Verschneidbarkeit ↑ S. 47

Neuntens: Führen Sie alle Bewegungen in beide Richtungen aus. Die Rückbewegung ist sinnvoll, weil Sie während des Dre-

---

Übung

Das Portrait
Filmen Sie eine Person in ihrem Lebensumfeld. Nehmen Sie Statements auf und abgelauschte O-Töne. Bringen Sie in einem Clip das Besondere der Person filmisch auf den Punkt, indem Sie besonderen Wert auf die Filmdramaturgie legen.

Hin- und
Rückangebot
↑ S. 91
hens nicht wissen können, ob Sie statt einer Kamerabewegung von rechts nach links im Schnitt nicht eher eine von links nach rechts benötigen. Dasselbe gilt für das Rein- und Rauszoomen.

9.7 Störfall Dokutainment

Ab den späten 1990er Jahren haben sich, bedingt durch die starke Konkurrenz zwischen den öffentlich-rechtlichen und privaten Sendern in Deutschland, neue Formen des dokumentarischen Erzählens im Fernsehen etabliert. Seitdem muss nicht unbedingt, wo ‚Doku‘ draufsteht, auch Authentisches geboten werden. ‚Reality-TV‘ ist der Oberbegriff. ‚Reality-TV‘ bezeichnet Fernsehprogramme, in denen vorgeblich oder tatsächlich versucht wird, die Wirklichkeit fernsehtauglich zu machen.

Reality-TV

Diese neuen Fernsehformate wurden besonders durch die Big-Brother-Staffeln in Deutschland bekannt. Heute gehören Reality-Shows wie ‚Deutschland sucht den Superstar‘, Doku-Soaps oder Scripted-Reality-Formate (zum Beispiel ‚Mitten im Leben‘) zum gewöhnlichen Fernsehalltag. Die Vermischung von dokumentiertem Alltag und Fiktion bringt immer wieder neue (hybride) Formattypen hervor und verwischt Genregrenzen. Ein Beispiel: Ein echtes Paar in seiner authentischen Wohnung spielt Episoden seines täglichen Lebens und Krisen der Beziehung nach. So scheint es. In der Realität spielen die Protagonis-

Doku-Serien

*vorgeschriebene
Realität*

Abb. 110: Die Parodie des Scripted-Reality-Formats ‚Bäuerin sucht Mann‘ spielt mit Rollenklischees.

ten aber von Autoren dramatisch zugespitzte Situationen, die nur bedingt ihrer tatsächlichen Lebenswelt entsprechen.

Selbst in journalistischen Qualitätsformaten, in denen verlässliche Informationen und Fakten an die Zuschauer gebracht werden, dringen heute Unterhaltungsaspekte ein. Die Darstellung von Emotionen (sogenannte ‚Herzpunkte') verdrängt dort nicht selten die spröde Hintergrundberichterstattung. Menschen werden damit sehr leicht vorgeführt. Das macht die Arbeit ambitionierter Dokumentaristen nicht leichter, da dem Medium zunehmend misstrauischer begegnet wird.

Herzpunkte

Ein zweiter Trend: Dem Zuschauer soll Service geboten werden. In vielen Sendungen geht es um Freizeitgestaltung und Tipps und Tricks für den Lebensalltag. Der Übergang zur Werbung oder zu PR-Selbstdarstellungen ist wie im Internet fließend geworden.

Servicewert

Info- oder Dokutainment sind Schlagworte für journalistische Medien, die dem Unterhaltungsanspruch gemäß aufbereitet sind. Den Zuschauern wird in erster Line etwas Sensationelles ‚geboten', und sie werden nicht selten mit einem vagen Gefühl von Informiertheit zurückgelassen.

Sensationen

10. Kurzspielfilme:
Die Erfindung eigener Welten

10.1 Filmisches Spiel – verspielte Filme

Der Spielfilm ist im 20. Jahrhundert die Fortsetzung des Romans in einem anderen Medium, lautet eine gängige These.[1] Wir greifen sie auf und veranschaulichen sie durch ein kurzes Zitat aus dem Roman ‚David Copperfield‘ (1850) von Charles Dickens (1812 – 1870):

> „In diesem Augenblick trat Agnes ein, der Mr. Micawber auf dem Fuß folgte. Sie kam mir nicht so ruhig und beherrscht vor wie sonst, Kummer und Sorgen hatten offensichtlich ihren Stempel in das Gesicht des Mädchens gedrückt, aber die stille Schönheit, die tiefe Herzlichkeit leuchteten nur umso klarer aus ihren Zügen. Uriah ließ sie nicht eine Sekunde aus den Augen, während sie uns begrüßte. Es war, als ob ein böser, häßlicher Dämon eine lichte Fee überwachte, damit sie seiner Herrschaft nicht entrinne. Ich sah, wie Mr. Micawber und Traddles miteinander Zeichen wechselten, und wie Traddles darauf, von den anderen unbemerkt, hinausging. ‚Mr. Micawber‘, rief Uriah jetzt, ‚sie brauchen nicht zu warten. Gehen Sie an die Arbeit!‘"[2]

Um aus diesem literarischen Text einen Film zu machen, lösen wir ihn in Einstellungen auf, denn die Einstellung, das ist ja unsere Hauptthese, ist die zentrale Denk- und Handlungseinheit der Filmemacher. Die Methode: Wir weisen den verschiedenen Satzteilen Einstellungen mit unterschiedlichen Einstellungsgrößen zu. Die folgende Umsetzung ist nur eine von vielen denkbaren Varianten.

Wenn Sie wollen, können Sie das Gedankenexperiment als Inszenierungsübung praktisch umsetzen, um sich die Konse-

Spielfilm und Erzähltradition

literarischen Text in Einstellungen auflösen

quenzen von Drehbuchvorgaben konkret vor Augen zu führen.
Die Kamera nimmt übrigens die Position des Erzählers ein:

Halbnah
In diesem Augenblick trat Agnes ein,

Abb. 111: Agnes

Halbtotal
der Mr. Micawber auf dem Fuß folgte.

Abb. 112: Agnes, Micawber

Groß
Sie kam mir nicht so ruhig und beherrscht vor wie sonst, Kummer und Sorgen hatten offensichtlich ihren Stempel in das Gesicht des Mädchens gedrückt, aber die stille Schönheit, die tiefe Herzlichkeit leuchteten nur umso klarer aus ihren Zügen.

Abb. 113: Agnes

Halbnah
Uriah ließ sie nicht eine Sekunde aus den Augen,

Abb. 114: Uriah

Halbtotal
während sie uns begrüßte.

Abb. 115: Agnes, Micawber
und Traddles

Groß
Es war, als ob ein böser, häßlicher Dämon eine lichte Fee über-
wachte, damit sie seiner Herrschaft nicht entrinne.

Abb. 116: Uriah

Halbnah

Ich sah, wie Mr. Micawber und Traddles miteinander Zeichen wechselten,

Abb. 117: Agnes, Micawber, Traddles

Total

und wie Traddles darauf, von den anderen unbemerkt, hinausging.

Abb. 118: Agnes, Micawber, Traddles

Groß

„Mr. Micawber", rief Uriah jetzt, „sie brauchen nicht zu warten. Gehen Sie an die Arbeit!"

Abb. 119: Uriah

Die literarische Sprache von Charles Dickens ist in der Tat filmisch: Wir erleben die Szene sinnlich konkret. Alles, was sicht- und hörbar geschieht, wird in unserer Phantasie durch Sprache magisch hervorgezaubert. Diese Nähe zur Epik ist einer der Gründe für die unzähligen Literaturverfilmungen der Filmgeschichte. Besonders Novellen dienten und dienen als Grundlage für Drehbücher.

Magie der Sprache

Was in der Literatur allein durch Worte gedacht, gesprochen und geschrieben wird, zeigen die Spielfilme in einer wahrnehmbaren Gestalt. Der Unterschied bietet dem Film den Vorteil, eine Situation, die in einer Erzählung umständlich beschrieben werden muss, schnell und einfach in einem Filmbild zu zeigen. Da das Bild sprichwörtlich mehr als tausend Worte sagt, können Filme eine Geschichte in kürzerer Zeit erzählen als literarische Erzählungen. Für ein handelsübliches Buch braucht ein geübter Leser (im Urlaub) einen Tag. Spielfilme sind dagegen ‚abendfüllend‘, in unserem Kulturkreis also eineinhalb bis zweieinhalb Stunden lang.

Überzeugungskraft des Bildes

Es gibt selbstverständlich längere oder kürzere Filme, was zu einem für uns interessanten Problem führt: Was unterscheidet einen kurzen Spielfilm von einem langen, und was macht einen sogenannten Kurzfilm aus?

Der französische Kultregisseur Jean-Luc Godard behauptet, dass es, von der Länge abgesehen, keine wesentlichen Unterschiede gäbe.[3] Das ist auf paradoxe Art richtig und falsch zugleich. Richtig ist es, weil ein kurzer Spielfilm oder Kurzfilm mit Spielhandlung die grundlegenden Regeln der Gattung beherzigen sollte. Falsch ist es, weil die Begrenzung durch die Filmlänge eine enorme Einschränkung der Entfaltungsmöglichkeiten beinhaltet. Es steht einfach weniger Zeit zur Verfügung, um Charaktere zu entwickeln und Konflikte nuanciert auszutragen.

kurze und lange Filme

Weil Sie alle wesentlichen Elemente des Spielfilms auch in einer Kurzfilmproduktion ausführen können, ist er dennoch für Sie als Einstieg in die Spielfilmproblematik zu empfehlen.

10.2 Der fiktionale Kurzfilm

Unverzichtbar im Kurzfilm mit Spielhandlung ist der handelnde und erleidende Mensch. Der französische Regisseur Jean Renoir zitiert den Philosophen Blaise Pascal (1623 – 1662), um die herausragende Rolle des Themas ‚Mensch‘ im Film zu verdeutlichen:

Mittelpunkt Mensch

„Wie Pascal sagt: Das einzige, was den Menschen interessiert, ist der Mensch. Alles, was um den Schauspieler herum ist, muß diesem Ziel untergeordnet werden: das Publikum mit einem menschlichen Wesen in Kontakt zu bringen. Der Dekor kann dazu in großem Maß beitragen, nicht durch die Illusion, die er dem Zuschauer verschafft, sondern durch den Einfluß, den er auf Schauspieler ausübt. Das gilt besonders für Außenaufnahmen in natürlichen Dekors."[4]

Auch Ihr Kurzfilm braucht einige wenige menschliche Darsteller. Aus der Begegnung eines Protagonisten (Spieler) mit einem Antagonisten (Gegenspieler) entsteht ein Konflikt. Dieser Konflikt treibt die Handlung an. Alles andere dient nur dazu, die Charaktere, ihre Motive und ihr Verhalten zu veranschaulichen sowie den Konflikt voranzutreiben und auszutragen. Allerdings kommt dem Drehort, wie Renoir sagt, eine besondere Bedeutung zu. Er hilft besonders den Laiendarstellern sich in das Schicksal einer darzustellenden Figur hineinzufinden.

Handlung auslösender Konflikt

Ein Kurzfilm ist in erster Linie episch. Das heißt, ein Spielfilm entfaltet ein Bündel von Handlungen, um ein komplexes Geschehen darzustellen. Dieses Geschehen wird dramatisch durch innere Konflikte der Figuren oder durch äußere Umstände ausgelöst und zugespitzt. Am Ende erfolgt eine tragische oder komische Auflösung des Konfliktes. Vereinfacht gesagt: Die Geschichte geht schlecht oder gut für den Protagonisten aus. Daher braucht man erkennbare Wendepunkte, an denen sich die Entwicklung der Handlung als vorläufig und kritisch erweist. Die Wendepunkte haben den dramaturgischen Sinn, eine Handlung, deren Entwicklungstendenz durchschaubar geworden ist, in Frage zu stellen, um erneut Spannung aufzubauen. In der Tragödie wird die einem guten Ausgang zustrebende Handlung in eine abgründige Richtung geführt. Die Tragödie endet in der Katastrophe. In der Komödie befreien sich die Protagonisten aus einer scheinbar unlösbaren Situation durch eine überraschende Rochade. Die Komödie hat ein Happy End.

Wendepunkte

Tragödie und Komödie

Übung

Kurzfilmentwicklung Stufe 1
Erfinden Sie eine Handlungsfolge für einen komischen oder einen tragischen Kurzfilm.

Die Besonderheit des Kurzfilms ist die extreme Reduktion und Verdichtung aller inhaltlichen und dramaturgischen Aspekte. Das gezeigte Geschehen des Kurzfilms bleibt daher extrem ausschnitthaft. Wie in einer Kurzgeschichte setzt die Handlung abrupt ein, ohne die Motive der Figuren langatmig einzuführen, nicht selten gleich mit dem krisenhaften Konflikt, der die Handlung unmittelbar anstößt. Der Ablauf der Handlung endet ebenso unerwartet durch eine pointierte Wendung, die dem Geschehen häufig einen offen Schluss verschafft.

Ausschnitthaftigkeit

Die Handlung zwischen Start- und Schlusskonfiguration wird straff erzählt, die erzählte Zeit (der Geschichte) entspricht nicht selten der Erzählzeit (Laufzeit des Films). Wir nehmen unmittelbar an den Ereignissen Anteil und finden uns sofort in das filmische Geschehen eingebunden und im doppelten Sinn mitgenommen. Ein guter Spielfilm, auch ein kurzer, löst eine drastische körperliche Reaktion beim Zuschauer aus: Er erotisiert, stößt ab, lässt mitleiden.

erzählte Zeit und Erzählzeit

Ein guter Film wirkt körperlich. |

Die erzählende Kamera ist zumeist neutral, das bedeutet, dass sie für die Filmfiguren und den Zuschauer unsichtbar bleibt, aber direkt und ungehindert am Geschehen beobachtend teilnimmt. Dokumentarische oder experimentelle Elemente können selbstverständlich, wenn filmisch motiviert, integriert werden.

─────────────────────────────────── Übung ┐

Kurzfilmentwicklung Stufe 2
Schreiben Sie Ihre Geschichte um, indem Sie Anfang und Schluss pointieren und Ereignisse drastisch zuspitzen.

Im Kurzfilm lassen sich aber auch gängige dramaturgische Hollywood-Schemata realisieren. Um den Erfolg planbarer zu machen, gibt es traditionell drei industrielle Tricks: den Production-Value, den Star-Value und den Story-Value.[5]

klassische Hollywood-Strategien

Schlicht gesagt bedeutet der Production-Value: Viel hilft viel. Je mehr Geld sichtbar in einen Film investiert wird, desto höher werden die Zuschauer ihn bewerten – so die Erwartung. Und je mehr große Stars in einem Film vorkommen (Star-Value), desto wahrscheinlicher ist, dass diese Stars ihre Fans anziehen. Diese beiden klassischen Hollywoodwerte lassen wir aus einsichtigen Gründen außer Betracht.

Interessanter ist der Story-Value, denn die klassischen Hollywoodfilme unterscheiden zwei dramaturgische Strategien: die große und die kleine Erzählung.

die große Erzählung ist handlungstreibend

Die große Erzählung beschreibt in der Exposition eine Situation und stört deren Statik durch einen Konflikt, um die Handlung in Bewegung zu setzen, die am Ende des Films in einer anderen Situation zur Ruhe kommt: Die Frühstücksidylle eines jungen Paars wird durch den Postboten gestört, der ein Einschreiben überbringt. Die Protagonistin liest und rennt unvermittelt aus dem Haus. Im Filmverlauf versucht sie ihren Lottogewinn einzulösen. Am Ende des Films sitzt sie wieder am Tisch. In einer Komödie wohlhabend und glücklich mit Partner, in der Tragödie nachdenklich melancholisch ohne Partner.

die kleine Erzählung ist Situationen ausleuchtend

Die kleine Erzählung beginnt dagegen mit einer Handlung, die in eine relativ statische Situation führt. Erst am Ende des Films wird diese Situation durch einen handlungsbetonten Schluss aufgelöst: Die Protagonistin steht an einer Imbissbude. Ein Mann reißt ihr an der Tasche, und die Tasche fällt auf den Boden. Bevor die Frau zugreifen kann, ist der Täter mit der Tasche auf und davon. Im Verlauf des Kurzfilms erzählt die Frau dem Imbissbudenverkäufer, weshalb die Bewerbungsunterlagen in der Tasche für ihren zukünftigen Lebensweg entscheidend sind. Schließlich geht sie traurig davon. Der Imbissbudenbesitzer findet die aus der Tasche herausgefallenen und unter den Imbisswagen gerutschten Unterlagen. Nach einer kurzen, furiosen Verfolgungsjagd übergibt er der überglücklichen Frau den Umschlag.

Exposé

Übung

Kurzfilmentwicklung Stufe 3

Schreiben Sie Ihre Geschichte um, so dass entweder eine kleine oder große Erzählung entsteht. Ihr Text beschreibt vornehmlich den Handlungsverlauf (Fabel). Erste Beschreibungen des Milieus oder der Charaktere der Protagonisten sowie wichtige Dialogstellen können Sie einarbeiten. Der anderthalbzeilige Text sollte nicht länger als zwei DinA4-Seiten sein. Das Produkt dieser Arbeit nennen wir Exposé.

Abb. 120: In dem Kurzfilm ,Der Gast'
durchläuft eine Paarbeziehung
emotionale Schwankungen.

Kurzfilme haben im wahrsten Sinne des Wortes wenig Spielraum für die Entwicklung der Charaktere. Die Filmfiguren bleiben in der Regel Typen (der Polizist, die Seglerin, das streitende Paar), da sie keine charakterliche Entwicklung durchlaufen, denn Kurzfilmfiguren reifen selten, sie sind einfach da.

Ist der Einsatz von Laiendarstellern geplant, sollten Sie ihnen nicht zuviel Dialog und keine mit Bedeutung überladenen Textstellen zumuten. Es könnte unfreiwillig komisch wirken, weil Laien Texte zumeist aufsagen, statt sie lebendig zu sprechen. Figuren, die Alltägliches kommunizieren, wirken sowieso glaubwürdiger. Wichtiger als ausgefeilte Dialoge ist im Spielfilm die körperliche Präsenz.

Der Filmtitel ist für einen Kurzfilm von besonderer Bedeutung und sollte nicht vergessen werden. Er kann rätselhaft in dem Sinn sein, dass er etwas nicht Alltägliches verspricht. Da der Kurzfilm ohne große Exposition auskommen muss, leistet der Titel im besten Fall auch eine Einstiegshilfe (Pseudoexposition).

────────────────────────── Übung ──

Kurzfilmentwicklung Stufe 4
Erweitern Sie ihr Exposé um einfache, dem Alltäglichen abgelauschte Dialoge. Überschreiben sie das Exposé mit einem kurzen, aussagekräftigen Arbeitstitel. Dieser Titel ist ein provisorisches Hilfsmittel. Der endgültige Titel wird erst kurz vor Schluss der Produktion festgelegt.

10.3 Bewegtheit und Bewegung

Theaterstücke sind selbstverständlich auch verfilmt worden, aber die Verfilmungen von dramatischen Texten tendieren dahin, dialoglastig zu sein. Dialoge gibt es zwar auch in Erzählungen, hier passen sie sich aber in eine ereignisreiche Handlungsfolge ein. Eine literarische Fabel ist ja ein Geschehen, das aus verschiedenen spannenden Handlungen und Sprechakten zusammengesetzt ist. Eine Fabel verwebt diese Ereignisse in geschickter Weise zu einer sinnreichen Geschichte. In einer Fabel verkünden die Figuren weder in Monologen noch in Dialogen bedeutungsschwangere Inhalte, sondern sie agieren in einer scheinbar natürlichen Weise, die es dem Zuschauer ermöglicht, auf bedeutende Inhalte zurückzuschließen. Das ist das Reizvolle der Erzählung, sei sie sprachlich oder filmisch.

Handeln und Sprechen

Wenn ein Filmskript als Fabel (sinnvolle Handlungsfolge) vorliegt, werden in den Handlungen der Protagonisten deren Antriebe (Motive) ablesbar. Die entscheidende dramaturgische Frage eines Filmskriptes ist also, wie sich die innere Bewegtheit einer Figur in ihre äußeren Bewegungen und Handlungen, zu denen auch die Sprechhandlungen gehören, umsetzen lässt. Die Schauspieler müssen ihre Bewegungen und ihre Äußerungen zu diesem Zweck an der Kamera orientieren.

Motive und Bewegung
↑ S. 78

Übung

Kurzfilmentwicklung Stufe 5
Entwickeln Sie das Exposé zu einem Treatment. Das deutsche Wort für ‚Treatment‘ ist ‚Filmnovelle‘. Hier schließt sich der Kreis: Schreiben Sie Ihre Filmnovelle im Stil einer realistischen Erzählung (wie bei Dickens). Lassen Sie die Motive der Protagonisten durch ihr Handeln sichtbar werden. Der Text sollte zehn bis fünfzehn Seiten lang sein.

Ist der Fabelverlauf ausgearbeitet und mit wenigen, präzisen, lebensechten Dialogen angereichert, wird die Kameraarbeit einbezogen: Fährt die Kamera neben dem Geschehen her oder nähert sie sich an? Geht die Kamera gar gegen die Protagonisten vor oder hält sie distanziert Abstand?

Kameraarbeit
↑ S. 29ff., 57ff., 77ff.

An dieser Stelle der Filmskriptentwicklung müssen sie alles parat haben, was sie über die Einstellung gelernt haben. Denn in einem Regieskript wird die Fabel auf Einstellungsniveau und die dazugehörigen technisch-ästhetischen Besonderheiten ‚runtergebrochen‘.

Vorsatz:
- *Arbeitstitel (möglichst ein Wort)*
- *Produktbezeichnung (Exposé, Treatment oder Drehbuch)*
- *Verfassername, Kontaktanschrift*
- *Zusammenfassung der Handlung in wenigen Sätzen*
- *Personencharakterisierung in Stichworten*

Ereignisfolge gegliedert nach Szenen und Einstellungen, zum Beispiel:

Szene 41: Aufruhr im Büro
innen, Tag

Einstellung 88 (halbnah)
Agnes betritt das Büro von Uriah Heep.
  gedämpfter Straßenlärm

Einstellung 89 (halbtotal)
Mr. Micawber folgt ihr auf dem Fuß.
Micawber: „Agnes, Liebes, warten Sie doch!"

Einstellung 90 (groß)
Uriah mustert die Hereinkommenden aufmerksam.

Abb. 121: Beispielschema für Drehbuch

─────────────────────────────────────── Übung ──

Kurzfilmentwicklung Stufe 6
Machen Sie aus ihrem Treatment ein Regieskript (Drehbuch):
Formulieren Sie Sätze oder Satzteile der Filmnovelle zu Einstellungen um. Weisen Sie diesen Einstellungen Einstellungsgrößen zu.
Beachten Sie die Anschlussfähigkeit von Einstellung zu Einstellung.

Mit dem Regieskript (Regiedrehbuch) liegt ein inhaltlich-ästhetisch in Einstellungen durchgearbeitetes Hilfsmittel für die Arbeit am Drehort vor. Auf der anderen Seite gibt es den technisch-organisatorischen Komplex. Auf der Grundlage des Drehbuches müssen Schauspieler ausgesucht und verpflichtet, das Produktionsteam zusammengestellt werden. Und vorab muss klar sein, welche technischen Mittel (Kamera, Ton, Licht, Bühne) wann und in welchem Umfang eingesetzt werden können. Einen Fahrdienst und das Catering sollten Sie, daran sei nochmals erinnert,

Regieskript

Drehplan

nicht vergessen. Damit dies alles organisiert werden kann, wird das Drehbuch in einem Drehplan (ggf. mit Tagesdispositionen) abgebildet. Der Drehplan ist nicht nach der Szenenfolge des Drehbuchs organisiert, sondern nach Drehorten. Alle Szenen, die an einem Ort spielen, werden zeitlich gebündelt, um den Aufwand und die Kosten gering zu halten. Drehbuch und Drehplan sind die beiden Steuerungsinstrumente einer Filmorganisation.

technischer
Check vor
Drehbeginn

Bevor ein Filmtross sich zu einem Drehort aufmacht, überprüft das technische Team die Ausrüstung auf Funktionstüchtigkeit. Nichts ist ärgerlicher als verstellte Kameramenüs, leere Akkus oder demolierte, unbrauchbare Stative. Scheitern kann sehr banal sein, das ist die bitterste Lektion, die jeder Filmemacher früher oder später macht.

10.4 Inszenierung: Realität schaffen, nicht nachspielen

Schauspieler-
führung

Das Kerngeschäft jeder Regie ist die Schauspielerführung. Sie beginnt mit der Auswahl der Darsteller, die entscheidend für den Erfolg eines Films ist. Wenn die Darsteller eine Filmfigur nicht verkörpern, den Filmfiguren kein Leben einhauchen können, ist der ganze Film tot. Die Hochachtung vor der gelungenen schauspielerischen Leistung kann daher nicht groß genug sein.

Laiendarsteller

Ein Filmdarsteller muss nicht unbedingt ein professioneller Schauspieler sein. Es gibt in der Filmgeschichte viele Belege dafür, wie eine gelungene Darstellerauswahl zusammen mit einer einfühlsamen Regie auch Laien zu hervorragenden Ergebnissen führt. Der große französische Regisseur Robert Bresson (1901 – 1999) ist berühmt für seine originale Arbeit mit Laien.[6] In letzter Zeit legte der Wiener Filmer Ulrich Seidl (1952*) eindrucksvolle Filme vor, zum Beispiel die ‚Paradies-Trilogie', in der neben Profidarstellern Laien eine tragende Rolle spielen (Deutschland, Österreich, Frankreich 2012 – 2013).

Schaffen Sie zu den Schauerspielern eine Vertrauensbasis, in dem Sie deren Anliegen ernst nehmen und ihnen Zeit geben, etwas zu entwickeln.

emotionales
Gedächtnis

Wie aber versetzt sich ein Darsteller in den lebendigen Seelenzustand, sagen wir, eines Mörders, wenn er selbst friedfertig ist?

Vielleicht hilft es, wenn Sie ihren Mörderdarsteller daran erinnern, was er oder sie fühlte, wenn mitten in der Nacht eine Mücke penetrant um den Kopf herumschwirrte und am Einschlafen hinderte. Wie fühlt sich der Moment des Genervtseins an, und wie reagiert man darauf? Was passiert emotional in dem Moment, in dem ein Schlag mit der Klatsche die Mücke umbringt? Es ist die aggressive Mückentötungsenergie, die in die Darstellung eines Mörders eingebracht werden kann.

Das mag witzig oder absurd klingen, aber professionelle Schauspieler erlernen solche oder ähnliche Techniken in ihrer Ausbildung. Es spricht nichts dagegen, auch Laien ihr emotionales Gedächtnis nach einer Analogie aus dem eigenen Leben durchstöbern zu lassen, um eine filmische Darstellung lebendig werden zu lassen.[7]

Ein anderer Regietipp zielt darauf, dass die Darsteller ihre Hände unter Kontrolle bringen. Laiendarsteller wissen in der Regel mit ihren Händen nichts anzufangen und schlenkern sie unmotiviert hin und her. Ein Requisit, ein Becher, der gedreht, eine Zigarette, die in die Hand genommen und weggelegt wird, hilft ihnen sich in ihre Rolle hineinzufinden. Dazu gehört natürlich auch das richtige Ambiente. Der Drehort muss mit der Lebenswelt der Figur hundertprozentig übereinstimmen, dann lassen sich in der Arbeit mit Laiendarstellern auch Minihandlungen erfinden, die einerseits das Gesamtgeschehen voranbringen, andererseits die Figur, ihren Charakter und ihre Motive präzise veranschaulichen.

Requisiten als Schauspielerhilfe

Spielen mehrere Darsteller in einer Szene mit, müssen die Körperstellungen und Körperbewegungen in den wechselnden Einstellungen präzise aufeinander abgestimmt werden. Jede Aktion der einen Figur muss von der anderen erwidert werden und wenn es nur durch einen ausdruckslosen Blick geschieht. Blickrichtungen, die Ausrichtung des Kopfes und des Rumpfes sind die Lötstellen zwischen den Einstellungen. Siehe auch Kasten ‚Independent Cinema'.

lebendige Beziehungen ↑ S. 64ff., 155

Ein gesprochenes Wort kann auf den Gegenspieler wie ein körperlicher Angriff wirken. Nochmals eine Textstelle aus dem Roman ‚David Copperfield':

„Aber Mr. Micawber ging noch immer nicht. Unberührt von Uriahs drohendem Ton, hielt er dessen Zornesblick stand und schleuderte ihm plötzlich mit größter Heftigkeit die Worte ins Gesicht: ‚Uriah Heep – Sie sind ein Schuft! Das weiß ich, und das soll bald die ganze Welt erfahren!' Uriah fuhr zurück, als habe ihn ein Schlag getroffen. Dann sah er uns der Reihe nach an."[8]

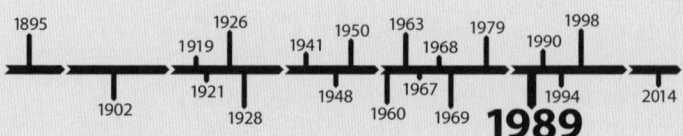

Independent Cinema

Hal Hartley (1959*) ist ein „Total Filmmaker" der New Yorker Filmszene. Er kommt ursprünglich von der bildenden Kunst und macht die Musik seiner Filme selbst. In den Dialogen der Figuren pflegt er einen theatralischen Duktus, der eine künstliche Distanz in die authentisch inszenierten Geschichten aus dem Vorstadt- und Kleinstadtleben einbringt. In dem Film ‚The Unbelievable Truth' kommt es zum Konflikt zwischen Tochter und Vater, weil der Vater seine Vorstellung einer erfolgreichen Zukunft seiner Tochter durchsetzen will (Make a Deal). In einer Schlüsselszene des Films erfährt der Vater, dass seine Tochter mit Nacktfotos bekannt geworden ist. Hartley inszeniert diese Szene als eine Art filmisches Triptychon: Der Vater dreht sich vor einem Kiosk von einer Seite zur anderen, während er das im Kiosk gekaufte Magazin zerreißt. Links vom Kiosk stehen Freunde der Tochter. Auf der rechten Seite sind die Mutter und eine weitere Freundin der Tochter im Gespräch. Wiederholt reden sie dem Vater beruhigend zu. Die

Abb. 122: ‚The Unbelievable Truth', USA 1989

Szene funktioniert nur, weil die Bewegungen der Figuren, ihre Gesichts- und Körperausrichtungen einstellungsübergreifend aufeinander bezogen sind.

Übung

Blick- und Körperausrichtung
Erfinden Sie eine kurze Verfolgungsgeschichte, in der zwei Agenten in einem Park umherschleichen. Zeigen Sie durch Blick-, Körper- und Bewegungsanschlüsse, wer Verfolger und wer Verfolgter ist. Erfinden Sie einen Höhepunkt, in dem sich die Figuren umkreisen und beschließen Sie den Film mit einer umgekehrten Verfolgungssituation.

Der Romanautor beschreibt genau das Wechselspiel zwischen gesprochenem Wort und der körperlichen Reaktion. Die folgerichtige Erwiderung, ob sprachlich oder körperlich, ist ein wesentlicher Garant für die Lebendigkeit des Spiels.

Darum darf Sprache im Film niemals vorgetragene Schriftsprache, sondern muss Sprche sein. Im gesprochen Wort der Schauspieler hören wir niemals ,das Papier des Drehbuches knistern'.

Wir sprechen im Alltag übrigens selten vollständige Sätze. Eine dahingeworfene Phrase wie ,Gib mal' zusammen mit einem Kopfnicken reicht vollkommen aus, um einen Frühstückspartner unmissverständlich aufzufordern, die Marmelade vom anderen Tischende herüberzureichen. Die Regie muss diese Zusammenhänge und Wechselwirkungen in ihren Planungen bedenken und zusammen mit den Darstellern entwickeln.

Eine weitere Herausforderung der Regiearbeit ist die Synchronisation von Darstellern und Kameraarbeit. Soll eine Dialogstelle emotional verstärkt werden, tritt die Darstellerin zum Beispiel in der Pause zweier Sätze an die Kamera heran und verändert dadurch die Einstellungsgröße. War sie vorher halbnah zu sehen, wird der Kopf nun in groß fotografiert. Entscheidend für den Erfolg dieses Schauspielerverhaltens ist Unsichtbarkeit. Nur wenn die darstellerischen Mittel dem Zuschauer nicht bewusst werden, behält das Schauspiel seine natürliche Unmittelbarkeit.

Wenn wir die Filmschauspielerei, die lebendig wirken will, analytisch zergliedern, können wir drei zu kontrollierende Dimensionen unterscheiden: Schauspielen, Darstellen, Sein.[9]

Das Schauspielen setzt eine Rolle in Handlungen und Sprechakte um. Aus dem Drehbuch entnehmen Darsteller und Regie, welche Filmfigur welche Handlungen allein oder in Interaktion mit anderen Darstellern ausführt. Wenn der Protagonist zum

Sprche-Körper-Wechselwirkung
↑ S. 144

alltägliche Dialoge

für die Kamera spielen

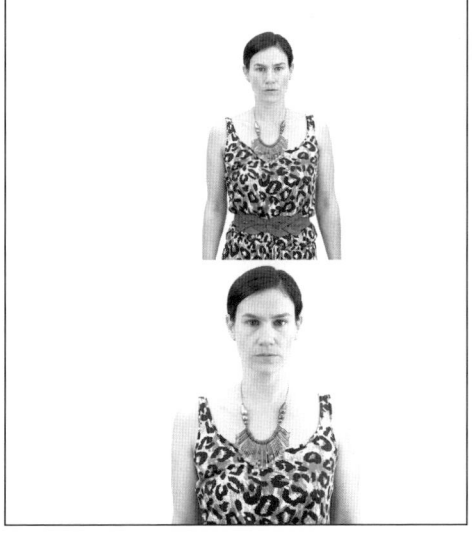

Abb. 123: In der Videoinszenierung eines Else-Lasker-Schüler-Textes wird die Einstellungsgröße durch die Schauspielerbewegung verändert.

Beispiel in einer heftigen Reaktion eine Tasse Kaffee vom Tisch nimmt, hat dies sofort sichtbare Konsequenzen für alle anderen Darsteller.

— Übung —

Kurzfilmentwicklung Stufe 7
Sprechen Sie mit Ihren Darstellern die Rollen durch. Arbeiten Sie an den Dialogen. Vielleicht ändern die Darsteller einen Text ab, weil sie ihn dann leichter sprechen können. Es wird der Lebendigkeit dienlich sein. Hängen Sie also nicht sklavisch am Drehbuch. Gehen Sie mit der Textvorlage frei um.

Dimension der Darstellung

Die psychologischen Hintergründe der Figur, ihre Motive werden nicht nur in der Handlung sichtbar, sie können dem Zuschauer durch die Art und Weise des Darstellens nachdrücklich vermittelt werden. Die Mimik, typische Gesten, die Weise, wie eine Figur mit Requisiten umgeht, sind Hilfsmittel der Verdeutlichung eines Charakters, seiner Antriebe und Konflikte. So kann schon die Körperhaltung etwas über den Seelenzustand einer Figur ausdrücken. Es macht einen großen Unterschied, ob ein Darsteller mit hängenden Schultern agiert oder mit aufgerichtetem Kopf.

Kompliziert wird es, wenn die Körperhaltung laut Drehbuch nicht mit dem Inhalt des Dialogtextes übereinstimmen soll. So ist denkbar, dass ein Protagonist zwar mit Worten beteuert, dass alles in seinem Leben in Ordnung sei, die Art, wie diese Figur am Tisch zusammengesunken sitzt und gedankenverloren am Ehering spielt, legt jedoch eine andere Interpretation nahe. Das einen Charakter veranschaulichende Verhalten nennen wir im Unterschied zum Schauspielen ,Darstellung'.

Rolle und Charakter

In jeder Einstellung gibt es also zwei grundsätzlich unterschiedliche Handlungstypen: das Schauspielen einer Rolle und das Darstellen eines Charakters. Das ist relativ kompliziert, darum noch ein zweites Beispiel:

Viele Aktionen in einem Film haben zunächst nur den Sinn, eine Handlung bis zu ihrem Ende voranzubringen. Jemand verlässt zum Beispiel einen Supermarkt und belädt sein Auto. Die Kamera fährt parallel mit. Während der Dauer dieses Geschehens passiert eine eingebaute Minihandlung: Obwohl keine Hand mehr frei ist, versucht die Figur den Autoschlüssel aus der Hosentasche zu ziehen. Ärgerlich setzt sie den Karton mit den Le-

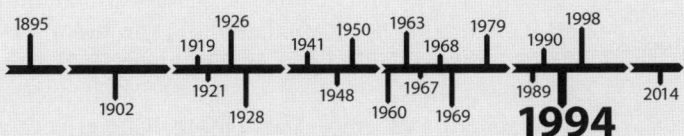

Genrefilm

Quentin Tarantino (1963*) gilt vielen als Inbegriff des postmodernen
Kinos: Vieles ist Zitat, es gibt Zeit-
schleifen, das filmische Personal
besteht aus Media Freaks, die ihre
Identität aus Film-, Fernseh- oder
Comicvorbildern beziehen. Tarantino ist ein Meister des filmischen
Samples. Seine Genreversatzstücke

Abb. 124: Pulp Fiction', USA 1994

aus der Welt der populären Kultur sind häufig mythische Konfigurationen: Männerbünde,
Castor und Pollux, Hure und Heilige, Mann und Frau auf der Flucht, No-Way-Out-Situ-
ationen. Tarantinos Filme sind in erster Linie Genrefilme (hardboiled Gangsterstreifen,
Eastern, Rache- oder Sklavendrama, Western). Er liefert aber keine schlichten Genre-
Kopien, sondern bringt Zitate und Eigenschöpfung in vitale Beziehungen und das vor
allem in der Art, wie die Darsteller miteinander reden.

Tarantinos Dialoge glänzen mit Pointen in absurden Situationen. Rock'n'Roll-Textzi-
tate, literarische Quellen oder Dialogphrasen aus Filmen dienen als Ausgangpunkte.
Entscheidend für das Funktionieren des gesprochenen Wortes im Tarantino-Stil sind
die Darsteller, die als Typen die Texte locker über die Lippen bringen und sich in den
Dialogen perfekt ergänzen. Sprache ist hier Rhythmus, Sprache definiert aber auch die
Lebensphilosophie der Charaktere.

Übung

Dialog
Schreiben Sie einen möglichst absurd-banalen Zwei-Personendialog und
integrieren Sie den Dialog in eine Mini-Handlung, die sich in einer überraschen-
den Pointe auflöst. Legen Sie den Dialog im Tarantino-Stil an und casten Sie
entsprechende Typen. Lassen Sie sich von der legendären ,Royal-with-Cheese'-
Dialogszene aus ,Pulp Fiction' inspirieren, in der sich die beiden Killer auf dem
Weg zum Auftragsmord über die Besonderheiten der europäischen Burger-
Bezeichnungen unterhalten.

bensmitteln auf dem Boden ab, tritt mit dem Fuß dagegen, als sei der Karton Schuld an der Misere. Diese Minihandlung bereitet einen Wendepunkt der Haupthandlung vor. Beim Aufheben des Pakets verkratzt die Filmfigur aus Versehen das Nachbarauto.

*charakterisieren-
de Minihandlung*

An diesem Beispiel sehen wir, wie das Rollenverhalten (Einkaufen gehen) mit einer Darstellung (Choleriker) verbunden wird. Damit die verschiedenen Einstellungen tatsächlich als verbundene funktionieren, müssen der Bewegungsrhythmus der Figur, ihre Körper-, Gesichts- und Augenlinien kontrolliert werden: Die Figur schließt den Wagen auf, während sie den Blick ängstlich über den Parklatz schweifen lässt. Weil sie durch das Beobachten abgelenkt ist, gelingt das Aufschließen nicht. Der Blick ruckt zum Schlüsselloch hinunter, um das Einstecken des Schlüssels zu koordinieren.

Übung

Kurzfilmentwicklung Stufe 8
Erarbeiten Sie mit den Darstellern kleine Neben- und Hintergrundhandlungen, die den Charakter der Figuren sichtbar machen. Diese Handlungen finden Sie nicht in Ihrem Drehbuch! Sie entwickeln sie in der Drehsituation gemeinsam mit den Darstellern.

Schauspielen und Darstellen sind Leistungen, die Schauspieler in einer langen Ausbildung trainieren. Doch sind professionelle Schauspieler manchmal für die Filmarbeit nicht einsetzbar, weil sie im Theater gelernt haben, zu viel Darstellung in die Rolle zu geben. Diesen unschönen Effekt nennt man ‚Überspielen'. Woran liegt das? Die Filmaufnahmeapparatur dokumentiert alles, was sich vor der Kamera abspielt. Sie dokumentiert auch, wenn gespielt wird: Sie dokumentiert das Spielen. Die größte Herausforderung für jeden Filmdarsteller ist es daher, nicht zu spielen, sondern wieder zu reinem Sein zurückzufinden.

Überspielen

Was etwas mysteriös klingt, ist im Grunde banal: Eine pointierte Mimik, im Theater auch für die letzte Reihe gedacht, wird in der Großaufnahme zur übertriebenen Grimasse. Eine deutlich artikulierte, mit Schalldruck vorgebrachte Textstelle, ist im Theater von jedem Zuschauer zu verstehen und sogar die emotionalen Beimischungen lassen sich heraushören. Beschallt ein Sprecher in dieser Art ein Mikrofon, wirkt der Text albern.

*kein Theater
spielen*

Wenn Sie auf Profis zurückgreifen können, muss dies also nicht automatisch zum Erfolg führen. Wenn Sie Darsteller fin-

*als Darsteller
auch Mensch
sein*

den, die aufgrund von biografischen Eigenheiten der Rolle sehr ähnlich sind, können diese Laien durchaus gute Ergebnisse erzielen, weil sie das Dargestellte einfach sind. Die dritte Komponente einer wahrhaftigen Filmdarstellung nennen wir folgerichtig ,Sein'.

Wenn Sie sich unsicher sind, ob Ihre Darsteller diesen hohen Anforderungen gerecht werden, müssen Sie aus der Not eine Tugend machen: Wenige Dialoge, kurze Textstellen pro Einstellung, längere Texte ins OFF laufen lassen. Sie können auch, statt eine Drehbuchstelle sprechen zu lassen, einen Darsteller mit einem Stichwort konfrontieren und ihn spontan vor laufender Kamera eine Antwort erfinden lassen. Den Darstellern wird so die Gelegenheit gegeben, eine eigenständige, authentische Reaktion aufzubauen.

wenige oder improvisierte Dialoge

Manche professionelle Regisseure lassen ihre Schauspieler zuweilen über den Sinn einer Handlung in einer Einstellung bewusst im Unklaren, um sie am übersteigerten Spielen zu hindern. Andere lassen eine Szene so lange wiederholen, bis die Schauspieler eine brauchbare Ausführung erzeugen. Das Ziel all dieser Regietricks ist immer das Gleiche: Sei einfach du selbst. Verkörpere deine Figur und seine Handlungen lebensecht. Sei einfach.

Spontanität und Wiederholung

Für die Arbeit mit Filmdarstellern brauchen Sie daher viel Zeit – Zeit, um gemeinsam mit den Schauspielern eine Rolle für die einzelnen Einstellungen einzurichten, Zeit, um am Schnittplatz durch kreative Montage, die unvermeidlichen schauspielerischen Ausfälle zu kompensieren.

In der Postproduktion montieren Sie schließlich die gedrehten Einstellungen entsprechend der Drehbuchvorlage, unterlegen die Filmbilder mit einem Sounddesign und stimmen Bilder und Töne rhythmisch aufeinander ab.

Filmmontage ↑
S. 96ff.

10.5 Clipideen ,Trailer', ,Schundfilm', ,Roadmovie'

Spielfilme, auch in der Kurzversion, sind Großprojekte, für die sich eine Gruppe von Gleichgesinnten zusammenfindet.

Spielfilmer sind Enthusiasten.

Die Mitwirkenden müssen sich über einen längeren Zeitraum auf Absprachen verlassen können. Im professionellen Bereich garantieren Verträge und Geld den Zusammenhalt. Einen Spielfilm in der Freizeit oder als semiprofessionelle Produktion durchzuführen, ist sozial und organisatorisch risikoreich. Darum sollten Sie vor Drehbeginn den tatsächlichen Aufwand mit der zur Verfügung stehenden Freizeit sorgfältig abgleichen. Ein von Anfang an zu groß geplantes Projekt scheitert.

Kinotrailer

Ein sehr überschaubares Format, in dem Sie aber alle denkbaren Spielfilmsensationen realisieren können, ist der (Pseudo-) Kinotrailer. Ein Kinotrailer ist die werbende Zusammenfassung eines Films. Die einzelnen filmischen Höhepunkte werden meistens durch die Filmmusik zusammengehalten. Der Trailer hat sehr viele Ähnlichkeiten mit dem Musikclip. Sie können ihre Seherfahrungen aus dem Kino, dem Fernsehen und dem Internet in geselliger Runde austauschen und aus typischen Genrebruchstücken einen Trailer zusammensetzen. Das wichtigste Argument für den Kinotrailer: Die schwierig zu inszenierenden Dialoge entfallen oder können auf wenige prägnante Phrasen begrenzt werden.

‚Schundfilme'

Wer mit dem Erstlingsfilm Preise gewinnen will, setzt sich unnötig einem hohen Anspruch aus. Besser ist es, einfach anzufangen, einfach zu machen und zu sehen, was dabei herauskommt, völlig unbeschwert Unsinn zu treiben. ‚Schundfilme' zu produzieren, ist ein solcher Einstieg für Anfänger. ‚Schundfilme', das klingt plakativ, was steckt dahinter?

Abb. 125: Der Fake-Trailer ‚Parasomnie' spielt mit Schockstrategien des Horror-Genres.

In einem Schundfilm geben Sie zu jeder Zeit in Form und Inhalt zu erkennen, dass Sie keine übertriebenen Ansprüche stellen. Es gibt inzwischen diverse Formate im Fernsehen oder Clips im Internet, deren Machart Sie als Kopierfolie dafür nutzen können. ‚Actionfilme' lassen sich mit Spaß und Witz in eigene unterhaltsame Clips umsetzen. Die Stilkopie ist auch hier der Königsweg.

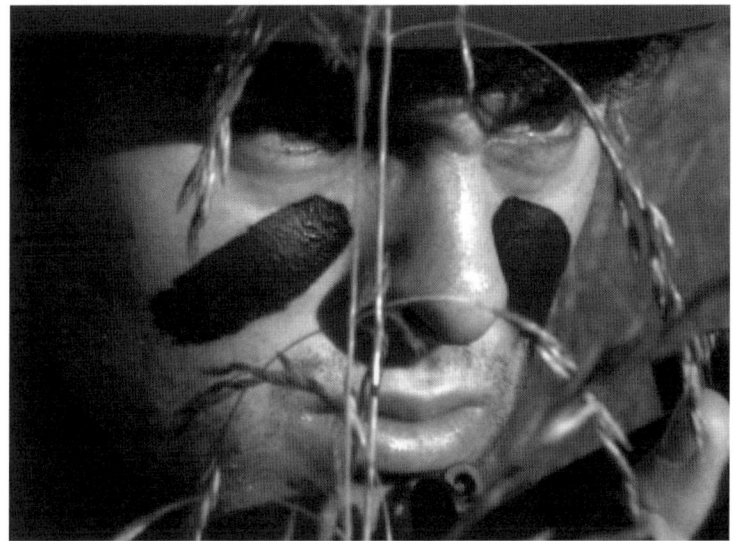

Abb. 126: Die ‚Rambo'-Parodie ‚Hunter II — Wolves of Grim' setzt das Überspielen der Darsteller bewusst ein.

Wollen Sie dagegen einen anspruchsvollen Kurzspielfilm machen, bietet sich das Genre ‚Roadmovie' an. Dem Roadmovie liegt eine einfache, allgemeine Dramaturgie zugrunde. Schon der deutsche Kolportageschriftsteller Karl May (1842 – 1912) nutzte sie für seine Jugendromane im Wilden Westen: reiten, rasten, anschleichen, kämpfen; wieder reiten, rasten, anschleichen, kämpfen usw. Das Schema wiederholt sich und wird nur an wechselnden Schauplätzen aufgeführt.

Roadmovie

Dieses Grundschema finden wir ähnlich im amerikanischen Westernfilm. Dort wechseln Actionszenen mit Dialogpassagen. Ohne viele Worte wird actionreich eine Postkutsche verfolgt. Anschließend führen die Westmänner ein Gespräch am Lagerfeuer oder im Saloon. Der amerikanische Western ist der Vorläufer des

Roadmovies. Alles ist dort in Bewegung: Siedlertreck, Kuhher-
denzug, Eisenbahnfahrt.

Das filmhistorisch klassische Genre ‚Roadmovie' ersetzte
dann die Pferde durch moderne Fahrzeuge: Nun bewegen Autos, Motorräder, Segelboote, Raumschiffe oder Aufsitzrasenmä-
her die Figuren durch die Geschichten. Der Film wird dabei zur
Raum- und Ortserkundung. Vielleicht entdecken Sie mit Hilfe
einer Roadmovie-Produktion die Orte Ihrer Kindheit und Jugend, ihr Wohnumfeld oder ihre Ferienorte in neuem Licht. Von
der Garage zur Tankstelle über die Autobahn zum Meer oder in
die Berge, mehr dramaturgisches Gerüst braucht Ihr Film nicht,
um Kinematografie (Bewegungsmitschrift) zu werden.

Abb. 127: In dem Kurzfilm ‚Meer sehen' wird die Anfahrt ans Meer zum traurig-
grotesken Abschied.

Anhang

Anmerkungen

1. Film als Faktum – zur Einführung

1 Vgl. z.B. Herbert Birett 1994: Lichtspiele. Der Kino in Deutschland bis 1914. München.
2 Gerard Lenne 1983: Der erotische Film. München. S. 424ff..
3 In Abwandlung einer Äußerung von Erika Mann. In: Tilmann Lahme 2015: Die Manns. Geschichte einer Familie. Frankfurt a.M.. S. 389.
4 Peter Noever (Hg.) 2001: Dennis Hopper. A System of Moments. Ostfildern-Ruit. S. 35.
5 Vgl. Rudolf Arnheim 1977: Anschauliches Denken. Zur Einheit von Bild und Begriff. Köln.
6 Bei Friedrich Nietzsche finden sich an verstreuten Stellen (insbesondere in der Geburt der Tragödie und den nachgelassenen Schriften) Textfragmente zu den Begriffen Redlichkeit und Artistenmetaphysik.
7 Maguerite Duras: Interview mit Francis Bacon. In: Dino Heicker (Hg.) 2009: Francis Bacon. Ein Malerleben in Texten und Interviews. Lesebuch zum 100. Geburtstag. Berlin. S. 82.
8 Jean Renoir 1992: Mein Leben meine Filme. Zürich. S. 54.
9 Aristoteles 1985: Nikomachische Ethik. Hamburg. S. 135.
10 Jean Renoir. Ebenda. S. 246.

2. In Einstellungen denken – zur Materialproduktion

1 Gertrud Koch 1992: Die Einstellung ist die Einstellung. Visuelle Konstruktionen des Judentums. Frankfurt a. M.. S. 9.
2 Eine Vertiefung des Themas liefert u.a. Steven D. Katz 1998: Shot by Shot. Die richtige Einstellung. Zur Bildsprache des Films. Frankfurt a.M..
3 Ernst Pöppel 1985: Grenzen des Bewußtseins. Über Wirklichkeit und Welterfahrung. Stuttgart. S. 57.
4 Ebenda S. 40.
5 Hans C. Blumenberg 1979: Die Kamera auf Augenhöhe. Begegnungen mit Howard Hawks. Köln. S. 36.
6 Filmanalytische Vertiefungen bieten: Werner Faulstich 2002: Grundkurs Filmanalyse. Paderborn. Benjamin Beil, Jürgen Kühnel, Christian Neuhaus 2012: Studienhandbuch Filmanalyse. Paderborn.

3. Kamerarealität

1   Fotografische Einführungen: Michael Langfort, Anna Fox, Richard Sawdon Smith 2008: Grundlagen der Fotografie. Das Handbuch für engagierte Fotografen. Heidelberg. Robert Hirsch 2008: Mit der Kamera sehen. Konzeptionelle Fotografie im digitalen Zeitalter. Heidelberg. Zu empfehlen: Ernst A. Weber 1979: Sehen — Gestalten und Fotografieren. Berlin. (ggf. nur antiquarisch lieferbar).
2   Vertiefung der Filmlichtarbeit: Achim Dunker 2008: »Die chinesische Sonne scheint immer von unten«. Licht- und Schattengestaltung im Film. Konstanz.

4. Bewegungsmitschrift

1   Werner Faulstich 1995: Grundwissen Medien. München. S. 186.
2   Achim Forst 1998: Breaking the Dreams. Das Kino des Lars von Trier. Marburg. S. 165 ff..
3   Vertiefende Lektüre: Jeremy Vineyard 2001: Crashkurs Filmauflösung. Kameratechnik und die Bildsprache des Kinos. Frankfurt a.M. S. 35ff..

5. Schnittkontinuum

1   Sergej M. Eisenstein 2005: Jenseits der Einstellung. Schriften zur Filmtheorie. Frankfurt am Main. S. 66 und S. 67.
2   Hans Beller (Hg.) 1999: Handbuch der Filmmontage. München. S. 13.
3   Ebenda S. 12.
4   Gabriele Voss 2006: Schnitte in Raum und Zeit. Notizen und Gespräche zur Filmmontage und Dramaturgie. Berlin. S. 13 — 17.
5   Luis Buñuel 1991: Die Flecken der Giraffe. Ein- und Überfälle. Berlin. S. 122 f..
6   Hans Beller. Ebenda. S. 57.
7   Steven D. Katz 1999: Shot by Shot - Die richtige Einstellung. Zur Bildsprache des Films. Frankfurt am Main. S.199 - 217.
8   Hans Beller. Ebenda S. 16.
9   Walter Murch 2001: In the Blink of an Eye. A Perspective on Film Editing. Los Angeles. S. 8. (Übersetzung Engelke).
10 Zur Vertiefung: Jörg Jovy 2015: Digital filmen. Das umfassende Handbuch. Bonn. (Kapitel 13: Schnittsysteme).

6. Filmisch Verdichten

1   Franz Josef Röll 1998: Mythen und Symbole in populären Medien. Der wahrnehmungsorientierte Ansatz in der Medienpädagogik. Frankfurt a. M. .
2   Hans Richter 1968: Filmgegner von Heute — Filmfreunde von Morgen. Berlin. S. 34 und 42.

7. Klanggestalt und filmischer Rhythmus

1   Weiterführende und vertiefende Literatur: Barbara Flüchiger 2001: Sound Design. Die virtuelle Klangwelt des Films. Marburg. Elisabeth Wies, John Belton (Hg.) 1985: Film Sound. Theory and Practice. New York. Mark Russel, James Young 2001: Filmkünste: Filmmusik. Reinbek. Josef Kloppenburg 1986: Die dramaturgische Funktion der Musik in den Filmen Alfred Hitchcocks. München. R. Murray Schafer 2010: Die Ordnung der Klänge. Eine Kulturgeschichte des Hörens. o.O. (Schott Verlag).

8. Experimentalfilme: Die Erkundung der Mittel

1   Vgl. Amos Vogel 1979: Kino wider die Tabus. Luzern und Frankfurt a. M.. Hans Scheugl, Ernst Schmidt jr. 1974: Eine Subgeschichte des Films, Lexikon des Avantgarde-, Experimental- und Undergroundfilms Bd. 1 und 2. Frankfurt a. M.. Wolfgang Preilschat 1987: Video. Die Poesie der Neuen Medien. Weinheim und Basel.
2   Veruschka Bódy: Eine kleine Cliptomathie. In: Veruschka Bódy; Peter Weibel (Hg.) 1987: Clip, Klapp, Bum. Von der visuellen Musik zum Musikvideo. Köln. S. 121.

9. Dokumentarfilme: Die Erkundung der Umwelt

1   Georg Stefan Troller: Die Kunst des Dokufilms. Über Formen aus Bild, Ton, Bewegung, Umwelt, Geräusch, Musik und Text. In: Lettre International (LI). Herbst 2010. S. 118 – 123.
2   Thomas Schadt 2002: Das Gefühl des Augenblicks. Zur Dramaturgie des Dokumentarfilms. Bergisch Gladbach. S. 26.
3   Gabriele Voss 2006: Schnitte in Raum und Zeit. Notizen und Gespräche zur Filmmontage und Dramaturgie. Berlin. S. 39ff..
4   Thomas Schadt. Ebenda. S. 21 ff..
5   Gabriele Voss. Ebenda. S. 97ff..
6   Erik Barnouw 1983: Documentary. A Historie of the non-fiction Film. Oxfort u.a.. S. 36ff..
7   Ian Aitken 1990: Film as Reform. John Grierson and the Documentary Film Movement. London.
8   Wilhelm Roth 1982: Der Dokumentarfilm seit 1960. München, Luzern.
9   Bernward Wember 1972: Objektiver Dokumentarfilm? Modell einer Analyse und Materialien für den Unterricht. Berlin.
10 Wir möchten an dieser Stelle stellvertretend für alle Praktiker, mit denen wir über Jahre im konstruktiven Gespräche waren, dem Fernsehautor und -regisseur Walter Blohm, dem ehemaligen Studioleiter des WDR-Landesstudios Bielefeld Michael Thamm und den Dokumentarfilmern Rouven Rech und Bernhard Koch danken.

10. Kurzspielfilme: Die Erfindung eigener Welten

1   Sergej M. Eisenstein: Dickens, Griffith und wir. In: Derselbe o.Z.: Gesammelte Aufsätze I. Zürich. S. 60 – 136.

2   Charles Dickens o.Z.: David Copperfield. Wien, Heidelberg. S. 298 f..

3   Jean-Luc Godard in: filmwärts. Forum für Filmkritik. Nr. 6. Februar 1987. S. 5.

4   Jean Renoir 1992: Mein Leben meine Filme. Zürich. S. 122.

5   Lorenz Engell 1992: Sinn und Industrie. Einführung in die Filmgeschichte. Frankfurt a.M.. S. 110 ff..

6   Robert Bresson 1980: Noten zum Kinematographen. München, Wien. S. 7ff.

7   Richard Boleslawski 1993: acting. die ersten sechs Schritte. Wanna.

8   Charles Dickens. Ebenda. S. 299.

9   Heinz B. Heller, Karl Prümm, Birgit Penling (Hg.) 1999: Der Körper im Bild: Schauspielen — Darstellen — Erscheinen. Marburg.

Übersicht Zeitstrahlkästen

Medienverweise

,2001: A Space Odyssey' (USA 1968) Stanley Kubrick

,Apocalypse Now' (USA 1979) Francis Ford Coppola, Schnitt: Lisa Fruchtman, Gerald B. Greenberg, Walter Murch

,Á Propos de Nice' (Frankreich 1930) Jean Vigo

,At Land' (USA 1944) Maya Deren

,Außer Atem', Original: ,A Bout de Souffle' (Frankreich 1960) Jean-Luc Godard

,Berlin – Die Symphonie der Großstadt' (Deutschland 1927) Walter Ruttmann

,Birdman oder (Die unverhoffte Macht der Ahnungslosigkeit)', Original: ,Birdman or (The Unexpected Virtue of Ignorance)' (USA 2014) Alejandro González Iñárritu, Kamera: Emmanuel Lubetzki, Musik: Antonio Sanchez

,Bowling for Columbine' (USA 2002) Michael Moore

,Eine Blüte gebrochen', Original: ,Broken Blossoms or the Yellow Man and the Girl' (USA 1919) David Wark Griffith

,Casablanca' (USA 1942) Michael Curtiz

,Chronique d'un été' (Frankreich 1960) Jean Rouch

,Citizen Kane' (USA 1941) Orson Welles

,Das Cabinet des Dr. Caligari' (Deutschland 1919) Robert Wiene

,Das goldene Zeitalter', Original: ,L'Âge d'Or' (Frankreich 1930) Luis Buñuel

,Das Mädchen aus der Streichholzfabrik', Original: ,Tulitikkutehtaan tyttö' (Finnland/Schweden 1990) Aki Kaurismäki

,Das Schweigen', Original: ,Tystnaden' (Schweden 1963) Ingmar Bergmann

,Der Andalusische Hund', Original: ,Un Chien Andalou' (Frankreich 1929) Regie: Luis Buñuel, Drehbuch: Luis Buñuel und Salvador Dalí

,Der Dialog', Original ,The Conversation' (USA 1974) Francis Ford Coppola, Film- und Soundschnitt: u.a. Walter Murch

,Der letzte Mann' (Deutschland 1924) F.W. Murnau, Kamera: Karl Freund

,Der Unsichtbare Dritte', Original: ,North by North-West' (USA 1959) Alfred Hitchcock

,Deutschland im Jahre Null', Original: ,Germania, anno zero' (Italien 1948) Roberto Rossellini

,Die Geburt einer Nation', Original: ,Birth of a Nation' (USA 1915) David Wark Griffith

‚Die Manns – ein Jahrhundertroman' (Deutschland 2001)
    Heinrich Breloer

‚Die Reise zum Mond', Original: ‚La Voyage dans la Lune'
    (Frankreich 1902) Georges Méliès

‚Drifters' (Großbritannien 1929) John Grierson

‚Easy Rider' (USA 1969) Dennis Hopper

‚Empire' (USA 1964) Andy Warhol, Kamera: Jonas Mekas

‚Fantasia' (USA 1940) James Algar, Samuel Armstrong u.a.,
    Produzent: Walt Disney, Ben Sharpsteen

‚Good Vibrations' – Song der US-Band The Beach Boys (1966)

‚Hilfe!', Original: ‚Help!' (Großbritannien 1965) Richard Lester

‚Idioten', Original: ‚Idioterne' (Dänemark 1989) Lars von Trier

‚Im Zeichen des Bösen', Original: ‚Touch of Evil' (USA 1958)
    Orson Welles

‚Lost Highway' (USA 1997) David Lynch

‚M – Eine Stadt sucht einen Mörder' (Deutschland 1931)
    Fritz Lang

‚Metropolis' (Deutschland 1927) Fritz Lang, Kamera: Karl
    Freund

‚Moana' (USA 1926) Robert J. Flaherty

‚Nanuk, der Eskimo', Original: ‚Nanook of the North' (USA
    1922) Robert J. Flaherty

‚Nosferatu – Eine Symphonie des Grauens' (Deutschland 1922)
    Friedrich Wilhelm Murnau

‚Orpheus', Original: ‚Orphée' (Frankreich 1950) Jean Cocteau

‚Panzerkreuzer Potemkin', Original: ‚Bronenosez Potjomkin'
    (UdSSR 1925) Sergej M. Eisenstein

‚Paradies-Trilogie: Liebe, Glaube, Hoffnung' (Deutschland,
    Österreich, Frankreich 2012/13) Ulrich Seidl

‚Pickpocket' (Frankreich 1959) Robert Bresson

‚Primary' (USA 1960) Robert Drew, Kamera: Richard Leacock,
    Albert Maysles, Ton: D.A. Pennebaker

‚Psycho' (USA 1959) Alfred Hitchcock, Schnitt: George
    Tomasini, Musik: Bernard Herrman

‚Pulp Fiction' (USA 1994) Quentin Tarantino

‚Rhythmus 21' (Deutschland 1921) Hans Richter

‚Shoah' (Frankreich 1985) Claude Lanzman, Kamera: William
    Lubtchansky, Jimmy Glasberg, Dominique Chapuis, Phil
    Gries

‚Short Cuts' (USA 1993) Robert Altman

‚Stalker' (UdSSR 1979) Andrej Tarkowskij

‚Streik', Original: ‚Statschka' (UdSSR 1925) Sergej M.
    Eisenstein

‚The Act of Seeing with One's Own Eyes' (USA 1971) Stan
    Brakhage
‚The Jazz Singer' (USA 1927) Alan Crosland, Produzent:
    Alfred J. Zanuck
‚The Unbelievable Truth' (USA 1989) Hal Hartley
‚Video killed the Radio Star' – Song der britischen Band The
    Buggles (1979)
‚Weekend' (Frankreich 1967) Jean-Luc Godard
‚Workingman's Death' (Deutschland/Österreich 2005) Michael
    Glawogger, Kamera: Wolfgang Thaler
‚Verdammt in alle Ewigkeit', Original: ‚From Here to Eternity'
    (USA 1953); Fred Zinnemann
‚Vertigo – Aus dem Reich der Toten' (USA 1958) Alfred
    Hitchcock

Abbildungs- und Filmverzeichnis

Video

Abb. 106 ‚Freddy fragt Buschi‘ von Frederik Dreier, Dennis Jaschke (05:11, 2014)

Abb. 108 ‚TV-Beitrag Lars Hemme‘ von Lars Hemme, Pascal Ginzel (03:19, 2005)

Abb. 109 ‚Portrait der Paderborner Künstlerin Emell Gök Che‘ von David Gense, Laura Trautmann, Anne Sophie Staben, Musik: Andreas Liebrecht (04:08, 2015)

Abb. 110 ‚Parodie eines Scripted Reality-Formats: Bäuerin sucht Mann‘ von Sandra Heick, Miriam Küthe, Christian Niemann, Lena Reiher, Ann-Christin Westphal, Darsteller: Ali Abdalla (05:35, 2012)

Abb. 120 ‚Der Gast‘ von Frederik Dreier, Adrian Lund, Christian Rieksmeier, Lucas Pauly, Benedikt Pinger, Darstellerin: Monique Koke (03:14, 2015)

Abb. 123 ‚Text-Inszenierung Else Lasker-Schüler‘ von Thomas Strauch, Walter Gödden, Carsten Engelke, Roland Mikosch, Darstellerin: Julia Röpke (23:11, 2015)

Abb. 125 ‚Parasomnie‘ von Meike Fick, Michael Müller, Marie-Theres Schwabe, Verena Schwaiger, Darsteller: Martin Fromme (03:24, 2012)

Abb. 126 ‚Hunter II – Wolves of Grim‘ von Sandra Hahm, André Jankowski, Marc Niemand, Mona Weller, Darsteller: Michael Judajev (23:56, 2010)

Abb. 127 ‚Meer sehen‘ von Constanze Berschuck, Christian Fabricius, Nick Mimkes, Janine Schreiber, Darsteller: Thorsten Schinkel, Christoph Wolnik (12:18; 2007)

Abbildungen

Abb.7: Standbild aus dem Fake-Trailer ‚Parasomnie‘ von Meike Fick, Michael Müller, Marie-Theres Schwabe, Verena Schwaiger (2012)

Abb.90: ‚Partitur für einen Experimentalfilm‘ von Benedikt Blazeowsky, Christoph Burger, Anna Lehn, Claas-Christian Heinrich (2016)

Abb.99: Standbild aus ‚Diller‘ von Lars Hemme (2009)

Abb.101: Ausstellungswand ‚Ich schreibe, weil...‘ im Museum für westfälische Literatur auf dem Kulturgut Nottbeck. Foto: Adelheid Rutenburges (2011)

Alle weiteren Grafiken, Fotos und Videos von Roland Mikosch.

Register mit Glossar

auch: CinemaScope. Letzteres ist eine eingetragene Marke der Firma Twentieth Century Fox für das 1952 eingeführte anamorphotische Breitwand-verfahren (optisches System zum Ent- bzw. Verzerren von Bildern). Durch die starke Verbreitung der Marke ist CinemaScope (zu Beginn im Seitenverhältnis 2,55:1) zu einem feststehenden Begriff in der Filmwelt geworden. Dieses Kino-Bildformat ist deutlich breiter als heutige TV-Standards und entspricht etwa einem 21:9.

Brennweite S. 39, 58 ff., 138

auch: focal length (engl.). Die Brennweite gibt den Bild-winkel an, den ein Objektiv einfangen kann. Je höher die Brennweite desto höher der Vergrößerungsfaktor. Die Brennweite ist realtiv zur Größe des Sensors, daher sind die konkreten Abbildungsverhältnisse sowohl vom Objektiv als auch vom Kameratyp abhängig.

Charakterisierung und Typisierung S. 201, 208 ff.

Clip S. 14 ff., 147, 169 ff.

auch: Videoclip, Kurzfilm, Film. Der Begriff ‚film‘ (engl. für Häutchen, Schicht, Folie) bezieht sich in seiner ursprünglichen Bedeutung auf das fotografische Trägermaterial, den Rollfilm aus Zelluloid.

Découpage S. 98 f.

Dialoge S. 140, 201, 208 ff.

Dokumentation S. 74, 105, 148

Doku-Serien S. 190

auch: Doku-Soap, dokumentarische Serie; Subgenre des Reality-TVs wie ‚Die Fussbroichs‘ oder ‚Abenteuer 1900 – Leben im Forsthaus‘. Die Doku-Soap kombi-niert dokumentarisches Beobachten mit der Erzählhal-tung fiktionaler Serien.

Dramaturgie S. 46, 75, 104, 116, 174 f., 183 f.

‚dreckige‘ Realität S. 16, 23, 159

Drehplan S. 105, 204

auch: shotlist oder breakdown script (engl.)

Drei-Punkt-Ausleuchtung S. 71

auch: 3-Punkt-Ausleuchtung; 3-point lighting (engl.)

Drei-Sprungschnitt S. 99, 119

auch: rule of three (engl.); Objekt/Person in drei sich nähernden oder entfernenden Einstellungsgrößen

Editing S. 96 ff., 105

    auch: Filme editieren. Film- und Video-Editor, in Deutschland oft auch Cutter genannt, ist eine Berufs-bezeichnung für Tätigkeiten, die an einem digitalen Schnittplatz ausgeführt werden.

Effektlicht S. 72 ff.

    auch: Spitze, Kante; back light (engl.)

Effektsound S. 109 f., 141

einfache Kamerabewegungen S. 45 f.

    horizontales Schwenken oder Horizontalschwenk, auch: pan (engl.); vertikales Neigen, Vertikalschwenk, auch: tilt (engl.); Rollen, auch: roll (engl.).

Einstellung S. 29 ff., 74 ff., 96 ff., 105 ff., 146, 202

    auch: shot (engl.), plan (franz.); ein kontinuierliches Stück Film, der Zeitraum zwischen Ein- und Ausschal-ten der Kamera.

Einstellungsgröße S. 39 ff., 61, 79 ff., 100, 189 ff.

    auch: distance, field size, shot size (engl.):

    – Detail(-einstellung); extreme close up (ECU), big close up (BCU) (engl.)

    – Groß(-einstellung); close up (CU) (engl.)

    – Nah(-einstellung); medium close shot (MCS) (engl.)

    – Amerikanische, Halbnah(-einstellung); medium shot (MS) (engl.)

    – Halbtotal(-einstellung); medium long shot (MLS) (engl.)

    – Totale (Einstellung): long shot (LS), auch master shot oder establishing shot (engl.)

    – Weit / Panorama (-einstellung); extreme long shot (ELS) (engl.)

Einzelbilder S. 37

    auch: frames (engl.). Der sogenannte Phi-Effekt (Nach-bildwirkung) sorgt dafür, dass das menschliche Auge Einzelbilder ab einer bestimmten Anzahl von aufeinan-der folgenden Bildern nicht mehr einzeln wahrnimmt. Eine kontinuierliche Bewegung stellt sich bei ca. 16 Bildern die Sekunde ein. 24 Einzelbilder pro Sekunde (24 frames per second) ist ein Standardverfahren seit Einführung des Tonfilms im Kino.

elektronische Aufhellung S. 50 f., 155

    auch: Gain (engl.); elektronische Verstärkung der Licht-empfindlichkeit in Dezibel (dB)

entfesselte Kamera S. 85, 157

historischer Begriff für erste Kamerafahrten. Die entfesselte Kamera wurde in den 1920er Jahren vom Kameramann Karl Freund (1890 – 1969) geprägt und kam zum Beispiel im Film ‚Der letzte Mann' (1924, Regie F.W. Murnau) mit Hilfe eines Fahrrads oder eines Aufzugs zum Einsatz.

Manchmal wird die Kreisfahrt auch ‚Ballhaus-
Kreisel' genannt. Der Kameramann Michael Ballhaus
(1935 – 2017) setzte 360-Grad-Kamerafahrten ästhetisch innovativ ein.

die inhaltlich dramaturgische, rhythmische Gestaltung
des Schnittprozesses, Entscheidungsprozess der Form-
gebung
Strömung des französischen Autorenkinos der
1950/60er Jahre

Zoom-Objektiv, zoom (engl.); Teleobjektiv, telephoto
lens (engl.); Weitwinkelobjektiv, wide-angle lens,
panorama lens (engl.)
auch: O-Ton

auch: parallel tracking shot oder parallel camera
movement (engl.)
auch: Kreuzschnitt; cross-cutting, parallel editing